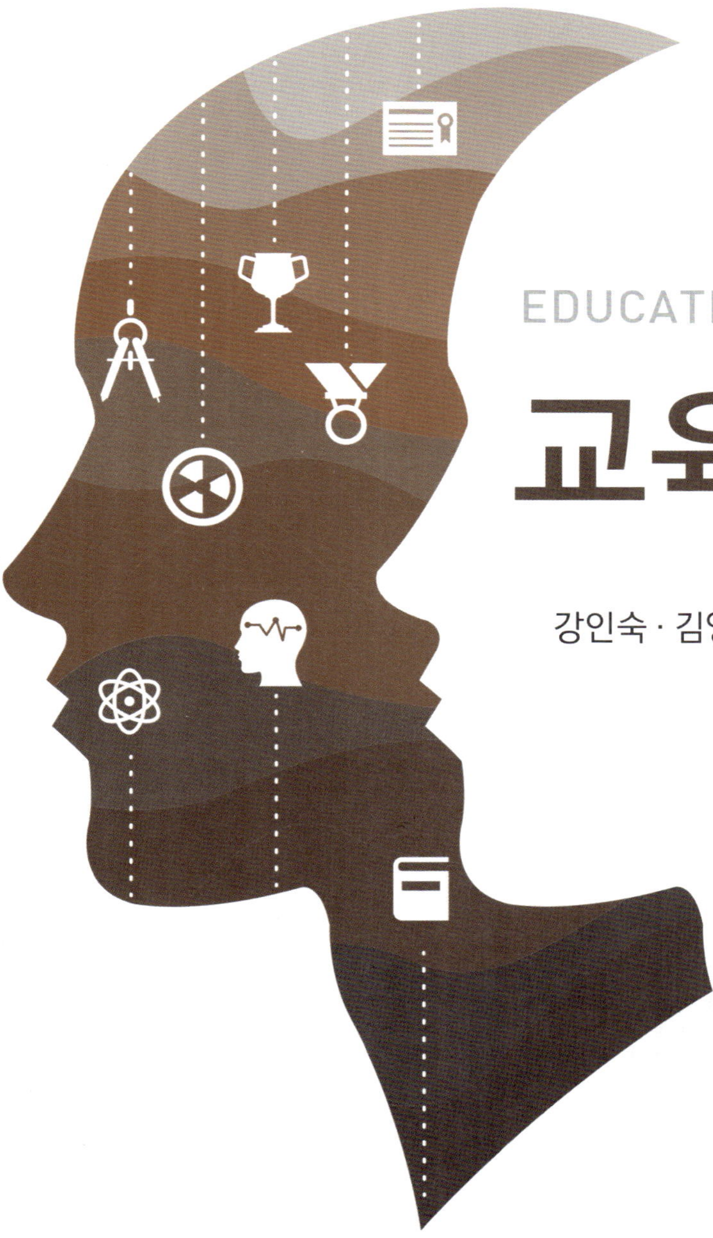

EDUCATIONAL PSYCHOLOGY

교육심리학

강인숙 · 김영훈 · 김정임 · 최지혜 공저

동문사

머/리/말

교육심리학은 학습자에게 굉장히 유용한 학문인 동시에 즐거운 학문이다. 학문 자체가 갖고 있는 깊이와 다양함 뿐 아니라 교육심리학이 다루는 주제와 내용들이 학습자의 학습과 일상생활에 많은 도움을 주기 때문이다. 우리는 학습 장면에서 매우 다양한 상황에 직면하게 되고, 그러한 장면에서 교육심리학의 제반 이론과 실제들은 중요한 역할을 한다.

교육심리학은 학습의 전 영역에서 밀접한 관련을 맺고 학습자 및 학습과정, 결과에 영향력을 행사한다. 이러한 이유로 교육심리학을 가르치면서 저자들이 항상 하는 고민도 교육심리학의 무게를 더욱 무겁게 느끼는 것이었다. 저자들은 이 책을 집필하면서 더욱 고민하고 반성적 성찰을 거듭하였다. 이 책은 교육심리학을 처음 접하는 학생들이 보다 쉽게 학문적 접근을 할 수 있도록 사례와 예시, 연습문제를 포함하여 내용을 구성하였다. 또한, 최신 연구결과 및 사례를 포함시켜 보다 포괄적이고 풍부하게 내용을 구성하고 학습자의 이해를 돕고자 하였다.

마지막으로, 이 책이 나오기까지 여러모로 도움을 주신 동문사 이중수 사장님과 유재영 상무님, 편집 과정에 수고를 아끼지 않으신 편집진 여러분께도 감사의 말씀을 전한다. 더불어 원고 집필 과정에 도움을 준 필자들의 가족과 각 대학의 학생들에게도 감사의 말을 전한다. 이 책이 교육심리학을 처음 접하는 학생들에게 학습의 즐거움과 열정을 일깨워줄 수 있는 안내자가 되기를 기대한다.

2017년 봄

집필자 일동

CONTENTS

차 / 례

CONTENTS

Educational
Psychology

교/육/심/리/학

CHAPTER 01

교육심리학의 기초

1. 교육심리학의 개념
2. 교육심리학의 영역
3. 교육심리학의 접근방법

1 교육심리학의 개념

교육심리학(educational psychology)은 교육학과 심리학의 제반 이론을 통해 학습자의 학습에 대해 이해하고 설명하는 것이다. 즉, 교육과 관련된 문제의 탐구에 있어 과학적이고 심리학적인 방법을 적용하여 연구하고 분석한다.

교육학(pedagogy)은 교육과 관련된 다양한 현상을 이해하고 탐구하는 학문으로, 교육사, 교육철학, 교육심리, 교육과정, 교육행정, 교육공학 등 다양한 학문 분야를 포함하고 있다. 심리학(psychology)은 인간의 행동과 정신과정을 과학적이고 체계적인 방법으로 연구하는 학문이다. 심리학자들은 사람들이 외적으로 관찰 가능한 언어나 행동 특성뿐 아니라 직접 관찰하기 힘든 정신과정에 대해서도 관심을 갖고 이해하고자 노력한다. 이들은 인간행동과 정신과정에 대한 연구 뿐 아니라 학습, 상담, 심리치료 등에 이르기까지 다양한 영역에서 인간이해를 위해 노력한다.

교육심리학은 교육 장면에서 나타나는 인간의 행동을 보다 심도 있게 탐구한다. 특히, 학습장면에서 학습자의 특성이 어떻게 나타나는가를 탐구한다. 일반심리학은 인간행동의 전반적인 측면에 대해 관심을 갖고 연구하나, 교육심리학은 교육과 관련된 인간의 행동에 관심을 갖고 연구한다. 또한, 일반 심리학이 인간의 행동에 대해 기술 및 설명하고 예측하는 것에 초점을 두고 있는 반면, 교육 심리학은 학습자의 바람직한 행동을 지향하는 것에 초점을 두고 있다. 이처럼 교육심리학과 일반심리학은 인간행동을 연구한다는 공통점을 갖고 있으나, 그 적용과 방법에 있어서는 서로 다른 방식을 취하고 있다.

이러한 교육심리학의 영역과 범위는 다양하고 광범위하며 주요 주제와 영역은 다음과 같다.

- 교수학습
- 학습자 이해
- 특수 교육
- 평가
- 교육과정
- 교실 운영
- 동기

교육심리학자들은 주요 4가지 관점을 제시하며, 교사들이 교육과정을 개발하거나 교수방법을 개발할 때 이를 적용해야 한다고 주장한다. 교육심리학자들이 포함하는 4가지 주요 학습에 대한 관점은 다음과 같다.

- 행동주의적 관점
- 인지주의적 관점
- 사회인지적 관점
- 구성주의적 관점

1) 행동주의적 관점

교실 장면에서 교사들은 학생들의 주의를 집중하여 수업의 효과를 높이기 위해 많은 고민을 한다. 과연 어떻게 하면 학생들로 하여금 수업에 열의를 갖고 임하게 할 수 있을까 끊임없이 고민한다. 그런데 이러한 고민에서 중요한 것은 학습자마다 학습에 대한 동기와 의욕은 다르게 나타난다는 것이다. 어떤 학생들은 학습에 높은 호기심과 동기를 갖고 있으나, 어떤 학생들은 낮은 동기부여로 인해 학습을 끝마치는 것이 힘들 수 있다. 이처럼 서로 다른 동기로 인해 학습 효과는 매우 다르게 나타나게 된다. 이에 학습 장면에서 동기의 중요성이 더욱 강조되고 있다.

이러한 동기는 내적 동기와 외적동기로 구분할 수 있다(Carole Ames, 1990). 내적 동기는 학습자가 학습자체에 관심을 갖고 학업향상을 위해 스스로 노력하는 것이다. 반대로 외적 동기는 학습 자체에 대한 호기심보다는 외적인 보상이나 점수, 주변 사람들이나 동료의 평가에 의해 학습을 수행하는 것이다. 이러한 외적 동기의 경우, 일시적인 수행의 향상과 효과를 보일 수 있으나, 외적 동기만으로 장기적인 학습 효과를 기대하기는 힘들다. 따라서 학습자의 내적 동기를 증가시키는 것은 많은 교육자들에게 있어 중요한 목표이다.

2) 인지주의적 관점

인지주의에서는 정보가 처리되는 과정에 대해 관심을 갖고 학습에 대해 설명한다.

인지주의자들은 특히 기억의 중요성을 강조하는데, 이러한 기억이 학습장면에서 학습자의 수행 여부를 결정짓는데 중요한 역할을 하기 때문이다. 인간의 기억 과정에서 대표적인 것은 감각등록기, 단기기억, 장기기억이다. 감각 등록기는 감각에 의해 정보가 등록되는 장치로, 시각이나 청각, 촉각과 같은 감각에 의해 정보가 입력된다. 단기(작업)기억은 감각 등록기에 입력된 정보를 부호화하여 단기간 저장하는 역할을 한다. 이러한 단기 기억 저장소에 있는 정보는 잠시 저장되었다가 사라지거나 암기 과정을 거쳐 장기 기억으로 전이된다. 장기 기억에 저장된 정보는 인출 과정을 거쳐 회상되고, 학습자의 문제해결과 정보의 활용을 용이하게 한다.

이러한 기억에는 개인차가 존재하는데, 기억에서의 개인차는 학생들의 학습 수행에도 영향을 미친다. 따라서 교사는 이러한 학습과 기억에서의 개인차와 정보저장 기관의 특징을 고려하여 교수학습 활동을 진행하는 것이 필요하다. 예를 들면, 학습자의 기억 수준과 정보처리 능력에 따라 수업전략 세우기, 감각기관을 활용해 정보의 저장 돕기, 새로운 정보와 자극의 경우 관련 지식을 연결해 저장할 수 있도록 시간 주기, 정보 처리의 속도를 향상할 수 있는 전략 구사하기 등이 해당된다.

3) 구성주의적 관점

구성주의적 관점에서 보면, 학습자들은 다양한 경험을 통해 학습한다. 일상에서 경험하는 다양한 장면에서 우리는 실수를 하거나 성공적으로 일을 완성 할 수 있다. 이러한 실패와 성공의 경험은 학습자의 지식으로 누적되는데, 스스로의 경험을 통해 사고와 대처방법, 전략 등을 구성하고 학습하는 것이다(Cindy Hmelo-Silver, 2004). 이처럼 학습자는 다양한 상황에 부딪치며 스스로 문제를 해결해나가는 과정을 통해 지식을 구성하고, 이는 이후 삶에서의 문제 해결에 도움을 주게 된다.

구성주의적 관점은 사회학습이론과 인지적 개념을 통합해 이해할 수 있다. 우리는 관찰을 통해 쉽게 학습을 할 수 있는데, 이러한 예시나 관찰의 제공은 효과적인 학습을 돕는다. 이때 학습자에게 제시되는 관찰이나 예시는 그 상황에 적절하고 타당한 것이어야 하는데, 그래야만 학습자가 시행착오를 덜 겪을 수 있기 때문이다. 학습자는 새로운 내용을 학습하거나 신체운동과 관련된 내용을 학습할 때 교사나 동료 학습자의 행동을 관찰한다. 이때 적절한 모델링이 이루어지면, 이후 학습자의 문제해결과 학습 적용에 보다 덜 시행착오를 겪을 수 있다.

2 교육심리학의 영역

교육심리학은 효과적인 학습과 학습자의 개인차 이해에 대한 정보를 제공한다. 학습목표를 세우고, 이러한 목표를 달성하기 위해 어떠한 노력을 해야 하는지, 어떠한 방식으로 학습하고 자료를 어떻게 활용해야 하는지, 학습자의 이해 및 학습 정도는 어떠한지 등에 대해 탐구한다.

교육심리학은 다양한 영역으로 구성되어 있다. 교수학습 방법을 비롯하여, 교수학습과정, 측정과 평가, 학습자 특성 및 개인차 등 다양한 영역에 대해 탐구한다. 이러한 교육심리학은 조작적 조건화, 기능주의, 인간주의심리학, 게슈탈트 심리학, 정보처리와 같은 이론의 토대위에 형성되었다(Jack, 1997). 주요 연구주제는 다음과 같다.

- 학습자의 발달
- 학습자의 다양성
- 교수자 이해
- 학습자의 개인차
- 교수학습 이론
- 교수학습 평가

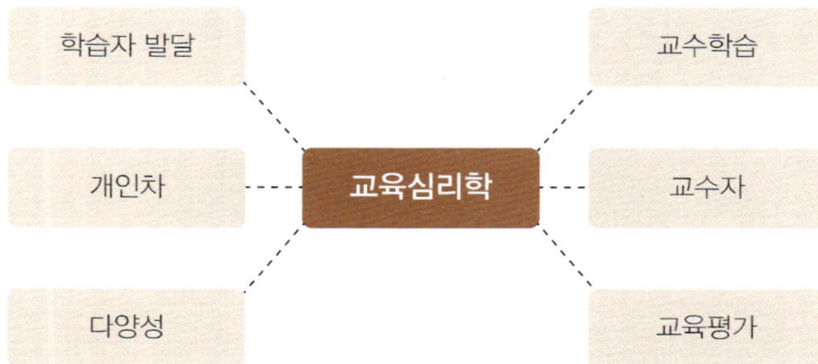

[그림 1-1] 교육심리학의 주요 연구주제

교육심리학의 연구주제를 보다 자세히 살펴보면 다음과 같다.

첫째, 학습자의 발달에 대한 이해이다. 학습자의 발달은 학습자의 올바른 이해를 위한 선행 과제이다. 주로 연령에 따른 변화과정을 관찰하는데, 인간의 인지, 사고, 학습, 기억, 지능, 태도 등이 전 생애에 걸쳐 어떻게 변화해 가는지 알아보는 것이다.

발달심리학자들은 발달 단계를 태아기부터 영유아기, 아동기, 청소년기, 성인기, 노년기까지로 구분하고, 각 발달 단계별 특성을 탐구한다. 발달 단계별로 인지적, 정의적, 사회적 특성이 다르게 나타나는데, 이러한 차이를 탐구하여 인간 이해를 돕고자 한다.

다양한 문화 속에서 서로 다른 언어를 익히지만, 아이들은 언어발달에 있어 서로 비슷한 언어습득의 단계를 거친다. 옹알이에서 시작해 단어, 문장 표현을 거쳐 정확하게 자신의 의사를 표현할 수 있는 단계에 이른다. 인지발달 또한 보편적 단계를 거치는데, 피아제와 비고츠키는 이러한 인지발달에 대해 연구한 대표적 학자이다. 이들은 인지발달이 학습 및 교육에 어떻게 적용되는지 구체적으로 제시하였다.

둘째, 학습자의 개인차이다. 학습자는 지능이나 창의성과 같은 인지적 영역뿐 아니라 도덕성과 정서, 동기 등 정의적 영역에 있어서도 각기 다른 특성을 보인다. 따라서 학습자의 인지적 영역 뿐 아니라 정의적 영역에 대한 개인차를 이해하고, 이를 토대로 교수학습 방법을 선정하고 적용하는 것이 필요하다. 또한 학습자에게 어떠한 교육적 도움을 줄 지에 대한 의사결정을 위해 이러한 인지적, 정의적 영역에 대한 지식이 필요하다. 학습장면에서 경험하는 학습자의 특성은 매우 다양한데, 이러한 학습자의 특성은 학습과정에 영향을 미치고, 결과적으로 학업성취에도 영향을 미치게 된다. 따라서 교수자는 학습자의 다양한 특성에 대해 알아야 하고, 이는 교수학습 과정에서 중요한 요소로 작용한다.

셋째, 학습자의 다양성이다. 학습자는 매우 다양한 특성을 갖고 있다. 생김새도 다르지만 성별, 문화, 학습유형, 학습하는 방식 등 다양성을 갖고 있다. 따라서 교수자는 이러한 학습자의 다양성을 이해하고, 이에 맞추어 수업을 계획하고 지도하여야 한다. 학습자는 서로 다른 학습유형을 보이는데, 선호하는 학습환경과 자극을 받아들이는 방식, 반응속도와 유형 등에서 차이를 보인다. 교수자는 이러한 학습양식을 고려하여 교수설계를 다양화해야 한다.

넷째, 교수학습 이론이다. 학습에 대한 대표적 이론으로는 행동주의 학습이론과 인지주의 학습이론이 있다. 행동주의 학습이론은 학습을 설명하는데 있어 자극과 반응의 연합에 초점을 둔다. 자극과 반응의 연합에 의해 학습이 이루어지는 과정을 설명하고, 이를 토대로 학습자의 행동을 설명한다. 따라서 교사는 학습자의 행동을 이해하기 위해 행동주의 학습이론에 대한 정보가 필요하다. 인지주의 학습이론은 사고 과정에 초점을 둔다. 학습이 이루어지는 동안 정보가 어떻게 입력 및 저장되고 처리되는지를 설명한다. 이러한 인지주의 학습이론은 행동주의 학습이론과 함께 학습자의 학습을 설명하는데 있어 매우 유용하다.

다섯째, 교수자에 대한 이해이다. 교수학습은 교수자와 학습자의 상호작용에 의해 일어난다. 학습자의 다양성과 개인차에 대해 이해하는 것도 중요하지만, 교수활동을 수행하는 교수자에 대해 아는 것도 중요하다. 교수자는 효과적인 학습이 이루어지도록 다양한 교수 활동을 수행하고, 학급을 경영하며, 학습자를 지도한다. 교수자의 기대와 태도는 학습자의 올바른 발달과 효과적인 학습, 학업성취에도 영향을 미치므로, 교수자에 대해 이해하는 것은 중요하다.

여섯째, 교육평가에 대한 이해이다. 교수학습 목표를 세우고 이를 달성하기 위해 교수학습과정을 수행한 후에는 목표 달성에 대한 평가가 필요하다. 이러한 평가 활동은 교수학습에 대한 개선에 도움을 주는데, 수업목표의 달성 뿐 아니라 학습과정을 설계하고 진단하는 데에도 도움을 준다. 또한 학습자의 동기

유발과 이후 학습을 위한 계획에도 도움을 준다. 이러한 학습목표의 달성을 평가하기 위해서는 공정하고 객관적인 측정도구를 활용해야 한다. 평가척도의 예시로는 준거참조 평가와 규준참조 평가가 있다. 규준참조평가는 개인이 얻은 점수를 비교집단의 규준에 비추어 평가하는 것으로, 점수의 상대적인 서열에 의해 개인의 결과를 판단하는 평가이다. 준거참조평가는 판단의 논리적 근거에 따라 평가하는 것으로, 학습자의 숙달수준을 준거로 평가하는 것이다.

3 교육심리학의 접근방법

교육심리학자들은 과학적인 접근 방법을 통해 우리 생활에 밀접히 관련된 교육 문제를 해결한다. 이러한 교육심리학의 접근방법은 다양한 시각에 따라 살펴볼 수 있다. 학문의 목적은 주어진 현상을 기술, 설명, 예측하고 통제하는데 있다(문은식 외, 2007). 교육심리학 연구 또한 과학적인 방법에 따라 학습 현상을 기술, 설명하고 예측한다. 교육심리학 연구는 목적에 따라 기초연구와 응용연구로 나누기도 하고, 방법에 따라 기술적 연구와 실험적 연구로 구분하기도 한다. 이 장에서는 교육심리 연구의 접근방법에 따른 분류를 살펴보고자 한다.

① 기술: 기술이란 어떤 현상을 있는 그대로 서술하고 체계적으로 묘사하는 것을 말한다. 이러한 기술 방법에는 두 가지가 있는데, 상태에 대한 기술과 과정에 대한 기술이 그것이다. 상태에 대한 기술은 '학습자들은 온라인 수업을 선호한다'와 같이 있는 그대로의 사실을 기술하는 것이다. 교육심리 현상에 대한 기술인 과정 기술은 관련 변인간의 관계를 기술하는 것이다. 예를 들어 '학교적응과 교수학생 상호작용 간 상관은 .6이다'와 같이 두 변인간 관계를 기술하는 것을 의미한다.

② 설명: 설명은 연구문제나 연구하는 현상에 대해 왜 그러한 현상이 일어나게 되었는지에 대해 밝히는 것이다. 이러한 설명을 통해 연구자들이 갖고 있던 현상에 대한 의문을 풀고 문제를 해결할 수 있다.

③ 예측: 예측은 아직 일어나지 않은 사건에 대해 찾아낸 법칙을 근거로 결과를 예상해보는 것이다. 밝혀진 현상에 대한 충분한 설명을 근거로 미래 현상에 대해 예측해볼 수 있고, 현상의 발생 순서를 근거로 미래에 일어날 현상의 시기를 예측할 수도 있다.

④ 통제: 통제는 원하는 결과를 얻기 위해 현상의 조건이나 상황을 조작하거나 변경하여 어떤 사건의 발생 여부를 통제하는 것이다. 교육학자들은 교육장면이나 환경에 대한 통제를 통해 학습자로 하여금 바람직한 행동 변화를 야기하고자 한다. 그러나 교육은 인간을 대상으로 하는 것이기에, 어떤 조건의 조작이나 통제를 하는 경우, 윤리적 원칙이나 교육 철학에 위배되지 않는지 연구자가 신중히 검토하고 판단해야 한다.

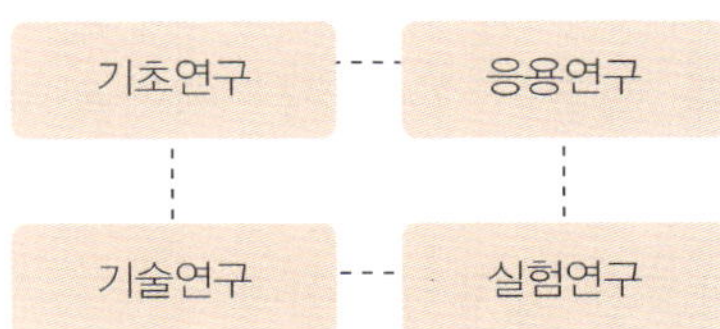

[그림 1-2] **교육심리학 연구방법**

1) 기초연구와 응용연구

교육심리 연구는 연구 목적에 따라 기초연구와 응용연구로 나눌 수 있다(송인섭, 1997). 기초연구는 어떠한 현상에 대해 새로운 이론과 지식을 정립하고자 할 때 수행하는 연구이다. 그에 반해 응용연구는 기초연구 결과 얻어진 지식을 토대로 새로운 지식을 획득하고 교육문제를 해결하거나 특정 상황에 적용하고자 할 때 수행하는 연구이다.

2) 기술연구와 실험연구

기술연구(descriptive research)는 실생활속의 사건을 단순 기술하는 것으로,

어떤 조작이나 통제 없이 현상을 있는 그대로 파악하여 기술하는 것이다(신명희 외, 2014). 이러한 기술연구에는 조사연구, 사례연구, 상관연구, 발달연구, 내용분석, 관찰연구와 임상방법 등이 있다(송인섭 외, 2013). 기술연구에서 주로 활용하는 방법에는 관찰이나 면담, 설문조사, 검사 등이 있다.

(1) 조사연구

조사연구는 어떤 변인에 대한 통제를 가하지 않은 채 있는 그대로의 상황에서 조사하고 기술하는 방법을 말한다. 대표적인 기법으로는 관찰이 있는데, 아동의 행동을 분석하기 위해 유치원 내 활동을 관찰하여 기술하거나, 학생의 문제행동이 일어나는 현상을 분석하기 위해 교실이나 특정 장면에서의 학습자 행동을 관찰하고 기술하는 것이 이에 해당된다. 관찰자는 이러한 행동 관찰을 통해 학습자의 행동과 그러한 행동이 일어나는 맥락을 이해할 수 있다. 아동의 인지발달을 연구한 피아제 역시 자연스러운 상황 하에서 아동을 관찰하였고, 그 결과를 토대로 인지발달이론을 체계화하였다.

면담과 질문지를 이용한 설문 또한 조사연구에서 자주 쓰이는 기법이다. 면접기법은 면접자와 피면접자가 일대일로 대면하여 진행하는 것으로, 그 과정에서 관련 자료를 수집하고 분석하는 기법이다. 질문지법의 경우 면접자가 간접대면을 통해 자료를 조사하는 반면 면접법은 조사자의 직접 대면에 의해 자료조사가 이루어진다.

이러한 면접법은 면접자와 피면접자의 직접 대면에 의해 이루어지는 기법이므로, 면접 상황에서 피면접자가 안정감과 친밀감을 느끼는 것이 중요하다. 피면접자가 편안하고 안정감을 느껴야 자신의 문제나 상황에 대해 솔직하게 이야기할 수 있고, 이것이 면접법의 목표 달성과도 관련되기 때문이다. 따라서 신뢰감의 형성은 이러한 면접 장면에서 중요한 요소로 작용하며, 이를 통해 피면접자가 자신의 감정과 사고에 대해 솔직하게 이야기를 하고 질문에 답할 수 있다.

학교 장면에서도 이러한 면접 기법을 통해 교사와 학생이 서로 상호작용 할 수 있는데, 학습상담을 비롯하여 진로 및 생활문제에 대한 상담에 이르기까지 그 범위와 적용은 매우 다양하다. 이러한 면접 기법의 장점은 질문지로는 알아내기 힘든 학습자의 감정, 태도, 동기 등을 알 수 있다는 것이며, 보다 깊이 있는 학습자 상담이 이루어질 수 있도록 돕는다.

질문지법은 질문지에 대한 응답자의 답변을 기반으로 정보를 수집하고 자료를 분석하는 것이다. 이러한 질문지법의 사용에 있어 주의해야 하는 것은 조사 응답자의 답변이 조사의 신뢰도에 영향을 미친다는 것이다. 따라서 질문지를 이용한 조사에서는 응답자가 해당 질문의 요지를 정확히 이해하고 답변하는 것이 중요하다. 이를 위해 조사자는 조사 시작 전 절차 및 방법에 대해 응답자에게 자세하고 정확히 안내하여야 하고, 문항의 이해 여부에 대해 확인해보아야 한다. 조사자는 질문지를 구성하기 전, 질문지 내용 및 구성의 타당도를 높이기 위해 전문가 자문을 받아야 하며, 완성된 질문지를 토대로 예비조사를 거쳐 타당도와 신뢰도를 확보하는 것이 필요하다.

이러한 체계적이고 구체적인 계획에 따라야 비로소 정확한 자료 조사가 이루어질 수 있고, 조사의 목적을 효과적으로 달성할 수 있다.

(2) 사례연구

사례연구(case study)는 하나 또는 그 이상의 사례를 중심으로 분석하는 연구기법이다. 특정 개인이나 집단, 사건, 상황에 대하여 깊이 있는 분석을 하는 경우가 이에 해당된다. 예를 들어, 학업동기 저하로 중도탈락을 고민하는 학생이 있다고 하자. 이 학생의 경우 현재 동기 수준은 어떠한지, 학습장면에서 무엇으로 인해 주로 어려움을 겪는지, 왜 학업을 중간에 그만두고자 하는지 등 보다 포괄적이고 깊이 있는 탐색이 요구된다. 그러한 탐색을 거쳐야 학습자의 문제를 정확히 정의할 수 있고, 이러한 문제정의 후에야 효과적인 해결 방법을 적용할 수 있기 때문이다. 이처럼 사례연구는 학습자의 다양한 문제에 대해 포괄적으로 살펴볼 수 있는데, 문제의 원인 뿐 아니라 현재 상태 및 수준, 문제를 해결하기 위한 방안까지 조사 및 연구가 가능하다.

한 개인에 대한 사례연구는 개인에 대한 집중적이고 포괄적인 이해가 가능하기에 개인의 문제를 해결하는 데 많은 도움을 준다. 학교 장면의 경우, 학교 부적응이나 또래관계, 개인의 문제행동 등 다양한 어려움에 대해 그 원인을 파악하고 해결방법을 모색하는데 활용할 수 있다. 이를 통해 학습자의 원만한 학습 및 생활 지도가 가능하다. 이러한 사례연구의 장점은 학습자의 발달이나 행동 특성에 대한 종단적 연구가 가능하다는 것이다. 그러나 하나의 사례를 분석하는데 있어 많은 시간과 노력이 요구되고, 사례를 분석하는 데에도 고도의 전문성과 정교함이 요구된다.

[그림 1-3] 사례연구의 절차

(3) 상관연구

상관연구는 두 개 이상의 변인 간 관계를 알아보기 위한 것으로, 각 변인간의 상호 관련성에 대해 알아보는 것이다. 각 변인들은 서로 정적으로 관련되기도 하고 부적으로 관련되기도 하며, 전혀 상관이 없는 것으로 나타나기도 한다. 예를 들어 학습열의와 행복은 서로 정적 상관을 나타내고, 신경증적 성격과 행복은 서로 부적 상관을 나타내는 변인이다(Furnham, & Brewin, 1990). 여기서 정적 상관(positive correlation)이란, 한 변인의 값이 높아질 때 다른 변인의 값도 높아지는 경우를 의미한다. 반대로 부적 상관(negative correlation)이란, 한 변인의 값이 낮아질 때 다른 변인의 값이 높아지는 경우를 의미한다([그림 1-4] 참고). 이러한 관계를 그림으로 이해하기 쉽게 나타낸 것이 산포도이다([그림 1-5]

참고). 산포도는 변인 간 관계의 정도나 방향을 알 수 있으며, 실제 자료 값의 위치를 보고 변인간 관계를 이해할 수 있다. 상관관계에서 각 변인 간 관계의 정도는 상관계수(correlation coefficient=r)로 나타내는데, 관계의 강도가 클수록 상관계수의 r 값은 커진다. 이러한 상관계수 r 값의 범위는 1에서 -1까지를 나타내며, 양수 1에 가까울수록 두 변인 간 관계의 강도가 높음을 의미한다.

연구자들은 이러한 상관연구를 토대로 두 변인 간 관계를 예측할 수 있고, 나아가 여러 변인 간 관련성을 탐색할 수 있다. 예를 들어, 한 연구에서 개인의 목표와 정서 간 관련성을 알아본 결과 유의한 정적 상관을 나타냈다(Stein & Levine, 1991). 이러한 연구결과를 토대로 교사는 학습자의 정서 상태를 고려하여 수업을 설계할 수 있다. 또 다른 예로 호기심과 같은 정서 상태는 학습자의 학습 및 동기 수준과 관련되는 것으로 나타났고(Harter, 1981; Stipek, 1998), 창의성과 학업적응은 서로 정적 상관을 나타냈다(Yun, 2011).

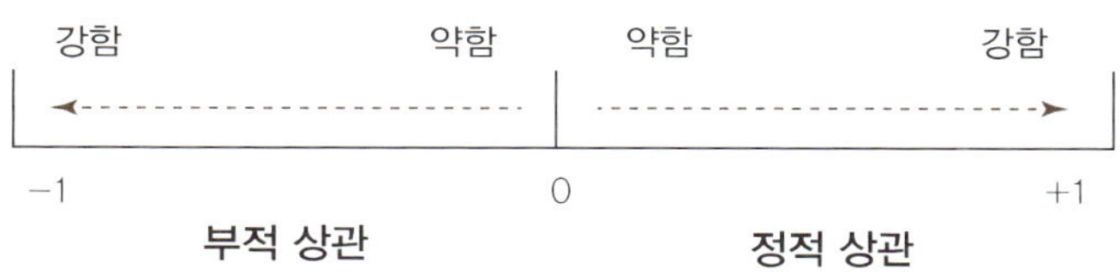

[그림 1-4] 상관계수

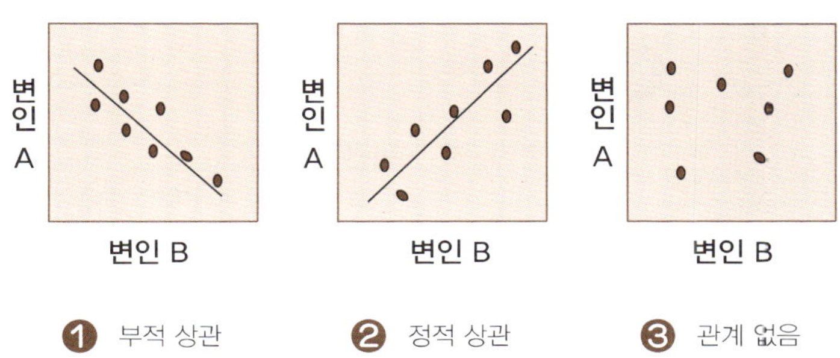

[그림 1-5] 산포도

(4) 실험연구

실험연구(experimental research)는 연구자가 임의로 실험장면을 조작하여 실험 환경을 설계하는 것이다. 즉, 실험 장면을 실험상황과 통제 상황으로 구분하고, 실험상황에 인위적인 처치를 가한 후 통제 상황과 비교하여 실험의 결과를 해석하는 것이다. 일반적인 관찰에서는 연구자가 처치를 가하지 않으나, 실험연구에서는 연구자가 체계적 조작을 통한 고도의 처치를 가하는 것이 차이점이다.

이러한 실험 연구를 위해 연구자는 연구대상자를 실험집단과 통제집단으로 구분한다. 실험집단은 독립변인을 조작하여 그에 따른 종속변인의 변화를 알아보고자 하는 집단이고, 통제집단은 아무런 처치도 하지 않은 집단으로 실험집단과의 비교를 위한 집단이다. 연구자는 집단 구분 시 무선적인 기법을 이용하는데, 그리하여 연구 결과 해석 시 두 집단 간 차이를 보다 정교하고 타당하게 비교할 수 있게 된다. 실험연구에서는 조작하는 변수와 조작 변수의 영향을 받는 변수가 있는데, 전자를 독립변수라 하고 후자를 종속변수라 한다.

- 1단계: 가설 설정
- 2단계: 실험집단과 통제집단 구분
- 3단계: 실험집단 처치
- 4단계: 종속변수 결과 확인

[그림 1-6] 실험연구설계

3) 종단연구와 횡단연구

(1) 종단연구

종단 연구는 동일한 연령 집단을 대상으로 오랜 기간 동안 반복적인 관찰을 통해 시간에 따른 집단의 변화과정을 살펴보는 것이다. 이러한 연구의 예로는 쌍둥이들을 서로 다른 반에 배정하여 쌍둥이들의 행동 발달, 인지 발달에서의 차이를 알아본 연구가 있다(Tully et al., 2004). 또 다른 예로는 어머니의 양육 체계와 세쌍둥이 발달 간의 관계를 알아본 연구가 있다(Creasey & Jarvis, 1994; Feldman, Eidelman & Rotenberg, 2004). 이러한 종단연구는 횡단연구와 달리 시간의 흐름에 따른 아동의 발달 특성, 변화추이, 그러한 특성에 영향을 미치는 요인의 증가나 감소에 대해 폭넓게 알려주는 장점이 있다. 이러한 이유로 종단연구는 발달연구에 비교적 많이 사용되는 기법이다.

이러한 종단연구는 다양한 이점이 있지만 여러 가지 주의사항과 단점도 포함하고 있다. 먼저, 동일 피험자를 오랜 기간 추적, 관찰해야 하는 어려움이다. 중간에 연구 대상자의 이탈이 생길 수 있으며, 연구대상자의 특성이 변화할 수도 있다. 따라서 지속적으로 연구를 유지하고 동시에 연구목적을 효과적으로 달성하기 위해서는 연구 대상자의 이탈을 막는 것이 중요하다. 종단 연구는 동일한 집단을 매해, 혹은 동일한 시점에 반복 측정하고 조사하게 되는데, 이러한 반복 측정에 의한 오류도 연구자가 유의해야 한다.

(2) 횡단연구

횡단 연구는 서로 다른 연령 집단을 대상으로 같은 시기에 관찰 및 조사를 진행하는 것이다. 예를 들어 임의적인 특정한 한 해의 재학생을 대상으로 하여 학습자의 열의와 행복 간 관계를 알아보는 연구가 횡단연구에 해당된다. 이러한 횡단연구는 변인 간 명확한 관계를 밝히기 위해 한 시점에서 자료를 조사하고 측정하는 것이다. 따라서 종단연구에 비해 짧은 시간 안에 연구목적을 달성할 수 있다는 장점이 있다. 또한 연령별 조사 대상자를 구성하여 연구를 진행함으로써, 발달적 특성이 연령별로 어떠한 차이를 보이는지 조사할 수 있다.

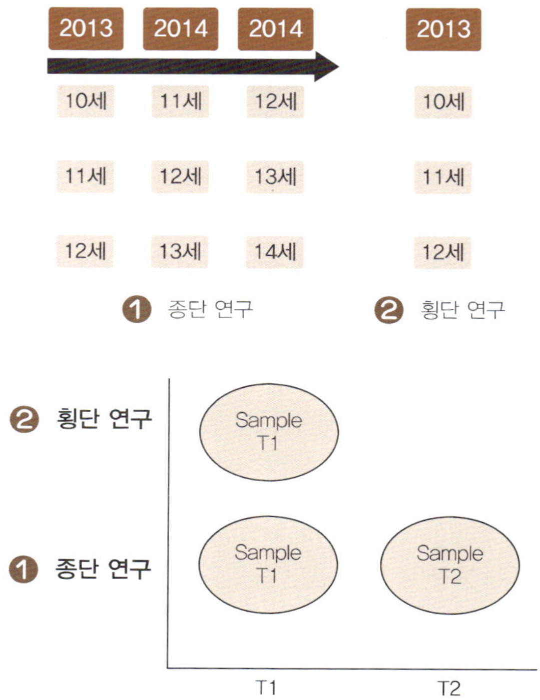

[그림 1-7] **종단연구 횡단연구**

그러나 이러한 횡단적 연구 기법의 경우 일반적 경향성에 대한 정보는 제공하나, 구체적인 차이에 대해 아는 것은 어렵다. 이에 연구자들은 횡단 연구와 종단 연구를 상호보완적으로 이용하여, 보다 정확하고 깊이 있는 연구 결과를 얻고자 한다. 횡단적 기법과 종단적 기법 모두 장단점을 가지고 있으므로, 서로 보완적으로 사용하는 것이 적합할 것이다.

Educational Psychology

교/육/심/리/학

CHAPTER 02

인지발달

1. 발달의 개념
2. Piaget의 인지발달이론
3. 비고츠키(Vygotsky)의 인지발달이론
4. 피아제와 비고츠키의 공통점과 차이점

1 발달의 개념

인간은 수정된 순간부터 죽음에 이르기까지 유전과 환경의 상호작용을 통해 지속적으로 변화해 가는 존재이다. 인간은 나이가 들어감에 따라 유전과 환경의 상호작용에 의해 신체와 정신적 변화가 생기면서 양적 그리고 질적으로 변화해 가는데 이러한 과정을 발달(development)이라고 한다. 코프카(K. Koffka)는 '발달은 유기체와 기관이 양에 있어서 증가하고, 구조에 있어서 정교화하며, 기능에 있어서는 능력이 커가는 과정'이라고 하였다. 발달에는 증대, 진보, 향상 등과 같은 올라가는 변화뿐만 아니라 감소, 퇴화 등과 같이 내려가는 변화도 포함된다. 발달과 비슷한 개념으로 쓰이고 있는 성숙(maturation)은 유전적 요인에 의한 변화를 말하며, 학습(learning)은 유전적·선천적 행동 이외의 후천적 경험이나 연습에 의한 행동의 변화를 뜻한다.

교육의 효과를 증대하기 위해서는 학습자의 발달수준과 특성을 올바르게 파악하고 그에 따른 적절한 경험을 제공해주어야 한다. 20세기 초반부터 학자들은 인간발달에 관한 과학적이고 체계적인 연구들을 시작하였다. 대부분의 연구 목적은 인간의 발달을 토대로 학습의 효과를 상승시킬 수 있도록 학습자의 특성을 파악하는 것에 초점을 맞추었다. 결과적으로 학습에 관한 연구는 인간의 인지, 언어, 성격, 정서, 사회성, 신체운동 등 다양한 영역에 관하여 이루어지면서 이론적인 체계화가 구축되었다.

그 중 발달연구동향을 살펴보면 무엇보다도 인간발달에 관하여 보다 체계적이고 과학적인 연구가 시작되었다고 할 수 있다. 20세기 중반부터 인지발달에 관한 연구들이 주축을 이루는 가운데에 인간의 사고를 컴퓨터의 정보처리과정으로 이해하려는 다양한 정보처리이론에 대한 결과물이 쏟아져 나왔다.

그 외에도 연구영역 중에서 사회문화이론은 사회적으로 축적된 문화가 후손에게 전달되는 방식에 관심을 가지고 문화적으로 의미 있는 행동을 배우는 데 있어서 유아와 성인간의 상호작용을 중요시하였다. 사회문화학자로서 비고츠키(Vygotsky)는 유아와 성인간의 상호작용을 중요시 여기며 인간발달에 관하여 연구한 대표적인 인물이다.

이 장에서는 인지발달이론의 대표적인 학자인 피아제(Piaget)와 사회문화이론가인 비고츠키(Vygotsky)의 인지발달이론에 관하여 살펴보기로 한다.

2 피아제(Piaget)의 인지발달이론

피아제(Jean Piaget, 1886-1980)는 생물학자로서 인간의 정신 발달은 출생에서부터 가지고 태어난 것이 아니며, 환경과 지속적인 상호작용을 통해 배워가는 것이라고 주장하였다. 그는 과학자로서 습득한 생물학적 개념과 철학적 인식론을 접목하여 인간의 사고본질을 설명하고자 했다. 또한, 그는 그의 세 자녀의 직접적인 관찰을 통해 인간사고 과정의 발달단계를 구축하면서 발달심리학적 이론을 체계화하고자 집중적으로 연구하였다. 결과적으로 그는 영유아기 브터 청소년시기까지의 사고과정을 단계별로 구분하면서 인간발달이론을 이론화 하였다.

피아제(Piaget)에 의하면 아동의 사고는 독자적으로 발달하면서 단계적인 절차를 밟아 나간다고 보았다. 즉 아동도 어른처럼 능동적으로 사고하지만 외부에서 지식을 수집하는 인지과정은 어른의 인지과정과는 질적으로 다르다고 본다. 결국 어린이들도 주변 환경으로부터 정보나 지식을 선택하고 독자적으로 해석한다는 것이다. 그리고 인간은 외부의 자극을 받아들이고 해석하고 전환하고 조직하는 일련의 정신구조를 가지고 있는데 이와 같은 정신구조를 인지구조(cognitive structure)라고 한다. 그는 인간의 지적 활동도 유기체의 전체적인 기능에서 분리할 수 없는 것으로 간주함으로써 인간의 지적 기능을 생물학적 활동의 한 독특한 형태로 바라보았다. 즉 이러한 지적활동이나 생물학적 활동은 모두 유기체가 환경에 적응하고 경험을 조직하는 전체과정의 일부분으로 본다. Piaget는 이와 같이 지식의 과정에 관심을 가진 결과, 그를 인식론자(epistemlogist)로 분류하기도 한다.

피아제(Piaget)는 과학자 관점에서 논리적인 사고를 강조하면서 사고발달에서 조작적 개념에 관하여 세밀하게 연구하였다. 즉 조작이란 개념은 논리적 정신 작용을 뜻하며, 수학에서 빼기나 더하기 등 수리적 개념 등을 이해할 수 있는 능력을 의미한다. 또한 논리적 구조인 삼단논법도 조작의 한 예라고 본다. 이처럼 피아제는 인간 조작능력 발달에 따라 인지발달을 구분하여 설명하였다. 즉 전 조작기는 논리적으로 정신적인 작용을 하기 전 단계로 보았고, 구체적 조작기는 논리적인 정신작용이 가능하기 시작하지만, 구체적인 상황이나 물리적인 상황에서만 논리적 사고가 작용하는 시기라고 보았다. 형식적 조작기는 추상적인 상황을 비롯한 모든 상황에서 논리적인 사고가 가능한 시기를 의미한다.

1) 피아제의 인지발달 주요 개념

피아제는 인지발달에 관한 연구를 하면서 그가 전공했던 생물학적 지식을 바탕으로 영유아의 인지발달개념 정립을 위해서 연구에 집중하였다. 그의 초기 연구에서 피아제는 인간의 사회적 행동과 생물학적 행동을 인간의 물리적 환경에 적응하는 행동이라고 여겼다. 그러면서 그는 인간의 행동은 어떤 특정한 방식으로 환경을 만드는 유기체의 시도이며, 이러한 시도를 통해 인간은 환경에 나름대로 적응하는 것이라고 여겼다. 이 두 가지 적응과 조직의 원리는 인지발달이론을 설명하기 위한 토대가 되었다.

피아제(Piaget)에 의하면 인간이 태어날 때는 도식을 가지고 태어나지 않지만 발달과정에서 경험을 통해 도식이 형성된다. 따라서 유아는 점점 자라면서 주위에서 많은 자극과 경험을 가지게 되고, 도식의 양적 그리고 질적인 변화가 만들어진다.

피아제는 인간이 외부에서 얻는 정보나 지식과정을 이해하기 위해서 4개의 개념을 도식(schema), 동화(assimilation), 조절(accommodation), 평형화(equilibration)로 설명하였다. 각각에 대한 설명은 다음과 같다.

(1) 도식(schema)

도식(schema)은 단수이고 복수형은 도식(schemata)들이라고 부른다. 도식이란 한 개인이 외부 환경을 지적으로 조직하여 처해 있는 환경에 수월하게 적응할 수 있도록 해 주는 인지구조를 일컫는다. 이처럼 인간은 새로운 환경에 처하게 되는 경우에 성공적인 적응을 위해서 정신구조를 새롭게 만들거나 이미 형성되어 있는 것을 활용한다. 예를 들면 어린아이가 뜨거운 물체를 잡았다고 하자. 그 순간 그 아이는 손에 화상을 입거나 아주 뜨거운 경험을 했을 것이다. 그리고 깜짝 놀란 아이는 이러한 경험을 통해 '지각적 경험'(불)-손을 대는 형동-'뜨거운 경험-손을 급히 뗀 경험 -화들짝 놀란 반응' 등이 총체적으로 아이의 정신구조인 도식화로서 처리가 될 것이다. 아이는 이처럼 직접적인 경험을 통해 앞으로 유사한 상황에 부딪히게 될 경우 문제를 좀 더 쉽게 처리할 것이다.

인간은 출생할 때부터 어떤 정신적 도식을 가지고 태어나지는 않는다. 결과적으로 인간은 태어나서 주변 환경을 통해 경험하는 것에서부터 점차 정신적인 도식을 만들어 나가므로 경험의 중요성이 강조되는 것이다. 그러므로 인간의 정신적 도식은 인간발달 초기에 어떤 경험을 했느냐에 따라 도식의 질적인 차원이 결정되기 때문에 교육적으로 중요한 의미가 부여된다.

(2) 동화

동화(assimilation)는 자신이 이미 형성하고 있는 도식 또는 인지구조에 의해 외부의 대상을 받아들이는 인지과정이다. 동화는 도식 또는 인지구조의 질적 변화가 아니라 '도식의 양적 성장'과 관련이 있으며, 새로운 환경에 따른 자극을 자신의 기존 이해의 틀에 맞도록 변형하여 흡수하는 현상을 일컫는다. 즉, 네 개의 다리를 가지고 움직이는 동물은 강아지로만 알고 있던 유아가 어느 날 네 개의 다리를 가지고 움직이고 있는 고양이를 보고 '강아지'라고 부르는 현상을 말한다. 그러면서 유아는 이미 가지고 있는 '강아지'에 대한 도식을 바탕으로 고양이에 대하여 새로운 정보를 양적으로 도식에 처리한다. 이러한 현상은 유아의 정신구조에서 지식의 양적 변화가 나타남을 의미한다.

(3) 조절

조절(accommodation)은 도식이나 구조의 질적 변화와 관련이 있으며 새로운 경험 등을 의미 있게 해석하기 위하여 자신의 기존 이해의 틀을 새로운 경험에 알맞게 바꾸는 과정이다. 즉, 외부로부터 정보를 수집하여 기존의 인지구조 및 체계를 재구성하거나 수정하는 것을 뜻한다. 즉 조절은 도식의 질적 변화와 관련이 있다. 예를 들면, 유아가 네 개 다리를 가지고 움직이는 강아지만 보다가 어느 날 고양이를 보면서 강아지라는 도식에 고양이의 특성 즉 울음소리나 털 등을 인지구조에 변형해서 조절하는 과정을 뜻한다. 결과적으로 유아는 네 개의 다리를 가지고 있는 여러 동물들의 특성을 차차 구별해 갈 수 있는 능력을 형성해가는 것을 의미한다. 유아의 아직 세분화되지 않은 도식들이 분화되거나 발달된 성인의 도식으로 변화하려면, 조절과 동화의 과정이 지속적으로 일어나야 한다. 이런 의미에서 조절은 도식의 질적 발달에, 동화는 도식의 양적 성장에 관여한다.

(4) 평형화

평형화(equilibrium)는 동화와 조절 중 한쪽에 치우치지 않도록 두 과정의 평형 혹은 균형을 유지하는 것을 의미한다. 또한 동화와 조절의 과정은 지적발달의 어느 단계에서나 나타나는 기능적 불변성이다.

예를 들면, 유아가 언어를 배우기 시작 할 무렵에 털이 있고 다리가 네 개인 동물을 무조건 강아지로 인식하는 것은 동화이다. 동물들의 각기 다른 울음소리, 얼굴 그리고 털 등 다른 모습을 통해서 구별(예: 강아지, 고양이 등)해 가는 것은 조절이다. 이처럼 외부의 정보가 동화와 조절을 통해 새로운 도식으로 만들어지면서 인지구조의 평형을 이루게 되는 것을 '평형화'라고 한다. Piaget는 동화와 조절 사이의 적절한 균형을 이루는 것이 중요하다고 강조하였다.

2) 피아제의 인지발달 단계

〈표 2-1〉 Piaget의 인지발달 단계별 특징

발달단계	특징	연령
I. 감각-동작기	감각-동작에 의한 학습, 어떤 사물을 다른 각도에서 바라보아도 같다는 것을 인식(사물의 실재성), 반복적인 행위 등이 나타남.	0-2
II. 전조작적 사고기	지각과 표상 등의 직접경험과 경험을 통한 행동, 사물을 보이는 그대로 직관적으로 분류, 언어발달, 자기중심적 사고와 언어사용, 비가역성	2-7
III. 구체적 조작기	동작으로 사고한 것을 머리로 떠올릴 수 있음-논리적 사고, 가역성 획득, 언어의 정교화 및 복잡성, 사고의 사회화 생각	7-11
IV. 형식적 조작기	추상적 개념의 이해, 문제해결에 있어 형식적 조작이 가능, 사물의 인간관계 터득, 문제해결에 가설적용, 가설검증능력, 추리력, 응용력의 발달	11-15

(1) 감각 운동기 단계(0-2세)

출생에서 약 2세까지의 어린 유아는 감각과 운동을 통하여 세상과 접촉하면서 외부의 자극을 받아들이고 적응해 간다. 이 단계의 유아는 실제 대상물을 감각과 운동을 통하여 조작해 나간다. 이러한 감각·운동적 행동은 모든 인간의 지적발달을 위한 기본토대가 되는 것이다. 처음에는 신체나 감각적인 접촉이 그리고 신체적 감각을 통해 그리고 주변 환경에 있는 대상을 인식하지는 못하지만 차차 대상을 통해 자기의식이 생기면서 물체를 잡거나, 목표물을 향해 움직인다거나 주변에서 나는 소리나 행동을 모방하기 시작한다. 이 시기 유아의 행동 특징은 주로 빨기, 울기, 잡기 등으로 나타난다. 즉 외부환경을 느끼고 지각하면서 경험을 범주화하고 구조화하기 시작한다. 그러나 아직 이 단계에 있는 유아는 주변의 모든 것을 자기중심적으로 받아들이면서 마음속에 있는 '영속성' 개념이 발달하기 시작한다.

> 대상 영속성
>
> 감각운동기에 나타나는 가장 중요한 성취는 대상영속성 개념의 획득이다. 즉 만 2세 전후로 어떤 대상이 눈앞에서 사라져도 그 대상은 지속해서 존재한다는 사실을 알게 된다. 그러나 이 단계의 유아는 목표물을 보고 일련의 행동을 할 수 있으나, 환경 속에 존재하는 대상물을 감지할지라도 유아의 생각은 감각적 경험에 제한을 받는다.
> 피아제에 의하면 아기가 생후 6개월 전후로 대상영속 개념이 처음으로 형성된다고 보았다. 예를 들어, 우리의 전통놀이 중 하나인 '까꿍이' 놀이에서 보면 아기는 사물이 보였다가 다시 나타나는 것을 보고 즐거워한다. 유아가 약 16개월 정도가 되면 사물에 대한 사고행동이 나타나기 시작한다.

(2) 전조작기 단계(2-7세)의 특징

감각운동기에서 조작적 사고의 단계로 넘어가는 과도기로서 표상 능력이 내면화되는 시기라고 볼 수 있다. 이 단계에 있는 유아는 감각운동적인 행위의 활동 범위에서 벗어나서 개념적·상징적 행위로 변화하는 것을 관찰할 수 있다. 감각운동기에서 벗어난 유아는 서서히 사상을 점차 내적으로 표상할 수 있으면서 부터 직접적인 감각운동 행위에서 자유로워진다.

이 시기의 초기 단계에서는 정신적 표상에 의한 사고를 하지만 아직 개념화가 되지 못하였으므로 개념적 조작능력이 충분히 발달하지 못한다.

그러다 보니 이 단계에 있는 유아는 사물을 판단할 때 사물의 외형적인 것 즉 눈에 보이는 것을 직관에 의지해서 판단한다. 전조작기의 유아는 사물에 대하여 변하지 않고 구체적인 심상만을 다룰 수 있기 때문에 지각된 세상이 변하지 않는 한 주변 세상에 대한 자신의 표상을 정신적으로 내면화시키지 못한다. 그러므로 유아는 사물의 이름을 여러 방식으로 표현하면서 행동한다. 또한 이 단계의 유아발달에서 두드러지게 나타나는 것은 언어발달이다. 특히 이 시기의 아이는 언어를 상징적으로 사용하는데 예를 들어, 막대기가 지팡이도 되고 뱀도 되는 등 언어와 상상력이 매우 활발하게 발달하는 시기이다.

이 단계의 유아의 사고 특징은 전 개념적 사고기와 직관적 사고기로 나누어 설명할 수 있다.

① 자기중심적 사고

유아는 모든 사물을 자신의 입장에서만 바라보기 때문에 타인의 관점을 이해하지 못한다. 예를 들어, 자기가 장난감 자동차를 좋아하면 남들도 당연히 모두 장난감 자동차를 좋아한다고 생각한다.

피아제는 유아에게 산의 모형을 제시하고 유아가 다른 위치에 있는 인형모형을 어떻게 바라보았는가를 실험을 해 보았다. 실험의 결과는 유아가 아직은 자기 앞에 놓여 있는 관점만 바라볼 수 있는 것으로 나타났다. 유아는 자신과 다른 위치에 있는 사람의 관점을 인지과정에서 이해하지 못하기 때문이다. 그러므로 유아는 아직 이 시기에는 자기중심적 사고에 머물러 있다고 주장하였다.

② 물활론적 사고

유아기에서 보편적으로 나타나는 사고형태는 물활론적 사고이다. 이 시기의 유아는 주변에 있는 사물이 모두 살아 있다고 생각하며 그에 따라 사물이 살아 움직인다고 믿고 행동하는 사고이다. 특히 전조작기 초기에 해당하는 유아는 모든 물건에 생명체가 깃들어 있다고 생각하지만, 후기로 가면 움직이는 생명체는 따로 있다고 생각하기 시작한다.

예를 들어, 해는 빛을 발산하기 때문에 살아 있는 것이고, 산은 아무것도 하지 않기 때문에 살아 있지 않은 것이라고 표현하기도 한다. 그러다가 6세 전후가 되면 책상이나 꽃은 움직이지 않기 때문에 살아 있는 것이 아니고, 자전거나 구름 등은 움직이기 때문에 살아 있다고 생각하면서 표현하기도 한다. 유아가 인형에게 다정하게 말을 건다거나 또는 쓰다듬는 등의 행동을 하는 것 역시 물활론적 사고가 있기 때문이다.

③ 언어와 상상 놀이

전 개념적 사고기에 나타나는 표상 형태로서 상징 놀이를 들 수 있다.

이 연령에서 상상력이 매우 활발히 일어나는 것을 볼 수 있다. 예를 들면, 유아가 장난감을 가지고 노는 경우 실제 사물의 모형인 장난감을 가지고 있지 않고서도 단지 막대기나 어떤 상징물을 보고 여러 가지 사물을 상상하면서 가지고 놀 수 있다. 예를 들어 막대기 한 개가 다리미가 되거나 또는 비행기가 되는 것이다. 이처럼 유아는 막대기 한 개를 가지고 놀면서 유아의 머리에 떠오르는 이미지를 언어로 그리고 상징적으로 표현하며 자기 나름대로의 발달을 구축해 나간다. 이러한 현상은 유아가 현실에 존재하는 대상과 연결하지 않고, 유아의 상상 속에서 현실대상과는 다른 것을 그리면서 표현 또는 발현하는 것이다. 즉 이 시기의 유아는 언어를 가지고 상징적인 표현활동을 활발하게 하는 것을 알 수 있다. 이처럼 유아는 언어활동에 의한 상징적 표현 등을 통해 유아의 정신적 표상이 작용하면서 사고에 근본적인 변화가 생기기 시작한다.

전조작기의 초기 단계인 전 개념적 사고기는 언어가 중요한 상징적 기능으로서 역할을 한다.

④ 직관적 사고(4–7세)

유아가 4세쯤 되면 전조작기의 두 번째 시기인 직관적 사고기에 도달한다. 이 시기의 유아는 전 논리적인 표상능력을 갖게 되고, 이것을 직관이라고도 부른다.

전조작기에 있는 유아가 가지고 있는 직관적인 사고는 대상의 지각적인 특성, 즉 보이는 대로 그 사물의 특성을 파악하는 사고 형태를 의미한다. 이러한 사고 특징은 보존(conservation) 실험을 통해서 잘 알 수 있다. 전조작기의 사고가 조작적 사고와 다른 것은 보존의 개념이 아직은 형성되어 있지 않다는 점이다. 즉 아직 보존개념이 형성되지 않았을 경우에 보편적으로 나타나는 현상을 통해 유아의 사고를 살펴볼 수 있다. 예를 들어, 유아는 단추 5개를 한 줄로 늘어놓은 다음, 단추 5개의 간격을 벌려서 놓았을 때 단추 수가 변하지 않고 다섯 개 임을 알지 못한다. 예를 들어, 양육자가 잠깐 방을 나갈 경우 양육자가 사라졌다고 생각해서 우는 행동을 할 경우도 가역적 사고가 부족해서 나타나는 현상이다.

그러나 점차 유아는 사물의 양의 형태가 달라지거나 여러 부분으로 나누어지더라도 전체량은 변하지 않는다는 것을 알아 간다. 즉 유아는 시간이 지나면서 보존개념 판단의 근거를 제시한다. 즉, 외부의 어떤 변화가 그 변화 과정을 역으로 밟으면 다시 원상태로 되돌아갈 수 있다는 것을 알아가는 것이다.

〈표 2-2〉 전조작기 사고와 구체적 조작기 사고의 특징

전조작기 사고	구체적 조작기의 사고
• 자기중심성: 유아들은 다른 사람의 관점으로 생각하지 않고 자신의 관점으로만 생각한다.	• 탈 자기중심성: 아동은 다른 사람이 자신이 보는 것과 다르게 본다는 것을 인식하게 된다.
• 보존개념의 부족: 유아는 더하거나 빼는 것 없이 모양을 변형시키거나, 새롭게 배열했을 때, 물질의 양이 다르다고 생각한다.	• 보존개념의 발달: 아동은 더하고 빼는 것이 없이, 물질의 모양을 변형시키거나 재배열되어도 그 양은 그더로임을 인지한다.
• 비가역성: 유아는 물질을 원래의 상태로 되돌릴 수 있다고 인식하지 못한다. 덧셈과 뺄셈은 관계가 없다고 생각한다.	• 가역성: 아동은 물질을 원래의 상태로 되돌아갈 수 있고, 역전환이 가능함을 인지한다. 7-4=3은 3+4=7의 이전 모습이다.
• 변화과정에 대한 이해 부족: 유아는 고정된 상황에 관심을 두고, 변화과정을 이해하지 못한다. 유아는 애벌레가 나비가 되는 것을 믿지 못하며, 애벌레 대신에 나비가 날아왔다고 믿는다.	• 변화과정의 이해: 변화의 과정과 그 영향도 이해한다. 애벌레가 변태과정을 통해 나비가 된다.
• 단순분류의 유목화: 한 가지 방법의 분류만이 가능하다. 유아는 어머니가 의사가 될 수 있다는 사실을 부정한다. 엄마는 엄마일 뿐이다.	• 복합분류의 유목화: 여러 개의 분류를 인식할 수 있다. 어머니가 동시에 의사도 되고, 아내도 되고, 예술가도 됨을 인식한다.
• 변화적 추리: 사실과 관계가 없는 것들을 연결하여 추론을 한다. 두 개의 사건이 동시에 발생하면, 단순한 원인-결과로 추론한다. 그래서 유아는 구름이 달을 성장하게 했다고 믿는다.	• 연역적 추리: 두 개 이상의 정보를 통하 논리적 추론을 한다. 모든 아동이 인간이고, 모든 인간이 생물체라면, 아동들은 반드시 생명체이다.

출처: Ormrod(2006: 28)

(3) 구체적 조작단계(7-11세)

약 7세 이후부터 11, 12세까지는 구체적 조작기에 해당된다. 이 시기 사고의 형태는 전조작기와는 대조적으로 나타나며 이 시기를 구체적 조작기(concrete operational stage)라고 한다. 이 시기의 유아는 타인과 어울릴 수 있는 사회성 발달과 원활한 의사소통을 할 수 있는 논리력과 추리력을 갖추게 된다. 인과 관계를 인지하는 능력이 발달하며, 물건 등을 분류하고 정리할 수 있다. 수, 무게, 부피, 면적 등의 보존개념이 형성되며, 분석, 통합과 조작의 가역성을 알게 된다. 그러나 이 시기의 사고형태는 관찰이 가능한 구체적 사건이나 사물에 한정

되어 있으므로 구체적 조작기라고 한다. 즉 이 시기의 유아는 신체적 감각을 통해 지각할 수 있는 구체적인 사건이나 사물에만 한정됨을 알 수 있다.

구체적 조작기에 나타나는 사고방식은 다음과 같다.

① 탈중심화

구체적 조작기의 유아는 구체적인 사고와 경험을 통해서 독립적으로 무엇인가를 생각할 수 있을 뿐만 아니라, 문제 해결을 위한 논리와 추리적 사고를 활용할 수 있다. 예를 들어, 피아제와 인헬더(Piaget & Inhelder, 1963)의 실험을 통해 알 수 있듯이 이 시기의 아동은 자신이 바라본 산과 인형이 바라본 산의 모습이 다르다는 사실을 깨닫는다.

아동이 초등학교 연령쯤 되면 한 걸음 더 나아가서 사고의 탈중심화가 본격적으로 일어나게 되어 사물의 다양한 관점을 생각할 수 있다. 그러므로 이 연령에서는 차차 타인의 처지를 이해하고 배려할 줄도 알게 된다. 이러한 능력을 피아제는 '조망능력'이라고 하였다. 피아제가 설명한 '조망능력'은 유아가 자기중심적 사고에서 벗어나서 사회성 발달을 하는 데에 있어서 근간이 되는 중요한 인지사회능력이라고 볼 수 있다.

② 가역적 사고

구체적 사고기의 주요 특징은 가역적 사고를 할 수 있는 능력이 나타나는 것이다. 즉, 유아는 사물의 상태가 변할 경우 그 변화의 과정을 역으로 밟으면 다시 원래의 상태로 되돌아갈 수 있다는 것을 안다. 즉 사물의 형태나 모양이 변해도 보존판단의 근거를 제시할 수 있다. 예를 들어, 이 시기의 유아는 진흙으로 만든 모형을 부수면 다시 진흙으로 되돌아간다는 사실을 안다. 또한, 아동은 수리능력의 기초가 되는 7+8=15가 되고 15-7=8이 됨을 안다. 이는 아동의 사실적 그리고 물리적 가역적 사고를 바탕으로 수리적 사고가 유기적으로 형성될 수 있음을 뜻한다.

③ 유목화와 서열화

구체적 조작기에 획득하게 되는 다른 주요한 능력은 사물의 유목화와 서열화이다. 이 시기의 유아는 유목 사이의 관계를 안다.

유아에게 색깔의 모양이 서로 다른 구슬 상자를 보여 주면 색깔을 기준으로 나눌 수 있으며 또한, 많고 적음도 평가하고 모양을 기준으로 분류할 줄도 안다. 이 개념은 사물의 상위와 하위 유목의 위계적 관계를 이해할 수 있어야 한다. 그리고 이 시기의 유아는 사물의 분류능력을 획득할 수 있다. 대상을 하나의 속성, 즉 크기나 무게와 같은 것에 따라 순서대로 배열하는 서열화 능력을 갖춘다는 것이다.

〈표 2-3〉 **구체적 조작기의 보존개념**

조작	제1단계	제2단계	전조작기 사고(오답)	보존개념 획득 연령
수	 두 줄의 점들이 동일한 간격으로 놓여 있다.	 아래줄의 점을 사이의 간격을 넓힌다.	아래가 많다.	6세
길이	 두 개의 막대기	막대기를 엇비슷하게 놓았다.	길이가 다르다.	6~7세
면적	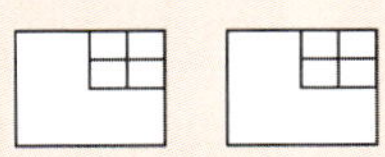 큰 사각형 속에 4새의 작은 4각형이 있다.	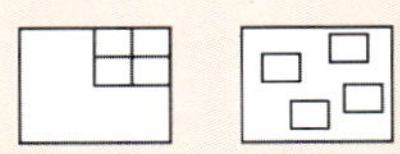 한 개의 큰 사각형에 작은 4각형을 흩어 놓았다.	왼쪽이 넓다.	7~8세
액체(양)	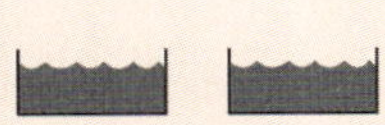 동일한 2개의 유리컵에 동일한 양의 물이 담겨 있다.	 하나의 컵에 있는 물을 길고 가는 컵에 옮겨 붓는다.	오른쪽이 많다.	7~8세

조작	제1단계	제2단계	전조작기 사고(오답)	보존개념 획득 연령
크기	 공모양의 같은 크기의 찰흙	 한 개를 납작하게 한다.	하나가 더 크다.	7~8세
무게	 두 개의 풍선이 동일한 무게를 갖는다.	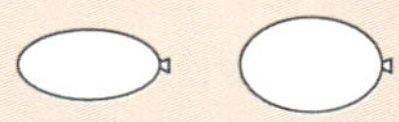 하나의 풍선에 공기를 첨가시킨다.	한쪽이 무겁다.	8~10세
부피	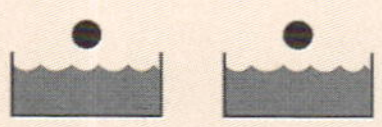 두 개의 알루미늄 공은 액체의 부피를 동일하게 변화시킬 것이다.	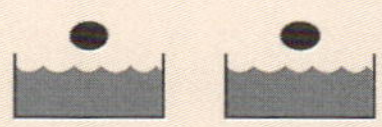 같은 크기의 쇠공을 오른쪽의 알루미늄 공과 바꿔놓았다.	서로 다르게 변화시킬 것이다.	11~12세

출처: Sarafino & Armstrong, 1986.

(4) 형식적 조작단계(만 11세 이후)

아동이 약 12세 이후가 되는 시기를 형식적 조작기라고 한다. 형식적 조작기는 구체적인 사물이나 대상이 없어도 추상적으로 생각할 수 있는 능력이 나타나는 시기이다. 피아제에 의하면 아동은 형식적 조작기가 되어야 인지적 성숙이 일어난다고 보았다. 인지발달 4단계인 형식적 조작기는 추상적 사고능력이 가능한 시기이다. 이 시기 아동은 모든 종류의 문제 해결에 필요한 추론능력과 논리 능력이 발달하기 시작한다. 따라서 아동은 문제 해결을 구체적이고 다양하게 할 수 있다. 예를 들어, 'A의 컵에 우유가 B의 컵에 담겨져 있는 우유보다 더 많다. B의 컵에 있는 우유는 C의 컵에 담겨져 있는 우유보다 더 많다. 그렇다면 누구의 컵에 있는 우유가 가장 많이 담겨져 있는가? 이시기의 아동은 이러한 문제 해결을 논리적으로 풀어나가는 능력이 형성되는 시기이다.

구체적 조작기의 아동과 형식적 조작기 아동의 사고는 문제에 접근하는 방법의 차이에서 다르게 나타난다. 형식적 조작기의 아동은 구체적인 문제 해결능력뿐만 아니라 추측과 종합, 그리고 사건이나 생각을 가정까지 할 수 있으므로,

사고가 제한적인 것에서 벗어나 자유롭기까지 하다. 즉 가설적, 연역적, 유추적 사고도 가능한 것이다.

이 시기의 가장 높은 수준의 사고 형태는 사고의 균형화에 도달하는 것이다. 즉 이 시기 아동은 성인과 논리적이고 추상적인 대화가 가능하며, 그리고 연역적 사고 방법도 나타난다. 구체적 사고 단계의 아동은 행동적인 것에서 이론적인 것을 찾는 경향이 있지만, 이 시기의 아동은 이론에서 시작하여 사물의 실제적인 관계를 가정하고 증명하려고 한다. 따라서 이 시기의 아동은 구체적인 내용과 사실에서 독립된 고도의 형식적인 지적 구조를 획득할 수 있는 시기다. 이러한 고도의 지적 구조는 현존하는 것을 초월하여 여러 가지 가능한 것을 상정하며, 여러 개의 변인을 동시에 조작하여 연역적으로 가설을 형상하고, 그 가설의 타당성을 입증하는 실험을 체계적으로 수행할 수 있는 능력을 갖추고 있다.

피아제는 이러한 형식적 조작기에 나타나는 사고와 구조를 분석하여 점차 구조들이 하나로 통합되고 안정된 형식적 체제로 협응 한다는 것을 주장하였다. 예컨대 이 단계에서는 이미 전 단계에서 형성된 가역성의 두 가지 형태인 부동과 상보성이 하나의 완전한 조작적 체제로 통합된다. 이 단계에서 발달한 능력은 아동에게 미래에 다가오는 과학적 지식의 세계로 진입할 가능성을 제공하기도 한다. 이러한 가능성은 열려있는 환경과 분위기에서 지속적인 인지발달을 촉구하기 위해서는 성숙, 경험, 사회적 인간관계, 인지 구조상에 일어나는 평형상태의 네 가지 요인들이 조화롭게 상호작용할 수 있어야 한다.

형식적 조작기의 특징을 요약해서 설명하면 다음과 같다.

① 새로운 상황에 부딪히게 될 때 현재의 경험뿐만 아니라 과거와 미래를 연결하여 사고할 수 있다는 점이다. 즉, 형식적 조작기의 청소년은 시간에 구애받지 않고 문제를 다룰 수 있다.

② 청소년 시기에는 체계적이고 과학적인 사고를 할 수 있다는 점이다. 즉 문제 해결을 위하여 다방면으로 생각해 보고 계획을 세우면서 체계적으로 문제 해결을 해 나갈 수 있다.

③ 이 시기의 청소년은 구체적인 개념뿐만 아니라 추상적인 개념을 바탕으로 사고를 할 수 있다.

④ 많은 청소년들은 자신에게 영향을 미치는 사람들에 대한 이상을 가지고 그들의 특성에 대해 사고하기 시작한다. 예를 들어 이상적인 부모상에 대해 생각하며, 때로는 이 이상적인 기준과 자신의 부모를 비교하기도 한다(정옥분, 2002).

〈표 2-4〉 구체적 조작기와 형식적 조작기의 특징 비교

구체적 조작기	형식적 조작기
구체적 사실에 근거를 둔다: 아동은 구체적인 사물에 관해서 논리적으로 판단할 수 있다. 단 이 시기의 아동은 추상적 사고에서 어려움을 갖는다. (예:음수의 개념을 파악하지 못한다. 0보다 작은 수는 구체적으로 볼 수 없기 때문이다)	추상적인 사고를 한다: 구체적으로 관찰할 수 있는 사실과 관계가 없는 것을 판단할 수 있다. 음수를 이해하고, 수학과정에 활용 할 수 있다.
복합적인 가설설정과 검증이 불가능하다: 과학적인 현상을 설명하기 위해 아동은 하나의 가설만을 가지고 문제를 풀려한다.	복합적인 가설설정 및 검증이 가능하다.
변인의 통제가 불가능하다:	변인의 통제가 가능하다.
비례문제를 이해할 수 없다.	비례를 이해할 수 있다.

출처: Ormrod(2006: 29)

2) 피아제 이론의 교육적 영향(시사점)

피아제의 인지발달이론은 교육학과 유아교육에 큰 영향을 미쳤다. 그러나 그의 이론은 과학적 사고발달에 관해 설명하면서도 예술 분야와 심미적 사고에 관해서는 설명하기가 어렵다. 이러한 한계점이 있음에도 불구하고 피아제 이론은 교사가 영유아발달단계를 파악하고 발달 수준에 따라 적절한 교육내용을 선정하고 조직하는 데에 인지적 발달 단계의 준거를 제공했다는 데에 큰 의미가 부여된다. 또한, 피교육자들의 능동적이고 적극적인 학습 행동이 수업의 효과를 증대할 수 있다는 데에 교육적으로 중요한 측면을 인식시켜 주었다.

피아제의 발달이론의 시사점을 요약해서 설명하면 다음과 같다.

첫째, 피아제의 인지발달이론은 인간의 환경과 유전과의 상호작용에 의해 영향을 받는다. 따라서 교육은 인간에게 내재되어 있는 발달가능성을 위해 최적화된 환경을 제공하도록 해야 할 것이다.

둘째, 인간의 인지발달은 아동의 능동적인 사고과정을 통해 형성되므르 교사는 아동의 경험을 통해 능동적으로 사고를 할 수 있도록 배려해야할 것이다.

셋째, 인지발달의 도식화는 동화와 조절의 평형화를 통해 지식이나 정보가 조화롭게 형성될 수 있다. 따라서 교사는 이를 위한 교수법을 제공하도록 해야 할 것이다.

넷째, 교육은 영유아의 현재 지적 발달단계에 적절하게 조정되어야 한다. 영유아는 성인과는 사고의 과정이 다르게 일어날 뿐만 아니라 정보처리능력 역시 다르게 처리하기 때문에 영유아의 발달단계 특성을 반영하여 학습과제를 조직하고 해석해서 제시해야 한다.

다섯째, 교육은 영유아의 자발성을 바탕으로 이루어져야 한다. 학습은 학습자의 적극적인 참여를 통해 이루어져야 효과가 극대화될 수 있기 대문이다. 어린 영유아에게는 외부세계를 탐색하는 것 자체가 지적 호기심을 유발하거나 그 자체가 학습 과정이기 때문이다. 따라서 교사는 영유아가 자신의 발달능력 시점에서 스스로 발견해 내고 탐색하도록 해야 한다. 그러므로 성인은 영유아의 관심을 불러일으킬 수 있는 다양한 자료를 제공하고 유아 스스로 문제를 해결하도록 허용해야 한다.

여섯째, 교육은 영유아의 인지발달 기초를 폭넓게 확대하도록 해야 한다. 피아제는 영유아의 인지발달이 감각운동기, 전 조작기, 구체적 조작기, 형식적 조작기를 순차적으로 지나면서 발달한다고 주장하였다. 따라서 영유아가 자신의 지적 능력을 경험할 수 있도록 해야 한다.

일곱째, 교육자는 불필요하게 영유아의 인지발달을 가속하려고 해서는 안 된다. 인지발달이란 개인마다 태어날 때부터 가진 소질을 바탕으로 이루어지는 것이기 때문이다. 지나치게 한쪽으로 발달을 강조하다 보면 전인적 발달에 저해가 되거나 혹은 독이 될 수 있다는 것이다. 따라서 피아제의 인지발달을 좀 더 폭넓게 이해하여 학습자들의 발달단계에 맞는 교육을 하도록 해야 할 것이다.

3 비고츠키(Vygotsky)의 인지발달이론

비고츠키(Lev S. Vygotsky, 1986-1934)는 러시아에서 출생한 심리학자이다. 그는 아동이 삶에서 겪는 문제에 어떻게 접근하고 해결하느냐 하는 것에 많은 관심을 가졌다. 피아제와 함께 인지적 관점에서 아동의 사고과정을 연구하여 발표했다는 점이 유사하다. 피아제가 아동의 인지발달 과정에서 일어나는 과정에 중점을 두었다면 비고츠키는 자기 주도적 학습(self-initiated, self-regulated learning)의 중요성과 인지발달에 미치는 사회 문화적 환경의 영향력에 관해 많은 관심을 가지고 연구했다. 그에 의하면 아동이 행동하는 학습과 성장에 필요한 인지적인 자극은 혼자 놀이를 통해 습득되는 것이 아니라, 교사나 부모 혹은 또래 집단을 통한 체험과 언어적 환경에서 직접적인 경험을 통해서 가능하다고 한다. 비고츠키의 기본원리와 개념을 살펴보면 다음과 같다.

1) 비고츠키 이론의 기본 개념과 원리

비고츠키는 인간의 정신기능을 두 가지 차원에서 구분하여 설명하였다. 하나는 생물학적 기원을 갖는 초등 정신 구조이고, 다른 하나는 사회문화적 기원을 갖는 고등 정신구조이다. 고등 정신구조는 그 개인이 사는 사회·문화의 역사를 이해하여야 한다. 인간만이 가진 고등 정신 구조는 학습과 교수를 통해 습득되는 인지적 과정이다.

초등 정신구조는 고등 동물과 인간 모두 유기체가 가진 것으로 일반적으로 성숙 때문에 형성되어간다. 초등정신 구조에는 감각, 반응하는 주의 집중, 자발적 기억, 감각 운동 지능 등이 있다.

비고츠키 이론은 사회적 상황을 반영해서 상호 협력하는 학습을 기본으로 전제하고 있다. 인간은 본질적으로 사회적 특성을 가지고 있으므로 자기가 살아가는 사회 속에서 정신적으로 발달하면서 살아간다. 인간은 능동적인 학습자로서 사회적 상호작용을 통해 자신만의 특성을 가지고 정신적 구조를 만들어 간다. 이러한 고등 정신 구조는 개인적으로 내면화 되면서 세밀하그 복잡한 구조로 발전되어 간다. 즉 공유된 구조 속에서 개별적인 구조로 발달하여 간다. 이러한 고등 정신 기능은 초등 정신 기능의 토대에서 문화마다 다르게 발달하여 간다. 또한, 이 과정에서 언어는 매우 중요한 요인으로 작용한다.

비고츠키의 사회 문화적 관점을 다음과 같이 네 가지 원리로 설명하고자 한다.

첫째, 학습자 자신이 지식을 사회·문화적 맥락 속에서 만들어간다.

둘째, 학습이 발달을 도와준다.

셋째, 발달은 사회적 맥락과 밀접하다.

넷째, 언어는 정신발달에 중요한 역할을 한다.

인간은 자기가 속한 문화권에서 상호 의사소통을 하면서 인지구조에 영향을 받는다. 문화적 경험은 인지구조의 이해, 논리의 구성, 문제의식, 문제 해결방법 등에 지대한 영향을 미치기 때문에 사회·문화적 맥락이 중요한 요인으로 작용한다.

2) 비고츠키의 사회·문화적 관점

비고츠키(Vygotsky)는 아동이 세계를 바라보는 관점을 이해하기 위해 교사는 아동이 속해 있는 가족의 사회적·문화적 배경을 우선 이해해야 한다고 강조하였다.

교사가 문화적 배경을 이해한다는 것은 사회 구성원들이 상호작용할 때 사용하는 언어, 공유하고 있는 가치체계, 상호관계 방법 등을 말한다. 즉 아동은 세상과 분리되어 사회적 역할을 습득하는 것이 아니라, 그들이 살아가고 있는 가족과 문화 속에서 제공된 행동양식과 사고방식을 적용하면서 배워가기 때문이다(Kozulin & Presseisen, 1995). 따라서 비고츠키는 아동의 타인과 상호작용하는 방식을 터득하는 것이 사회문화적으로 중요한 과제를 성취하는 것이라고 했다. 이처럼 비고츠키에 의하면 아동의 학습이 사회문화적 맥락에서 학습과 발달이 상호보완적으로 이루어지는 것이 중요하다.

3) 근접발달지대(ZPD: zone of proximal development)

비고츠키는 행동의 발달은 근접발달지대의 경계가 되는 두 수준 사이에서 발생한다고 하였다. 이것을 '근접발달영역'이라고 부른다. 근접발달영역은 '실제발달 수준(actual development level)'과 '잠재발달 수준(potential development level)' 사이의 영역이다. '실제적 발달 수준'이란 학습자가 이미 알고 있는 지식 내용과 주변 환경의 자극을 통해 앞으로 습득할 지식 내용 '잠재적 발달수준' 사이의 간격을 뜻한다. 두 발달 수준의 차이가 작을수록 교육적인 효과가 크다고 본다.

4) 언어발달의 관점

비고츠키(Vygotsky)는 언어가 문화화(enculturation) 과정 및 개인화 과정에 있어서 중요한 역할을 한다고 보았다. 즉 아동은 언어를 통해 자신을 양육하는 사람들의 가치관과 지식을 내면화하면서 성장·발달한다. 따라서 언어는 아동에게 개인 자신에 대한 개념(sene of the individual self)을 발견하는 수단으로써 작용한다고 보았다. 따라서 언어 및 언어발달에 대한 연구는 개인의 내적자질과 사회문화적 환경에서 제공하는 영향과 밀접한 관련이 있다. 그러므로 언어의 발달을 이해하기 위해서는 개인의 인지적 관점과 개인이 속해 있는 사회문화적 측면을 모두 반영해야 한다

5) 비계설정

스캐폴딩 또는 비계는 건축에 사용되는 지지대를 의미하는 것으로 핵심 건축물은 아니지만, 건축과정에 비계가 없다면 건축 자체가 어렵게 된다. 아동이 발달을 구축하는 데 있어서 능동적으로 구성해 가는 것처럼 건축물에서 구조물이 하나씩 만들어져 가는 과정과 흡사한 것으로 볼 수 있다. 즉 아동이 처해 있는 주변의 사회문화적 환경은 아동이 발달하고 새로운 능력을 만들어가는 데 있어

서 필수적인 지원체계라고 볼 수 있다.

6) 비고츠키 인지이론의 교육적 시사점

비고츠키의 사회문화적 인지발달론은 아동의 학습과 발달에서 교육적 시사점을 제공한다. 아동은 그가 사는 사회문화적 환경 속에서 상호작용을 통한 학습활동을 통해 지식과 정보를 체득하여 발달해 간다.

비고츠키는 사회문화적 관점이 교육에 끼친 영향을 아래와 같이 설명하였다.

첫째, 학습에 있어서 과정이 중요하다. 교사중심의 수업 활동은 학습발달이 수동적으로 지식을 수용하기 쉬운 경향이 있으므로 가능한 지양하도록 해야 한다. 그러므로 비고츠키의 사회문화적 인지발달론은 이런 교사중심의 전통적인 학습활동보다는 학습자들의 흥미나 호기심을 바탕으로 하는 학습활동을 강조한다. 능동적인 학습활동은 학습자가 수업 활동의 중심에서 스스로가 능동적으로 정보와 지식을 쌓아가도록 한다.

둘째, 학습자의 능동적인 수업참여는 상호작용을 전제로 하며, 수업 활동에 능동적인 것뿐만 아니라 상호 협력적으로 참여하는 것 역시 중요하다. 이처럼 또래들과의 협력을 통한 학습은 학습자들에게 문제해결능력을 키워줄 뿐만 아니라 학습자 자신이 문제 해결자임을 알려주기 때문에, 학습자들이 지식을 형성하는 구성자로서 자질을 갖출 수 있도록 해준다. 이처럼 상호협력 능력과 능동적으로 수업에 참여 하는 것은 학습자들에게 자신의 고등정신구조를 발달할 수 있도록 안내해 준다.

셋째, 교사의 역할은 학습자들을 위한 계획자이고 상호작용자이며 촉진자로서 설명할 수 있다. 즉 교사는 아동의 관찰을 통해 활동을 위한 준비자로서 계획함을 말한다. 이러한 사전 계획은 아동들이 학습활동에서 상호작용을 하도록 하며, 아동에게 교육적 자극을 주면서 촉진제 임무를 수행할 수 있도록 하는 데에 교육적 의의가 있다.

넷째, 아동들을 위한 수업은 근접발달지대를 반영해서 이뤄지도록 한다. 즉 아동의 실제 수준보다 조금 앞선 수준에서 진행하도록 한다. 즉 아동의 실제 발달

수준보다는 약간은 어렵지만, 잠재적 수준보다는 쉬운 내용으로 수업을 구성하도록 하는 것이다. 이처럼 인지적 발달은 아동이 이미 알고 있는 것과 앞으로 알아야 할 수준 사이의 차이를 조절해주면서 학습자가 지식을 쌓도록 한다. 여기서 근접발달지대가 교육적으로 학습자에게 올바로 활용되는 것에 의미가 있다.

그러나 근접발달과 잠재적 발달수준에 대한 명확한 근거나 기준을 제시하지 못한 것은 그의 이론에서 한계점이라고 볼 수 있다.

4 피아제와 비고츠키의 공통점과 차이점

전윤식과 이영석(1990)에 의하면 피아제(Piaget)와 비고츠키(Vygotsky) 이론의 공통점과 차이점은 다음과 같다.

① 피아제(Piaget)는 인간사고 발달과정에서 물리적 환경의 영향을 강조한 반면, 비고츠키(Vygotsky)는 역사적·문화적 환경영향에 관하여 연구하고 그 중요성을 강조하였다.

② 피아제(Piaget)는 인간사고 발달과정에서 논리적 사고발달은 개인의 역량에 따라 지식의 구조를 위한 평형화에 도달하는 것이 다르다고 보았다. 그러나 비고츠키(Vygotsky)는 인간이 태어난 환경의 영향에 직접적으로 영향을 받는다고 하였다. 즉 인간의 인지발달은 즉 역사적 그리고 문화적 환경을 통해 개인의 발달을 거쳐 다시 대인적 발달과정에 기초한다고 보았다.

③ 피아제(Piaget)는 발달을 진화적 관점에서 보았으며, 보편적으로 불변적 계열이라고 함으로써 비교적 결정론적 발달관을 나타낸 반면, 비고츠키(Vygotsky)는 발달단계란 사회적 조건과 유기체의 구조 간의 역동적 산물로 보았다.

④ 피아제(Piaget)는 인지발달에서 개인의 차이에 대한 언급이 없었는데 비해, 비고츠키(Vygotsky)는 유아발달에 있어서 어떠한 개인차가 있다고 보았다.

Educational Psychology

교/육/심/리/학

CHAPTER 03

성격과 사회성 발달

1. 성격발달
2. 사회성 발달

1 성격발달

1) 성격의 의미

'성격(personality)'은 '가면'이라는 뜻의 라틴어 '페르소나(persona)'에서 유래되었으며 이것은 그리스와 로마의 희극에서 사용된 배우의 가면을 말한다. 지금까지 성격은 광범위하게 사용되어 왔고 학자에 따라 다양하게 정의되고 있다.

성격은 환경에 대한 개인의 고유하고 독특한 반응양식으로 타인과 구별되어 일관성을 유지하고, 안정된 속성이 강한 인지, 정서 및 행동방식의 총체이다. 성격은 인간을 이해하는 데 필수적인 요소이며, 특정한 상황에서 행동의 방향과 삶의 방식을 결정한다. 성격에 대한 학자들의 정의를 살펴보면, 차일드(Child, 1968)는 "성격은 시간이 변하여도 일관적으로 행동하게 하고, 유사한 상황에서 타인의 행동과는 구분되는 한 개인의 행동을 결정짓는 비교적 안정된 내부적 요인들로 구성된다"고 하였다(이영애 외, 2006 재인용). 게리그와 짐바르도(Gerrig & Zimbardo, 2006)는 성격을 "시간을 두고 상황이 달라지더라도 특정한 개인의 특징적인 행동패턴에 영향을 주는 복잡하며 고유한 심리적 특성군"이라고 정의하였다. 즉 성격은 독특성과 안정성, 일관성 등의 특징을 가지므로 개인은 상황이 변하고 시간이 지나도 그 특유의 방식으로 행동하게 된다는 것이다(임정훈 외, 2014 재인용).

이와 같이 성격은 다른 사람들과 구별되는 한 개인의 독특한 심리적 특징으로 정의할 수 있는데, 다음과 같이 독특성, 안정성 및 내용의 세 가지 차원을 가진다고 한다(김동기, 2000; 송인섭 외, 2013 재인용).

첫째, 많은 성격이론가들은 사고와 감정 그리고 행동패턴의 개인차를 주장하면서 개인의 고유하고 독특한 성질을 강조한다.

둘째, 많은 성격이론가들이 공통적으로 주장하는 것은 성격특성은 어떠한 상황에서도 높은 안정성을 유지해야 한다는 것이다.

셋째, 우리는 개인 성격의 여러 측면, 즉 내용에 대해서 각 개인의 행동양식의 독특성과 안정성을 설명하고 있는데 이때 성격의 내용이란 내·외적 통제감, 공격성, 욕구 및 활동성향 등과 같은 심리적 특성을 말한다.

2) 건강한 성격

일반적으로 이상성격은 성격상 미성숙하거나 성격의 구조가 왜곡되어 있어 적응상의 문제를 야기하는 행동을 뜻한다. 즉 한 개인의 행동패턴이 보통의 범위에서 상당히 이탈되어 있는 경우이다. 이상성격의 사람은 대인관계나 사회생활에서 문제를 일으킬 뿐만 아니라 사회규범에 일탈된 병리적 행동을 하게 된다. 다시 말해 인간관계에서 심각한 갈등을 야기하고 주어진 환경에 적응하지 못하거나 욕구불만과 갈등이 해결되지 못한 채 심각한 병리적 특성을 보이는 것이다. 그러므로 개개인마다 환경에 대한 올바른 적응과 인간관계에서의 만족감과 삶의 질을 높이기 위해서는 건강한 성격의 특성을 이해하고 건강한 성격의 유지 및 증진을 위한 노력이 필요하다 하겠다.

로저스(C. Rogers)는 건강한 성격을 가진 사람들은 자기를 수용할 줄 알고 자기지도가 가능한 사람이라고 하였다. 그러한 사람들은 진정한 자기를 사실 그대로 나타내고 감정이나 신념을 숨기려고 하지 않으며 또한 자기 행동의 결과를 책임질 줄 안다. 즉, 그들은 현실적인 자아에 의해 행동하기 때문에 위장이나 가식적인 행동을 하지 않으며 항상 있는 그대로를 경험한다는 것이다. 또한 캐롤(H. A. Carroll)은 성격적으로 건강한 사람들은 자신뿐만 아니라 다른 사람도 존중할 줄 알며, 자신과 타인에 대해 혐오감이나 적대감을 갖지 않는다고 한다. 또한 어떤 행동의 원인을 알고자 노력하며 원인이 없는 행동은 하지 않으며 모든 행동에 책임을 질 수 있다고 한다(임창재, 2005: 266).

올포트(G. W. Allport)는 성숙한 인격의 관점에서 건강한 성격의 특징을 다음과 같이 설명한다. 첫째, 성숙한 사람은 확장된 자아감을 지닌다. 개인의 자아는 발달초기에는 자신에게 그 초점이 맞추어지나 성숙함에 따라 가족, 친구관계, 다양한 사회활동영역으로 확산된다는 것이다. 둘째, 성숙한 사람은 다양한 사람과 우호적인 관계를 맺는다. 셋째, 성숙한 사람은 정서적으로 안정되어 있다. 넷째, 성숙한 사람은 자신의 세계를 객관적으로 보는 현실적인 지각을 한다. 다섯째, 성숙한 사람은 완수할 과업을 가지며 이를 위해 헌신한다. 여섯째, 성숙한 사람은 자기를 객관화하는 능력을 가진다. 일곱째, 성숙한 사람은 일관성 있는 삶의 철학이 있다.

매슬로우(A. Maslow)는 자아실현을 인간 성숙의 중요한 요소로 보고 자아실현을 이룬 사람들의 삶을 분석하여 건강한 성격의 특징을 다음과 같이 설명하였다. 첫째, 현실에 대한 객관적인 지각능력과 판단능력을 가지고 있다. 둘째, 인간의 본성에 대해 그리고 자기 자신과 타인의 속성에 대해 수용적인 태도를 가지고 있다. 셋째, 자신을 가식 없이 솔직하고 자발적으로 자연스럽게 나타낸다. 넷째, 모든 사람을 수용적이며 차별 없이 대하는 민주적인 성격구조를 갖는다. 다섯째, 타인들과 확고한 인간적 유대를 가질 수 있는 능력을 지닌다. 여섯째, 모든 인간이 처한 상황에 대해 공감과 애정을 느끼며 모든 인간에 대해 인류애와 형제애를 느낀다. 일곱째, 자기가 하는 일에 대하여 애정을 갖고 몰두하며 동시에 책임감을 갖는다. 여덟째, 독립성과 자율성에 대하여 강한 욕구를 지닌다. 아홉째, 매우 창의적이다. 마지막으로 생활 속의 여러 가지 체험을 즐거움과 경이로움으로 신선하게 받아들인다(권석만, 2002 재인용).

3) 성격발달이론

(1) 프로이트의 심리성적 발달이론

① 주요 개념

정신분석학자인 프로이트(S. Freud, 1856~1939)는 자신의 임상경험과 꿈의 분석 등을 토대로 최초의 포괄적인 성격이론을 제시하였다. 그는 정신의 구조로 의식, 전의식, 무의식을 제안하였다. 의식이란 우리가 주의를 기울이는 순간 곧 알아차릴 수 있는 정신작용의 한 부분이며, 전체 정신구조에서 극히 제한된 부분을 차지한다. 전의식은 '이용 가능한 기억'으로서 주의를 집중하고 노력하면 의식될 수 있는 경험이나 기억을 말한다. 무의식은 전혀 의식하지 못하는 정신작용의 한 부분이며, 여기에는 개인적, 사회적으로 용납될 수 없는 욕구와 감정, 관념 등이 억압되어 있다. 무의식 속에 억압된 욕구나 경험은 인식되지 않지만 결코 사라지지 않으면서 인간의 사고와 행동을 통제하는 보이지 않는 힘, 즉 동기인으로 작용한다. 무의식 속에 억압된 경험이나 감정 등이 생물학적 충동이나 다른 어떤 일들과 연상되어 나타나면 인간은 강하게 저항하기도 하지만 현실적 불안과 갈등에 시달리게 된다. 이처럼 프로이트는 인간 존재를 무의식적 동기에 의해 영향을 받는 비이성적·비합리적 존재로서 본다.

이후 프로이트는 정신구조의 모형을 수정하여 성격의 구조로서 원욕(id), 자아(ego), 초자아(superego)를 제시하였다.

원욕은 성격의 기초가 되며, 출생 시 존재하는 생물학적 충동 및 욕구를 포함한다. 원욕은 쾌락의 원리에 지배되므로 내적 혹은 외적 자극에 의해 유기체의 긴장수준이 올라가면 즉각적인 긴장감소를 추구하게 된다. 즉 고통을 최소로 줄이고 쾌(긴장감소)를 최대화하고자 한다. 현실적으로 욕구가 만족되지 않으면 환상에 의한 소원성취가 이루어진다. 이러한 현상을 1차적 과정(primary process)이라 한다. 현실과 도덕성을 고려하지 못하는 원욕의 이러한 무조건적 욕구충족은 개체의 안전에 위협이 될 수 있다.

자아는 외부현실과 초자아의 제한을 고려하여 원욕의 요구를 표현하고 만족시키는 정신기제의 일부이다. 원욕에서 파생되며 생후 6~8개월부터 발생하기 시작하여 2~3세에 형성된다. 자아는 원욕의 충동을 어떤 방법으로든지 충족시켜주어야 하지만 그것은 초자아가 침해를 받지 않는 범위 내에서 이루어져야 한다. 자아는 현실원리에 따르며, 욕구충족을 위해서 적당한 대상이나 환경조건이 이루어질 때까지 본능적 만족을 지연시켜 개체를 안전하게 보전시키고자 한다. 이러한 합리적 사고방식을 2차적 과정(secondary process)이라 한다. 그러나 자아는 원초아의 충동을 처리할 수 없을 때 신경증적 불안을 경험하며, 초자아로부터 처벌을 예견할 때 도덕적 불안을 느낀다.

초자아는 사회 규범과 행동 기준이 내면화된 형태이다. 초자아는 원욕의 충동을 억제하고, 자아의 목표를 현실적인 것에서 도덕적인 것으로 유도한다. 현실보다는 이상을, 쾌락보다는 완성을 추구한다. 초자아는 성격의 구조 중 가장 마지막에 발달되는 체계로써 부모의 훈육방식, 즉 부모의 보상과 처벌에 대한 반응으로 발달한다. 초자아의 두 가지 하위체계로서 양심과 자아이상이 있다. 양심은 아동의 잘못에 대한 부모의 처벌을 통해 생기며 이것은 자신에 대한 비판적 평가나 도덕적 억압, 죄의식 등이 포함된다. 자아이상은 아동의 행동에 대한 부모의 보상으로 발달되며 아동이 목표나 포부를 갖게 하고 자존심과 긍지를 느끼게 해준다.

이와 같이 성격의 각 구조는 서로 다른 활동원리와 기능을 가지고 있으나, 각 구조들이 어떻게 상호작용하느냐에 따라 개인의 성격이 결정된다. 즉 원욕이 과도하게 발달된 사람은 현실 원리나 사회규범을 무시한 채 자신의 욕구를 채우는데 몰두한다. 자아가 발달된 사람은 현실만을 따르며 논리적인 원칙하에 행동하고, 초자아가 발달된 사람은 자신의 욕구와 현실을 무시하고 양심과 윤리적 원칙만을 따르는 행동을 하게 된다. 프로이트는 이 세 구조간의 균형이 깨어질 때 성격적인 문제가 발생한다고 하였다(송인섭 외, 2013: 87).

② 심리성적(psychosexual) 발달단계

프로이트는 성본능의 정신적 에너지인 리비도(libido)가 어느 신체부위에 집중하느냐에 따라 성격발달을 5단계로 구분하였다. 각 단계에서 특정 부위에서의 성적 쾌감이 적절히 만족되지 못하거나 반대로 지나치게 충족되면 그 단계에서 고착(fixation)되어 다음 단계로의 발달이 순조롭지 못하게 된다. 프로이트는 특히 생후 5년간의 초기 경험이 성격의 토대를 형성하며, 이후 성인기 적응유형과 성격특성에 영향을 미친다고 보았다.

• 1단계 구강기(0~18개월)

이 시기에 리비도는 구강부위에 집중되며, 영아는 구강활동(빨기, 씹기, 물어뜯기)을 통해 성적 욕구를 충족시킨다. 이때 구강욕구가 지나치게 충족되거나 반대로 좌절되면 다음 발달단계로 넘어가지 않고 이 단계에서 고착된다. 구강기 고착경험은 성격발달에 지속적인 영향을 미친다.

이 단계의 욕구충족은 어머니의 수유방식과 특히 관련이 있다. 수유시간이 지나치게 길거나 무절제할 때(과잉충족) 구강수동적 성격이 나타난다. 구강수동적 성격은 지나치게 의존적이고, 자기희생적으로 남으로부터 인정받고자 하며, 수동적이고 미성숙하며, 정서적으로 안정되지 못한 특성을 보인다. 반면 수유시간을 지나치게 통제하거나 방치하는 경우(과잉결핍) 구강공격적 성격이 나타난다. 구강공격적 성격은 논쟁적, 비판적이며, 남을 헐뜯고, 타인을 이용하여 지배하려는 경향이 있다. 그러나 이 단계에서 양육자의 적절한 보살핌과 함께 구강욕구가 적절히 충족되면 친밀과 의존, 독립의 기초덕목을 갖게 된다.

• 2단계 항문기(18개월~4세)

이 단계에서 리비도는 항문 부위로 옮겨가며, 유아는 배설물의 보유와 배출을 통해 쾌감을 경험하고 만족을 얻는다.

이 시기에 배변훈련이 시작되면, 유아는 생후 처음으로 자신의 본능적 충동이 외부에 의해 통제되는 경험을 하게 된다. 유아가 적절한 때와 장소가 마련될 때까지 자신의 배설욕구를 억제할 수 있게 됨으로써 배변훈련이 성공적으로 이루어지면 사회적 인정이 따르게 된다. 사회적 인정을 통해 얻는 쾌감은 개인적인 정체감의 확립과 자아형성에 필수적이며 이 시기에 유아는 욕구를 억압할 것인가 아닌가에 대한 자기선택과 자기 통제의 근본이 형성된다.

이 단계에서는 부모의 배변훈련방식과 유아와 부모간의 갈등이 성격형성에 영향을 미친다. 부모의 훈련방법이 지나치게 엄격하고 억압적일 때 항문기 강박적 성격으로 고집이 세고 인색하며 복종적이고 지나친 결벽증을 나타낼 수 있다. 또한 배변훈련방식이 지나치게 관대할 때는 항문기 공격적 성격으로 잔인하고 파괴적이며 급하고 지저분한 경향을 보인다.

그러나 부모가 배변훈련을 적절한 칭찬과 함께 즐겁게 하면 유아는 이 과업의 중요성을 깨닫고 배변훈련에 즐겁게 임할 수 있게 된다. 또한 부모로부터 자연스럽고 적절한 배변훈련을 받은 유아는 창조적이고 생산적인 면을 갖추게 되어 박애적이고 관용적 성향을 갖게 된다.

• 3단계 남근기(4~5세)

남근기는 리비도가 생식기에 집중되며, 유아는 생식기의 자극을 통해 만족을 얻고자 한다. 이 시기에 남아는 어머니에게 무의식적으로 강한 애정의 욕구를 가지며 아버지를 경쟁상대로 생각하는 오이디푸스 콤플렉스(0edipus complex)를 경험하고, 동시에 거세불안을 느낀다. 여아는 자신에게 남근이 없음을 알고 실망하여 그 책임을 어머니에게 전가하며 남근을 부러워하는 남근선망을 갖게 되고 아버지를 좋아하는 엘렉트라 콤플렉스(Electra complex)를 경험한다. 이처럼 아동이 이성부모에 대해 애정을 느끼고 동성부모에게 적대감을 갖는 무의식적 갈등상황은 동성부모에 대한 동일시를 통해 해결되며, 이를 통해 초자아와 성역할의 습득이 이루어진다.

동일시는 동성부모의 성역할을 학습하고 그들의 생각, 가치, 태도 등을 습득, 내면화하기 위한 무의식적 노력을 뜻한다. 남근기에 고착된 성인남자는 경솔하고 과장되며 야심적이다. 여자의 경우는 성관계에 있어 순진해보이지만, 난잡하고 유혹적이며 경박한 성향을 갖는다.

• 4단계 잠복기(5~11, 12세)

앞 단계에서의 성적 욕구들은 지적 탐색이나 운동으로 전환되고, 성적 충동은 무의식속으로 억압되어 '평온의 시기'를 맞이한다. 이 시기는 원욕의 힘은 약화되고 자아와 초자아가 서로 긴밀하게 구축되는 시기이다. 그리하여 아동은 운동, 게임, 지적 활동과 같은 사회적으로 용인되는 일에 에너지의 방향을 돌린다. 또한 사회생활에 필요한 지식과 기술을 습득하는 일에 열중하게 된다.

이 시기에는 동성 간의 응집력이 증가하며 동성으로부터의 인정 욕구가 강해진다. 프로이트는 이러한 욕구가 강해져서 잠복기에 고착되면, 성인이 되어서도 이성에게 정상적인 친밀감을 느끼지 못하고 동성애적 성향을 가질 수도 있다고 하였다.

• 5단계 생식기(12세 이후)

사춘기가 시작되면, 2차 성징의 출현과 함께 잠재되어 있던 리비도가 다시 활성화된다. 동성에 대한 관심은 이성에 대한 관심으로 바뀌고, 성숙한 성적 관심은 이성에 대해 직접적인 구애로 향하게 된다.

청소년의 성적 욕망은 사회적·도덕적 압력에 부딪친다. 그럼에도 대부분의 청소년들은 자신을 위협하는 상황에서 현실적이고 객관적인 판단을 하며 도덕적 규율과 양심에 따라 행동하게 된다. 또한 성적 욕망을 건강하고 생산적인 활동으로 대체할 수 있다. 이 단계에 이르면 자아는 현실의 원리에 따라 본능을 현실적으로 적합한 방법으로 해소할 수 있고, 초자아는 적절한 양심과 자아이상을 형성할 수 있게 하기 때문이다.

이 시기의 성적 욕구, 즉 리비도가 잘 해소되면 사회적으로 원만한 인간관계를 형성하고 책임감이 발달하여 이성과의 사랑도 만족스럽지만, 그렇지 못할 경우 부적응과 반사회적 성격특성을 나타낸다. 이 단계의 고착은 권위에 대한 반항, 비행, 이성에 대한 적응곤란으로 나타나며, 이 시기까지 순조로운 발달을 성취한 사람은 타인에 대한 관심, 성숙한 이성관계, 사회적 기대나 가치에 적합한 적응을 이루게 된다.

③ 평가 및 교육적 시사점

프로이트는 인간의 정신세계에 대한 심도 깊은 통찰과 인간행동의 무의식적 결정요인을 강조함으로써 인간 이해에 대한 새로운 지평을 열었다. 또한 아동양육에 대한 실질적인 제언과 관련연구를 유발시켰다는 점에서 높이 평가받고 있지만 다음과 같은 비판도 있다.

첫째, 인간을 성본능과 과거 경험에 의해 지배되는 수동적이고 소극적 존재로 보았다.

둘째, 정상적인 아동을 직접 관찰해서 얻은 결과가 아닌 자신의 신경증 환자들을 치료하는 과정에서 얻은 임상자료를 토대로 인간의 성격발달을 설명하고 있다는 점이다.

셋째, 성격발달이 5세까지의 경험에 의해 결정된다고 보았으나 다른 학자들은 성격발달이 청소년기와 성인기에도 일어난다고 주장한다.

넷째, 성본능을 지나치게 강조한 나머지 사회문화적 요인을 간과하고 있다.

그러나 프로이트는 성격발달에 있어 초기 경험의 중요성, 특히 5세 이전까지의 부모자녀관계가 발달에 미치는 영향을 강조함으로써 부모의 역할과 자녀양육에 대한 관심을 불러일으켰다. 이론의 교육적 시사점을 건강한 성격발달과 관련지어 다음과 같이 요약할 수 있다.

첫째, 아동의 욕구가 적절히 충족될 수 있는 양육환경이 중요하다.

둘째, 억압된 욕구들이 발산될 수 있는 기회를 조성할 필요가 있다.

셋째, 학령기 아동들에게는 다양한 성취경험을 할 수 있는 기회와 격려가 필요하다.

넷째, 청소년기에는 성에 대한 건강한 태도와 올바른 가치관을 형성할 수 있는 성교육이 제공되어야 한다.

(2) 에릭슨의 심리사회적 발달이론

① 주요개념

에릭슨(E. Erikson, 1902~1994)은 인간의 성격발달에 있어 성적 억압이나 갈등보다 사회문화적 영향을 강조하였다. 즉 인간의 성격은 본능보다 부모, 형제, 사회의 다른 구성원들이나 그 사회의 가치체계에 의해 더 많은 영향을 받는다.

또한 인간 행동과 기능의 기초로서 프로이트가 원욕을 강조한데 반해 에릭슨은 자아를 강조하고 성격의 자율적 구조로 파악하였다. 자아는 원욕에서 파생되어 나오는 것이 아니라 자율적 기능을 하며, 인간의 사고와 감정, 의지의 주관자인 것이다. 에릭슨은 프로이트의 발달단계에 있어 아동이 수행해야 할 과업을 새롭고 확대된 관점에서 제시하였다. 그는 인간의 전 생애발달을 8단계로 구분하여, 각 단계마다 심리사회적 위기가 있으며 개개인이 이러한 위기를 어떻게 해결하느냐에 따라 각 개인의 특징적인 행동패턴이 결정된다. 각 단계에서 해결해야할 위기, 즉 발달과업이 만족스럽게 해결되면 건강한 성격을 발달시킬 기회를 갖지만, 불만족스럽게 해결되면 다음 단계의 발달을 지연시키고 성격형성에 부정적인 영향을 미친다. 위기의 만족스러운 해결에 의한 긍정적 요소는 성장하는 자아 속에 스며들어 건전한 발달을 보장하나, 그렇지 못할 경우 자아발달에 손상이 오며 부정적 요소가 자아 속에 많이 통합되어 적응을 방해하기도 한다(이항재, 최민수, 2004: 179).

〈표 3-1〉 에릭슨의 심리사회발달단계

발달주기	심리사회적 위기	주요 사회관계	덕목
유아기	기본적 신뢰감 : 불신감(0~1세)	어머니	신뢰, 희망
아동 전기	자율성 : 수치심(1~3세)	부모	의지
아동 중기	주도성 : 죄책감(3~6세)	가족	목적, 의드
학령기	근면성 : 열등감(6~12세)	이웃, 학교	유능감
청소년기	정체감 : 역할혼미(12~20세)	친구	성실, 충성
성인 전기	친밀감 : 고립감(20~40세)	연인, 배우자	사랑
성인 중기	생산성 : 자기침체(40~65세)	직장동료, 자녀	배려
성인 후기	자아통합 : 절망감(65~)	사회 전체	지혜

② 심리사회적(psychosocial) 발달단계

• 1단계 기본적 신뢰감 대 불신감(0~1세)

이 단계에서 영아는 양육자로부터 지속적이며 일관된 사랑과 보살핌을 받고 기본적인 욕구(음식, 수면, 배설)를 적절히 충족시키면, 자신이 주변으로부터 보호받고 있다는 안전감과 편안함을 느낀다. 이때 영아는 자신을 둘러싼 주변세계와 타인에 대해 신뢰감을 형성하게 되며, 이 신뢰감은 앞으로의 삶에 있어 낙관적인 희망을 품을 수 있게 해준다. 하지만 양육자의 무관심하그 거부적이며 일관성 없는 양육태도와 지속적인 욕구 좌절은 아이로 하여금 주변 세계에 더한 의심과 두려움을 갖게 만든다.

그러므로 영아기 신뢰감과 불신감의 형성에는 양육의 질, 즉 어머니가 아이를 돌봄에 있어 얼마나 온정적이고 반응적이며 일관적이냐가 중요한 영향을 미친다. 이 단계에서 형성되는 신뢰감은 건강한 성격의 핵심이 되며, 앞으로의 발달단계에서 겪을 수 있는 좌절을 견디어낼 수 있는 심적 토대가 된다. 에릭슨은 기본적 신뢰감에 결함을 지닌 영아는 급성 우울증에 걸리거나, 성인이 되었을 때 편집증을 보일 수 있다고 하였다.

- 2단계 자율성 대 수치심(1~3세)

이 단계에서 유아들은 신체발달과 함께 운동기능이 향상되고, 지적 기능도 발달한다. 또한 다른 누군가의 도움 없이 무엇이든 혼자서 하려는 경향도 강하게 나타난다. 유아 스스로 혼자 할 수 있는 것들을 허용해주고 격려할 때 자율성이 형성된다. 그러나 지나친 간섭이나 과잉보호로 아이 스스로 할 수 있는 것을 방해하거나 지나친 비난을 가하게 되면 자신의 능력을 시험해 볼 수 있는 기회를 갖지 못하고 자기능력에 대해 회의와 수치심을 느낀다.

아이의 혼자 하는 행동이 다소 서툴더라도 기다리고 격려해줄 때 아이는 자신의 행동에 대해 긍지를 갖고 다른 일에 있어서도 자율적인 태도로 임할 수 있다. 이 단계에서 수치심을 형성하게 되면 성인이 되어서도 자신감과 추진력, 결단력이 부족한 사람이 될 수 있다.

- 3단계 주도성 대 죄책감(3~6세)

이 시기의 아동은 주변세계에 대한 의문과 탐색, 호기심도 많아지며 새로운 일에 도전하고자 하는 욕구도 강해진다. 아동의 도전적인 충동이나 목표추구적인 행동은 부모나 다른 구성원들과의 갈등을 야기할 수도 있다.

이 단계에서 성공적 발달은 아동을 목표지향적이 되도록 하는 것에 있다. 아동이 주변세계를 충분히 탐색해보고 경험해볼 수 있는 기회가 허용되고, 그 결과와 상관없이 아동의 주도적인 활동이 인정받고 격려 받을 때 주도성이 발달된다. 주도성이란 계획을 세우고 목표를 설정하여 그것을 달성하고자 노력하는 것을 말한다.

한편 아동의 주도적인 활동이 제지되거나 지나친 벌이나 비난으로 이어질 때 아동은 죄책감과 무가치함을 느낄 수 있다. 죄책감이 형성되면 아동은 의존적이고 목적의식과 용기가 부족하게 된다. 또한 이 시기의 아동들은 모든 충동을 실행에 옮겨서는 안 된다는 것도 배워야 한다. 부모는 자녀의 주도적인 활동을 격려해주되 해도 되는 것과 해서는 안 될 것의 기준을 분명하게 알려주어야 한다. 에릭슨은 주도성 발달의 결함은 성인이 되었을 때 소극성과 성적 무기력감으로 나타날 수 있다고 하였다.

• 4단계 근면성 대 열등감(6~12세)

학령기로 접어들면서 인간관계의 폭은 가족에서 학교로 확장된다. 이 시기 아동은 지적 욕구는 활발해지고, 기본적인 인지적·사회적 기술을 습득해야 하며, 학교생활을 통해 인내와 완성된 작업에 대한 보람을 경험하기도 한다. 또한 아동은 무엇인가를 시도해보는 것만으로 만족하지 않고 성공을 통해 인정을 받고 싶은 욕구도 강해진다.

이 단계에서 학교에서의 성공적인 경험과 성취는 긍정적인 자아개념 형성과 근면성을 발달시키는 요인이 된다. 에릭슨은 근면성을 '인간관계적 능력감'으로, 개인적·사회적으로 의미 있는 목표를 추구하는 가운데 사회 환경에 보다 적극적인 영향력을 발휘할 수 있다는 자신감이라고 하였다. 근면성이 형성될 때 나타나는 미덕은 능력이며 이것은 사회적, 경제적, 정치적 행동에 참여하는 기초가 된다.

반면 실패 경험이 누적되고 주변으로부터 낮은 기대수준을 경험하게 되면, 아동은 열등감에 빠져 부정적인 자아개념을 형성할 수 있다. 이 시기 아동이 긍정적인 자아개념을 형성하고 근면성을 발달시킬 수 있도록 하기 위해서는 아동들 간의 개인차를 고려하여 적절한 수준의 과제를 줌으로써 실패보다 성공감을 경험할 수 있는 학습환경을 계획할 필요가 있다. 특히 아동의 성취를 다른 아동과 비교하여 열등감을 조성하지 말고 성취 그 자체를 가치있게 다루어야 한다.

• 5단계 정체감 대 역할혼미(12~20세)

청소년기는 급격한 심리적, 생리적, 신체적 변화와 함께 자기 존재에 대한 관심이 고조되는 시기이다. 청소년들은 자신의 능력과 역할, 책임 등에 대해 의문을 갖고 탐색해보며, 그에 대한 확신을 얻고자 노력한다. 또한 청소년들은 '주변인(아동도 성인도 아닌 존재)'으로서 성인기에 요구되는 사회적 압력에 직면하여 혼란을 경험하기도 한다.

청소년들이 자신의 위치, 능력, 역할 및 책임에 대해 분명한 인식을 하는데서 자아정체감이 확립된다. 정체감은 개인의 능력, 요구, 신념 등을 일관된 자아상으로 통합하는 것을 말하며, 이후 직업이나 배우자 선택 시 결정적인 역할을 한다. 그러나 정체감 발달에 실패하면 역할혼미가 나타나며 자신의 장래, 진로 및 직업선택 등의 결정에 있어 혼란을 경험하게 된다. 즉 자신에게 맞는 직업을 선택하지 못하거나 학업을 계속하지 못하는 문제를 겪을 수 있다. 또한 이들은 포기를 잘하며 인내심이 부족하고 독단적이며 배타적인 경향을 보인다. 이 위기를 성공적으로 넘기면 스스로 약속한 대로 충실할 수 있는 능력인 성실성, 즉 사회적 관습, 윤리, 가치를 지각하고 이를 지키는 능력이 발달하며 실패할 때는 불확실성을 초래한다.

• 6단계 친밀감 대 고립감(20~40세)

성인기의 주요 과업은 타인과 친밀한 관계를 형성하는 것이다. 친밀감은 타인에 대한 배려, 진심, 신뢰가 동반될 때 가능하다. 친밀감을 발달시키지 못하면 고립감을 느끼고 자아도취에 빠지거나 사회적 관계를 회피하는 경향이 나타난다. 자아도취에 빠지면 직업을 쓸모없는 것으로 여기며, 극단적인 소외의 예로서 반사회적 혹은 정신병리적 성격특성을 나타낼 수 있다. 이 단계의 위기를 성공적으로 해결하면 사랑의 능력이 생긴다. 사랑이란 자신을 타인에게 관여시키고 이 관여를 유지하는 능력이며 다른 사람에 대한 보호와 존경, 책임으로 나타난다.

- 7단계 생산성 대 자기침체(40~65세)

장년기의 생산성은 직업적인 성취와 자녀양육의 만족스러운 경험, 다음 세대를 위한 봉사와 배려 등을 통해 형성된다. 생산성은 다음 세대가 일하며 살아갈 사회지침을 확립하는데 관심을 가지며, 이것은 보호의 미덕으로 나타난다. 생산성이 결핍되면 침체성에 빠진다. 침체성에 빠지면 개인적인 욕구 충족이나 자기안위가 주된 관심이 되는 자아도취의 상태에 빠지고, 이기적이고 배려심이 부족하여 인간관계에서도 문제가 발생할 수 있다.

- 8단계 자아통합 대 절망감(65세~)

노년기는 신체노화와 직장에서의 은퇴, 배우자나 친구들과의 사별을 통해 상실감과 심리적 갈등을 경험하게 되는 시기이다. 이러한 갈등은 노인으로 하여금 과거를 돌아보게 하고 이때 자신의 지난 삶을 만족스럽고 가치 있게 여기던 자아통합을 이루게 된다. 이들은 죽음을 겸허히 받아들여 보다 충실한 삶을 살고자 한다. 그러나 자아통합에 실패할 경우 절망감에 빠지게 된다. 절망감에 빠지면 자신의 삶을 후회스럽고 무가치하게 여기며 죽음을 지혜롭게 받아들이지 못한다.

③ 평가 및 교육적 시사점

에릭슨은 사회문화적 요인이 성격발달에 어떻게 영향을 미치는 가를 설명함으로써 인간의 행동발달을 이해하는 데 새로운 관점을 제시하였다. 특히 각 발달단계마다 성취해야 할 과업과 극복해야 할 위기 상황이 있는데, 이때 영향을 미칠 수 있는 사회적 요인들을 교육적으로 적용할 필요가 있다. 이러한 측면에서 에릭슨의 이론은 부모나 교사 등 성인들이 성장하고 있는 개인을 어떻게 다루어야 할지에 대해 의미있는 시사점을 제공하고 있다(장성화 외, 2015: 48-49).

첫째, 부모는 자녀에게 이 세상은 평온하고 안전한 곳이라는 느낌을 전해주어 기본 신뢰감을 형성하도록 도와주어야 한다.

둘째, 취학 전 아동의 경우 자율성과 주도성을 발달시킬 수 있도록 자율적인 활동과 독자적인 탐색의 기회를 최대한 허용하고 아동의 실수에 대해 지나친 수치심과 죄책감을 느끼지 않도록 해야 한다.

셋째, 학령기 학생들의 근면성 형성을 위해 과업을 완성하는 즐거움을 경험할 수 있는 기회가 주어지고, 교사는 그들이 성공과 성취의 경험을 통해 긍정적인 자아개념을 형성할 수 있도록 해야 한다.

넷째, 청소년기는 자아정체성의 탐색이 무엇보다 중요하므로 교사는 학교교육의 전반적인 영역에서 그리고 또래들과의 관계형성에서 청소년들이 건강한 자아정체감을 형성할 수 있도록 유의하고 이를 위한 환경을 조성해주어야 한다.

2 사회성 발달

1) 사회성의 정의

인간은 출생 시부터 평생에 걸쳐 수많은 사람들과 상호작용하며 그 일련의 과정을 통해 사회화된다. 사회화란 한 개인이 사회의 구성원으로서 그 사회가 기대하는 생활방식, 문화, 언어, 규범, 태도 등 총체적 생활양식을 학습하고 실천함으로써 내면화하는 과정을 말한다.

초기에 어린 아동은 부모의 훈육에 따른 요구와 주변 사람들의 행동을 모방함으로써 사회화에 필요한 기초적인 습관과 기술, 태도를 습득한다. 성장함에 따라 생활범위가 확대되면 생활환경의 또 다른 측면에 적응하는 방법을 습득하게 되고 다양한 경험을 받아들이고 새로운 사고나 행동을 접하면서 자신의 생활방식을 조율하여 환경에 재차 적응하게 된다. 그러므로 사회화 과정은 개인이 자신이 속한 사회환경에 살아가기 위한 적응과 성장의 과정이라 볼 수 있다.

브룸과 셀즈닉(L. Broom & P. Selznick)은 사회화의 목적을 다음과 같이 설명한다.

첫째, 사회화의 훈련을 통해 순간적 만족을 억제하고 사회적 승인이나 미래의 보다 큰 목적을 위해 현재의 충동적 행위를 억제한다. 둘째, 개인은 사회화를 통해 포부를 갖게 되며 이것은 근본적인 행동의 계기를 마련해주는 것이다. 셋째, 사회화는 개인으로 하여금 사회적 역할과 태도를 습득하게 한다. 넷째, 사회화는 아동이 성인사회에 참여하기 위한 준비단계로서 기초 기술을 습득하게 한다(김제한, 1994: 155-156).

사회성은 이러한 사회화과정에서 후천적으로 사회적 행동이 내재된 것으로 개인이 사회의 규범, 가치관, 지식 등을 내면화하여 어떤 집단이나 사회 속에서 다른 사람과 효율적인 인간관계를 맺으며 살아갈 수 있는 능력이다. 즉 인간은 사회적 관계를 통해 사회적 행동을 학습하게 되며, 사회성을 발달시켜나간다.

사전적 정의로서 사회성은 인간의 근본 성질, 인격, 성격분류에 나타나는 특성의 하나로 사회에 적응하는 개인의 소질이나 능력, 대인관계의 원만성을 의미한다.

송명자(1995)는 사회성을 성격의 한 특성으로 기술하고 이 특성을 대인관계에서의 사교성, 군거성, 협동성, 친절성, 사회적 의존성, 모방성, 소통성, 용역성, 대인순응성, 관용성 등을 포함하여 고립, 사회적 접촉의 기피, 방관, 비사교성, 비활동적 성격과 반대되는 특성으로 보고 있다. 정범모(1975)는 사회성을 남과 쉽게 사귀고 집단생활이나 사회적 활동을 즐기며 이웃과 잘 협동하고 인정이 많아 타인의 의견에 잘 동의하고 기질이 까다롭지 않으며 원만하며 충돌하지 않고 우호적이며 비교적 많은 친구를 갖게 되는 특성이라 하였다.

로저스(C. Rogers)는 사회성이란 일반적으로 사회가 요구하는 규범과 역할에 적응하는 능력으로 긍정적인 자아상의 확립을 위해 환경과 성공적인 상호작용이 필요하다고 하였다. 따라서 특정한 사회집단 내에서 대인관계는 그 사람의 인성발달에 결정적인 영향을 미치며, 한 사회집단의 성격, 구조, 집단 성원의 인간관계도 사회성에 의해 좌우된다.

2) 대인관계이론

(1) 애착이론

애착(attachment)이란 특정 개인에 대한 애정적 유대를 의미하는 것으로 애착 대상과 접촉하고 근접하려는 성향을 지속적으로 갖고 있는 인간의 내적 상태를 나타낸다. 보올비(J. Bowlby)는 아기는 생존을 위해 양육자로부터 보호받아야 하고 이로 인해 형성된 생존보호 본능이 애착기제로 발달된다고 하였다. 즉 애착은 아기가 생득적인 신호(미소짓기, 울기, 빨기, 따라하기, 매달리기)를 보낼 때 부모가 신속하게 반응함으로써 형성된다. 만약 부모가 아이가 보내는 신호에 일관성있게 그리고 민감하고 온정적으로 반응하지 않으면 불안정 애착이 형성된다.

보올비는 아동이 일생동안 맺게 되는 다른 사람과의 관계의 원형이 형성되는 '내적 작동모델(internal working model)'을 부모와의 상호작용을 통해 발달시켜 나간다고 하였다. 내적 작동모델이란 자신과 타인에 대한 인지적 표상을 말한다. 이는 부모와 아동 간에 지속되는 상호작용의 경험으로 형성되며 이 과정에서 아동은 자신과 세상에 대해 그리고 타인에게 무엇을 기대할 수 있는지를 배우게 된다. 영아의 신호에 대한 양육자의 일관성 있고 민감한 반응은 영아로 하여금 자신을 사랑받는 존재로 인식하고, 타인에 대해서도 긍정적인 내적 작동모델을 발달시킨다. 그러나 양육자의 부적절한 반응은 영아로 하여금 자신은 사랑받을 가치가 없는 존재로 인식되고, 타인에 대해서도 부정적인 내적 작동모델을 발달시킨다. 이렇게 형성된 내적 작동모델은 지속되는 경향이 있다.

부모와의 상호작용을 통해 형성된 애착은 또래관계 등의 사회적 능력에 영향을 미친다. 또한 성인기의 사회적 적응력과도 밀접한 관련이 있으며, 애착형성에 실패하거나 안정되지 못한 애착을 형성한 아동은 정서적 안전성은 물론 대인관계에서 실패할 가능성이 클 뿐 아니라 정신건강을 위협하는 문제까지 초래할 수 있다. 따라서 아동은 양육자와의 안정적인 애착을 형성한 경험을 통해 일차적 사회관계를 학습하게 되고, 이 학습의 결과는 다른 주변 사람들에게 일반화되므로 특히 어머니와의 친밀하고 안정적 애착경험은 사회성 발달의 기초가 된다.

(2) 설리번의 대인관계이론

설리번(H. S. Sullivan)은 인간발달에 있어 다른 사람과 어떠한 관계를 유지하는가가 중요하다고 본다. 타인과의 상호작용의 욕구는 사회적 관계를 맺으며 살아가는 인간 유기체가 자신의 안정과 정서적 지지를 제공받기 위한 수단이다. 연령이 증가함에 따라 상호작용의 형태나 그에 따른 욕구의 대상은 달라지지만 주 관심사는 자신과 밀접한 관계를 가진 사람들과의 상호작용에 있다.

설리번에 의하면 개인의 자아는 타인에 의해 '반영된 평가'로 이루어진다. 자신에게 의미 있는 타인들이 자신을 평가해 온 방식인 '반영된 평가'는 개인이 자기 자신을 평가하는 방식이 되어버린다. 뿐만 아니라 개인이 다른 타인들을 평가하고 인식하는 방식에도 영향을 미치게 된다.

개인의 발달에 미치는 대인관계의 영향력은 건설적일 수도 있고 파괴적일 수도 있다. 설리번은 대인관계에서 우리가 얻는 이점은 긍정적 피드백의 여하에 달려 있다고 한다. 다른 사람들이 우리를 긍정적이고 가치 있는 사람으로 평가하고 있다고 생각할 때 우리는 안전감을 느끼게 된다. 그러나 대인관계, 특히 유아기와 아동기의 대인관계가 상당한 불안을 초래할 때 개인이 발전시킨 안전수단(방어기제)이 타인과의 관계를 손상시킬 수도 있다. 가령 자신을 낮게 평가하고 부적절감을 느끼는 청년은 다른 사람들의 친절한 제의를 거부하는 경향이 있으며 적대적이고 타인을 불신하는 성향을 보인다. 반면 자신에게 유의미한 타인과 갖는 긍정적이고 지지적이며 긴장감소적 경험은 안전감을 낳게 한다(정옥분, 2004: 407-408).

인간은 다른 어떤 상태보다 안전한 상태를 추구한다. 특히 양육자와의 초기 경험으로부터 대인관계상의 불안이 생겨나며, 이 불안은 인간의 생애주기에서 가장 뿌리 깊은 대인관계적 힘을 낳게 된다.

(3) 셀만의 사회적 조망수용이론

조망수용능력은 모든 인간관계의 기초가 되는 능력으로 다른 사람의 감정, 사고, 의도, 사회행동 및 일반적 관점 등을 이해하는 능력을 말한다. 특히 사회적 조망수용능력(social perspective taking ability)은 사회적 상황에서 나타나는 조망수용을 말하며 사회적 관계를 이해할 수 있는 능력이다(송인섭 외, 2013: 106).

사회적 조망수용능력의 발달은 원만한 대인관계를 형성할 수 있도록 돕기 때문에 성숙한 사회적 행동을 가능하게 한다. 즉 타인의 의도나 감정을 예측할 수 있을 때 우리는 그에 따라 적절하게 반응하고 행동할 수 있기 때문이다.

조망수용능력이 잘 발달된 아동은 감정이입능력과 동정심, 어려운 사회적 상황을 효과적으로 처리하는 문제해결능력이 높은 것으로 보고된다. 감정이입은 다른 사람의 정서상태를 대리적으로 경험하는 것으로 자기와 타인간의 유사성을 인식할 수 있도록 해 주는 반면, 조망수용능력은 자기와 타인간의 차이를 인식할 수 있도록 도와준다. 화를 잘 내거나 공격적인 아동들은 타인의 사고와 감정을 고려하는 데 큰 어려움을 겪는다. 그들은 타인의 견해에 대한 인식을 바탕으로 생성되는 죄책감이나 양심의 가책없이 또래나 성인을 불신한다. 이러한 아동들에게 조망수용능력을 지도하고 훈련하면 반사회적 행동이 감소되고 감정이입과 친사회적 행동(prosocial behavior: 타인을 이롭게 하려는 의도를 가지고 있는 행동)이 증가한다(장휘숙, 2013: 199-200).

셀만(R. L. Selman)은 사회적 조망수용능력의 연령에 따른 변화를 5단계로 제시하였다(<표 3-2>). 그에 의하면 성숙되고 안정된 대인관계를 형성한 사람들은 높은 수준의 사회적 조망수용능력을 가지며, 미성숙하고 불안정한 대인관계의 형태를 보이는 사람들은 낮은 수준의 사회적 조망수용능력을 보인다고 하였다.

〈표 3-2〉 셀만의 사회적 조망수용능력 발달단계

발달단계	대략적 연령	특징
0단계 : 미분화의 조망수용	3-6세	타인의 생각이나 기분을 인지할 수는 있으나 모든 행위자들은 자신과 동일한 방식으로 그 상황을 이해한다고 생각한다.
1단계 : 사회-정보적 조망수용	4-9세	타인의 조망이 자기 조망과 유사하거나 상이하다는 것을 이해하기 시작한다. 그러나 아직까지 자신과 타인의 관점을 정확하게 구별하지는 못한다.
2단계 : 자기반성적 조망수용	7-12세	자신의 조망과 타인의 조망을 이해하고 타인의 조망으로부터 자신의 생각과 감정을 심사숙고할 수 있다.
3단계 : 제 3자적 조망수용	10-15세	중립적인 제3자적 조망에서 자신과 타인의 행동을 고려할 수 있다. 자신을 행위자와 대상자 양자로 볼 수 있고 제3의 관찰자로서 그 사회의 평균적 구성원들이 갖는 보다 더 일반화된 조망을 이해할 수 있다.
4단계 : 사회적 조망수용	14,5세-성인	자기-타인 상호작용에 대한 일반화된 사회적 조망을 지니고 있고 사회체계 속에 반영되어 있는 집단조망이 존재한다는 것을 인식한다. 따라서 법률과 도덕은 개인이 고려해야 하는 어떤 합의된 집단조망에 의존한다는 것을 이해한다.

출처 : 장휘숙, 2013, p.199.

Educational Psychology

교/육/심/리/학

CHAPTER 04

도덕성 발달

1. 도덕성 발달에 관한 연구
2. 인지발달에 따른 도덕발달론
3. 피아제 이론에 의한 도덕발달론
4. 콜버그의 도덕성발달단계
5. 길리건의 도덕적 개념- 배려의 윤리
6. 길리건의 도덕발달에 의한 교육적 시사점

1 도덕성 발달에 관한 연구

도덕적 발달은 어린 영유아시기에 중요한 행동 규범을 형성하고 내면화하는 데에 중요한 역할을 한다. 도덕적 발달은 정서적, 인지적, 행동적 요소가 포함되어 있다. 따라서 도덕발달 이론은 세 가지 중에 강조하는 것이 각기 다르다. 먼저 정서적 요소는 죄책감이나 다른 사람의 감정에 대한 공감이나 반감 등을 의미하며 도덕적 사고와 행동을 위한 동기로서 작용한다. 인지적 요소는 옳고 그름에 대한 판단과 행동을 어떻게 할지에 대하여 사고하고 결정하는 과정을 말한다. 마지막으로 행동적 요소는, 예를 들어 남을 속인다거나 거짓말을 하거나 올바른 행동을 하거나 도덕규칙을 어기고 싶어질 때 실제로 행동을 어떻게 하느냐를 의미한다.

2 인지발달에 따른 도덕발달론

인지발달 이론은 여러 가지 행동이 올바른지 또는 올바르지 않느냐를 결정할 때에 아동의 사고에서 일어나는 추리의 발달과정에 초점을 둔다. 영유아의 인지발달 수준에 따라 도덕발달은 일어난다. 도덕적 이해와 추리능력은 인지발달 순서에 따라 발달한다고 보며 각 단계는 도덕적 문제에 관하여 일관되고 공통으로 추리를 할 수 있는 특성을 가지고 있다.

도덕발달에 관한 이론적 측면은 세 가지로 나누어 볼 수 있다.

첫째, 사회학습이론에서 바라보는 측면이다. 즉 도덕성 발달은 사회에서 요구하는 특정한 가치, 규범, 관습 등을 내면화하면서 이루어진다고 한다. 따라서 사회학습이론에서는 도덕적 행동을 중요시 여기며, 외적으로 보이는 행위는 사회적 규범이 내면화되면서 신념과 가치관을 통해 도덕성이 습득된다고 한다.

둘째, 정신분석이론에서는 도덕성을 인간의 내면적인 성격이나 본성적인 특성으로 간주한다. 따라서 도덕교육은 인간의 본성을 발달시키거나 또는 통제할 수 있도록 하는 것이 중요하다고 본다.

셋째, 인지발달 측면에서 바라보는 도덕성 발달이다. 여기서 강조하는 것은 인지적 측면에서 상황을 바라보고 그에 따른 적성과 추리능력을 통해 도덕적으로 해석하여, 행동에 대한 동기를 논리적 또는 이성적으로 판단하는 과정을 의미한다.

이 장에서는 인지발달에 의한 도덕적 발달에 관하여 피아제와 피아제 이론을 확장한 콜버그의 도덕발달단계를 살펴보기로 한다.

3 피아제 이론에 의한 도덕발달론

피아제(Piaget)는 도덕성 발달을 규칙에 관한 존중과 사회적 정의에 대한 의식으로 바라보았다. 즉 도덕적 성숙은 사회적으로 규정된 규칙을 모든 삶이 공정하게 그리고 정당하게 인정받고 있는가에 대한 관심이다. 피아제(Piaget)는 유아가 공기놀이 하면서 상호 규칙에 대한 인식과 존중에 대하여 발달하는 과정에 관심을 가지고 연구하였다. 피아제는 유아들이 공기놀이 하면서 게임 규칙에 대한 이해와 사용에 대하여 관심을 가지고 갈등상황이 일어나는 이야기를 통해 사회적 정의에 대한 개념을 정리하였다.

피아제는 유아에게 갈등상황을 제시하여 유아에게 옳고 그름에 대해 판단을 하도록 하고 판단의 근거를 자료로 삼아 세 가지 도덕 단계를 체계화하였다.

1) 전 도덕 단계

피아제에 의하면 아동은 규칙을 의식하거나 관심을 두지 않는다고 하였다. 공기놀이 할 때에 전 도덕 단계에 있는 아동은 게임에서 이기려는 목적을 가지고 놀기보다는 그냥 놀이 자체에 관심을 가지고 논다고 하였다. 그러나 때로는 아동들이 놀다가 자연스럽게 규칙을 새로 정하는 현상을 보이기도 하지만, 게임에서 중요한 점은 서로 같이 어울려 재미있게 놀이를 한다는 것이다.

2) 타율적 도덕단계

아동이 6세에서 10세 정도가 되면 타율적 도덕 단계에 들어선다. 따라서 외부의 규칙을 따르는 것을 중요시한다. 이 시기의 아동은 규칙을 준수하는 것이 매우 중요할 뿐만 아니라 규칙의 절대성을 믿는 경향이 있다. 그러므로 규칙은 신성하며 규칙을 변경하는 것은 있을 수 없는 것으로 간주하기도 한다. 이 시기 아동에게는 규칙은 절대적이며 규칙을 따르는 것 또한 옳다고 생각한다.

이 시기의 아동은 행동의 옳고 그름을 판단하는 데 있어서 행동한 사람의 의도 보다는 객관적인 결과를 보고 판단하는 경향이 강하다. 예를 들어, 5세에서 9세의 대부분 아동은 좋은 의도를 가지고 행동했지만, 어머니를 도와주려고 하다가 15개의 컵을 깨뜨린 아동이 꿀을 몰래 먹으려다가 한 개의 컵을 깨뜨린 아동보다 더 나쁘다고 판단하는 것이 관찰되어진다. 이처럼 타율적 도덕 단계에 이르면 아동은 사회적 규칙을 어겼을 때는 반드시 어떤 벌이 있어야 한다는 것이 내면화되어 있다.

3) 자율적 도덕 단계

아동이 10세~11세경 정도가 되면 자율적 도덕 단계에 이른다. 이 시기의 아동은 이제 사회적 규칙을 사람들의 합의에 따라 변경할 수도 있다는 것을 배우게 된다. 그리고 때에 따라서 사람들의 복지나 안녕을 위해서 규칙을 위반할 수도 있다는 것도 배우게 된다. 예를 들어, 이 단계의 아동은 위급한 환자를 싣고 가는 운전기사가 속도를 위반하는 것을 보고도 잘못이라고 생각하지 않는다.

이제 아동은 옳고 그름에 대한 판단을 행위 자체의 객관적인 결과에 의존해서 하는 것이 아니라 행위자의 의도를 더 중요하게 생각한다. 따라서 위의 예에서 살펴보았듯이 한 아동이 어머니를 도와주다가 깨뜨린 15개의 컵을 깨뜨린 다른 아동보다 몰래 꿀을 먹으려고 하다가 단 한 개의 컵을 깨트린 아동이 더 나쁘다고 판단할 수 있다. 즉 나쁜 행동에 대한 벌을 결정해야 할 때도 자율적 단계의 아동은 무엇이 잘못인가에 동기를 이해하고, 이것이 반복되어 일어나지 않도록 하기 위해서 잘못한 결과에 따라 벌을 주는 것을 우선시한다. 자율적인 아동은 사회적 규칙위반에 항상 벌이 뒤따르지도 않을 수 있음을 스스로의 경험을 통해 배워가면서 더 이상 내재적 정의를 믿지 않는다.

4) Piaget의 도덕발달단계

타율적 단계에서 자율적 단계로의 이행

Piaget에 의하면 타율적 도덕성에서 자율적 도덕성으로 발달하는 데에는 적어도 아홉 가지의 도덕적 외아징표에서 변화가 나타나야 하고, 타율적 징표들, 예컨대 객관적 책임성이나 처벌적 정의개념 등의 출현(즉, 체험과 연습) 없이 주관적 책임성이나 자연주의적 정의가 나타나기 어렵다는 시사를 제시하고 있다. 즉 타율적 도덕발달은 자율적 도덕의 사고발달을 위한 실마리를 제공하는 것이다. 따라서 올바르고 건강한 자율적 도덕발달을 위해서 체험과 연습을 통해 제한적이나마 타율적 도덕발달을 극복할 수 있음을 뜻한다.

〈표 4-1〉 피아제 도덕발달단계

타율의 도덕성(영유아 및 아동)	자율의 도덕성(성인)
제약의 관계를 토대로 함 (예: 아동은 성인의 판단을 그대로 수용함)	동등한 사람 간의 관계에서 보는 것처럼, 자율적 개인들 사이의 협력과 동등의 상호 관계에 기반을 둔다.
도덕적 현실성을 반영한다: 규칙은 원인과 권위가 외적이며, 타협의 가능성이 없고, 수용될 수 없는 요구로 보인다. 옳다는 것은 성인과 규칙에 따른 것으로 복종으로 인식한다.	합리적인 도덕적 태도에 반영됨: 규칙은 상호협정의 산물로 보여 지며, 협상의 여지가 없고, 개인적 수용과 의견일치로 합법화된다. 옳음은 협력과 상호 존중의 요구에 따라 행동하는 문제이다.
나쁘다는 것은 행위에 따른 외적으로 보이는 결과에 의해 판단한다. 임의적이고 엄한 처벌은 공정한 것으로 보인다.	나쁨은 행위자의 의도에 따라 상대적이다.:공정성은 동등한 대우 또는 개인의 욕구를 반영한 것으로 정의된다. 처벌의 공정성은 위반에 대한 적절성으로 정의된다.
처벌은 위반의 당연한 결과로 보이며, 정의는 반드시 있는 것으로 보인다.	처벌은 인간 의도에 의해 영향을 받는 것으로 이해된다.

출처: Slavin, 2000

4 콜버그의 도덕성발달단계

콜버그(Lawrence Kohlberg, 1927-1987)는 아동들이 인지발달 성장 단계를 통하여 발달하는 것처럼 도덕 발달의 단계와 과정을 알아보았다. Kohlberg의 도덕성 발달이론은 Piaget의 도덕성 발달이론과 Dewey의 교육철학에 토대를 두고 이론을 세밀화하면서 확장하였다.

콜버그는 도덕발달 단계를 알아보기 위하여 10, 13 남아들에게 이야기를 들려주고 해결하는 방법을 답하도록 하였다. 각 도덕적 갈등 상황은 규칙이나 벌을 따르거나 규칙이나 법과는 갈등이 생기는 행동을 하거나 둘 중 하나를 선택해서 답을 하도록 하였다. 다음 예는 콜버그가 도덕발달 과정을 이해하기 위해 제시한 하인즈 딜레마이다.

> **콜버그의 도덕적 딜레마**
>
> 유럽에서 한 부인이 암으로 거의 죽음을 맞이하게 되었다. 의사가 생각하기를 이 부인을 살릴 수 있는 약은 단 한 가지 있었다. 그것은 한 약사가 최근에 발견한 라듐의 한 유형이었다. 약사는 약을 만든 값의 10배인 2,000달러로 그 약을 팔고 있었다. 부인의 남편인 Heinz 씨는 여기저기 약사에게 내 아내가 죽어가고 있으니 제발 약을 싸게 팔거나 나중에 약값을 지급할 수 있도록 선처를 호소하였다. 그러나 약사는 "안됩니다. 내가 그 약을 개발하였고 그 약으로 나는 돈을 벌어야 합니다"라고 하였다. 따라서 Heinz씨는 실의에 빠졌고 드디어는 부인을 위해서 약국의 유리창을 깨고 무단으로 침입하여 그 약을 훔쳐서 나왔다. Heinz 씨는 과연 약을 훔쳐야만 했을까?

1) 수준 1-전 인습적 수준

이 단계에 있는 아동은 규칙이 아직은 내면화하지 못했기 때문에 벌을 피하고자 또는 보상을 받기 위하여 외부에서 주어진 규칙을 지킨다. 이 수준은 아직은 자기중심적 사고에서 벗어나지 못하다 보니 이기적이어서, 옳다는 것이란 벌을 받지 않는 것이거나 개인적으로 보상이나 칭찬을 받는 것을 뜻한다.

(1) 제1단계: 처벌과 복종지향의 단계

대부분이 복종해야 하는 권위자의 고정불변의 규칙을 지키고자 하는 단계이다. 이 시기의 아동은 벌을 받지 않기 위해서 권위에 따르지만 들키지 않아서 벌을 받지 않았다면 그 행동을 나쁘다고 생각하지 않는다. 그러다 보니 한 행위의 옳고 그름은 그 결과에 달려 있다고 생각한다.

(2) 제2단계: 상대적 쾌락주의의 단계

이 단계에서는 보상을 받거나 개인적 목적을 만족하기 위하여 규칙을 따른다. 타인에 대한 배려가 나타나기는 하지만 이러한 타인지향 행동은 결과적으로 이익이 되어 보상받는다는 희망에서 행동이 일어난다.

2) 수준 2-인습적 수준

이 수준에서는 타인의 인정을 받기 위해서 또는 사회적 질서유지를 위해서 규칙과 사회적 규범을 준수하려는 노력이 뒤따른다. 외적인 보상과 벌 대신에 사회적 칭찬과 비난에 대한 회피가 도덕적 행위의 동기로 수반된다. 예를 들어, 6살 아동은 남의 것을 훔치는 것이 벌을 받기 때문에 나쁘다고 하지만, 11세 이후가 되는 아동은 누군가에게서 훔쳤기 때문에 나쁘다고 한다.

이 수준의 아동은 타인의 생각을 정확하게 이해할 수 있으며 또한 배려도 할 수 있다. 즉 자신이 속해 있는 집단이나 조직의 기대나 수준에 맞추어 행동하려는 강한 동기가 있다. 따라서 이 시기의 아동은 사회질서에 동조하고자 하며, 힘 있는 사람과 동일시하려 하는 경향이 있다. 다른 사람과의 상호작용을 고려한, 사회 지향적 가치기준을 갖는다.

(1) 제3단계: 착한 소년·소녀 지향

이 단계에서는 타인을 즐겁게 해주는 행동과 도울 수 있는 행동 그리고 더불어 다른 사람들이 인정하는 행동이 바로 도덕적 행위라고 여긴다. 즉 이 시기의 아동은 행위자의 의도를 반영하여 행위를 평가한다. 이 단계에서는 사회적 규제를 단순한 행동의 결과에 의해서가 아니라 행위자의 의도를 파악하려는 전이가 일어나기도 한다.

타인과의 관계에서의 개인적 관점, 공유된 감정, 기대를 의식하고, 이를 개인의 이익보다 중요시한다. 이 단계에서는 추상적 사고가 가능하며 피아제의 인지발달의 형식적 조작기에 해당한다. 따라서 이 시기의 아동은 행동에 의한 의도를 파악하고 판단할 줄 알며 타인과의 관계에 관하여 집단이 어떠한 반응을 보여줄 것인지 인식할 수 있는 능력이 생긴다.

(2) 제4단계: 법과 질서유지 지향

이 단계에서는 법에 반영된 사회의 의도를 고려한다. 이제 법적 규칙에 따르는 것이 옳다는 것이다. 이처럼 규칙을 따르는 이유는 법을 무서워해서가 아니라 법과 규칙이 사회적 질서를 유지해 준다는 것을 믿기 때문이다. 옳다는 것은 사회질서를 지지하고, 사회 또는 집단의 복지를 유지하면서 자기의 사회적 의무를 이행하는 것, 즉 사회, 집단 또는 공공기관에 공헌하는 것이고, 기관이 전체로 움직일 수 있도록, 양심을 지키기 위해서 바른 행동을 한다. 이와 같이 사회 질서의 안녕을 유지하면서 권위와 고정된 규칙을 유지하려고 한다. 그러므로 이 단계에 있는 아동은 법에 대하여 많은 관심을 보여주기도 한다.

3) 수준 3-후인습적 도덕성

이 수준에서는 자신의 가치관과 도덕적 원리원칙이 자신이 속한 집단과 다르다는 것을 알게 되면서 개인의 양심에 따라 행위를 하게 된다. 그러면서 사회질서에 어긋나지 않으며 보편적인 원리와 윤리를 중요하게 생각하며 판단한다. 이 단계의 사람들은 개인의 양심을 중요시 여기며 판단의 기준으로 삼는다.

(1) 제5단계: 사회적 계약지향

개인의 권리를 존중하고 사회 전체가 인정하는 기준을 준수하는 것이 옳은 행동이다. 일반적으로 이 단계의 사람들은 법의 융통성과 법은 고정된 것이 아니라 수정할 수 있는 것이라고 인식한다. 이것을 인식할 수 있는 연령은 약 25세 전후가 되어야 가능하며, 이 단계의 사람들은 비록 적은 수라도 개인의 권리를 보호하는 것이 사회의 정의라고 믿는다. 따라서 타인의 비행에 대하여 단순하게 말하기보다는 타인의 행위를 하게 된 이유를 알고자 하며, 일어날 수 있는 다양한 행동이 한 개인보다 공동체에 미칠 수 있는 영향을 반영하게 된다.

(2) 제6단계: 보편적 원리지향

이 단계에 도달하면 법을 초월하는 어떤 추상적이고 보편적인 원리에 대하여 보다 명료한 개념화가 나타난다. 따라서 모든 사람에 대한 정당성과 인간의 존엄성이 중요한 판단 기준이 된다.

일반 사람에게서는 찾아보기 어려운 단계로서 아주 극히 소수만이 이 단계에 도달하게 된다. 이 단계에 사람들은 법이나 관습을 벗어나서 정의, 평등, 생명의 가치와 같은 추상적이고 보편적인 원리를 지향한다. 그러면서 도덕적으로 선택한 도덕 원리, 양심의 결정에 의한 도덕적 판단을 한다. 어떤 상황에서의 정의에 대한 주장을 수용하고 동등하게 생각하며, 모든 사람을 수단이 아닌 목적으로 간주하는 것이다.

〈표 4-2〉 **Heinz 행동에 대한 구체적 반응의 예**

단계	이해한다.	이해하지 못한다
단계 1	훔친 약값이 실제로는 200불정도만 할 것이다.	타인의 물건을 함부로 훔치는 것은 있을 수 없는 일이다. 약값이 비씨니까 비싼 것을 훔치면 그 만큼 죄가 크다.
단계 2	약국 주인에게 아주 큰 해를 끼치는 것도 아니고, 또 언젠가 갚을 수도 있다. 아내를 살리려면 훔치는 방법밖에 없다.	약사가 죽는다 해도 자기가 비난받을 일은 아니다. 죄를 안 지었다고 해서 무정한 남편이라 할 수는 없다. 훔치지 않아도 하인즈(Heinz)는 자기가 해야 할 책임을 완수한 것이다.

단계	이해한다.	이해하지 못한다.
단 계3	훔치는 것은 나쁘지만, 이 상황에서 아내를 사랑하는 남편으로서는 당연한 행동이다. 아내를 살리려 하지 않는다면 비난받을 것이다.	아내를 살리려는 것은 당연하지만, 그래도 훔치는 것은 역시 나쁘다. 자기가 감정이나 상황과 관계없이 규칙은 항상 준수해야한다.
단계 4	사람이 죽어 가는데 약사가 올바르지 못하다. 아내를 살리는 것이 하인즈(Heinz)가 해야 할 일이다. 그러나 약값은 반드시 갚아야 하고, 훔친 것에 대한 죄 값을 지불해야 한다.	아내를 살리려는 것은 당연하지만, 그렇지만 남의 물건을 함부로 훔치는 것은 나쁘다. 자기감정이나 상황과 관계없이 규칙은 언제나 지키도록 한다.
단계5	남의 물건을 훔치는 것이 나쁘다고 말하기 전에 전체적인 상황을 반영해야 한다. 이 경우 법은 분명히 훔치는 것은 나쁘다고 명시되어 있다. 그러나 이 상황이라면 어느 누구라도 약을 훔칠 수밖에 없을 것이다.	약을 훔쳐서 결과적으로 아내를 살릴 수 있겠지만, 목적이 수단을 정당화하지 못한다. 하인즈(Heinz)가 일방적으로 말할 수는 없지만. 사정이 그렇다고 해서 그의 행동이 옳은 것이라고 볼 수만은 없다.
단계6	법을 준수하는 것과 생명을 구하는 것 사이에서 선택하라면 약을 훔치더라도 생명을 구해야 하는 것이 더 높은 수준의 원칙이다.	암은 많은 사람에게서 발생하고 약은 귀하니 필요한 모든 사람에게 약을 줄 수는 없다. 이 경우 모든 사람에게 일반적으로 옳다고 생각되는 행동을 해야 한다. 감정이나 법에 따라 행동할 것이 아니라 한 인간으로서 무엇이 이상적인가를 생각했어야 옳을 것이다.

출처: 송명자(1995); Shaffer(1993).

4) 교육적 시사점과 그에 따른 학습방법

콜버그(Kohlberg)의 도덕성 발달이론은 인지적 사고과정을 토대로 해서 설명되었다. 이는 도덕적 추론 능력 혹은 판단 능력을 어린 시절부터 토론하면서 육성할 수 있음으로써 교육적 시사성이 크다.

그의 도덕성 발달이론은 성인이나 교사 그리고 학부모들이 어린 유아의 연령에 맞게 도덕교육을 하고자 하는데 구체적인 행동을 제안하였다.

아래는 유승구(2015)에 의한 학생들의 도덕적 추리를 향상하고자 할 때 도움을 줄 수 있는 제안들이다. 이 지침내용은 학생들에게 도덕적 갈등을 확인하고 소집단으로 나누어서 토의를 할 수 있도록 제안한 것이다.

① 학생들이 갈등을 확인하고 그들 도덕적 수준을 추리하고자 할 때 상호 간의 수준을 알아내는데 도움을 주기 위한 판단의 근거를 알아내도록 한다. 그리고 이어서 학생들에게 왜 그 해결책이 적절한가를 묻는다.

② 문제에 새로운 관점을 제공하여 판단하고자 하는 주변요인을 추가하도록 한다. 학교나 주변생활에서 일어난 사건을 토대로 하여 그에 맞는 예시를 제시한다.

③ 실제 상황에 나올 수 있는 갈등을 예상하도록 하고 학생들 스스로 자신의 가치관이나 신념에 따라 행동할 수 있도록 도와준다.

5 길리건의 도덕적 개념- 배려의 윤리

길리건(Carol Gilligan, 1977)은 콜버그(Kohlberg)의 도덕성 발달이론이 추상적 도덕원리를 강조한다고 비판하였다. 그리고 연구대상자가 백인 남성과 소년을 대상으로 한 것에 대한 한계점을 지적하기도 하였다.

길리건(Gilligan)에 따르면, 소년은 독립적이고 추상적 사고를 할 수 있도록 교육을 받지만, 소녀는 남을 돌보는 것과 모성적인 보호 본능에 대한 교육을 받고 있으므로 해서 남녀는 각기 다른 유형의 도덕적 추론을 할 수밖에 없다고 주장하였다. 여기서 남녀의 도덕적 판단기준의 차이를 다음과 같이 설명하였다. 즉 남자는 추상적 판단을 기준으로 하여 정의적 관점을 중심으로 하지만, 여자는 인간관계와 타인을 돌보는 것을 근거로 하는 배려와 책임감을 중심으로 판단한다.

여성의 도덕성 발달단계를 길리건의 이론에 따라 살펴보면 다음과 같다.

(1) 수준 I: 자기 지향(orientation to individual survival)

이 단계에서 여성은 자기의 생존과 이익에 관한 관심을 집중적으로 몰입하는 시기이다. 따라서 자신의 욕구와 갈등이 생기거나 상황에서 갈등이 발생할 경우에만 도덕적 사고와 추론을 시작한다. 이때 판단의 기준은 자기에게 무엇이 중요한가이다.

• 첫 번째 전환기: 이기심에서 책임감으로(from selfness to responsibility):

여성이 자기중심에서 상을 판단하고 추론하는 시기에서 책임감을 느끼는 전환기를 맞이한다. 이 시기에 여성은 타인과의 관계를 중요시하며 애착을 나타낸다.

이 단계에 이르면 도덕적 판단 기준이 독자적이고 자기중심적 판단에서 관계와 책임감으로 전이되기 시작한다. 책임감과 배려를 도덕적 판단 기준으로 통합적으로 구축해나가는 시기이다.

(2) 수준 II: 자기의 희생으로서의 선(goodness as self-sacrifice)

사회적 조망이 발달하면서 자신의 욕구를 절제하고 타인의 요구를 배려하려고 노력하는 가운데에 배려, 책임감, 자기희생을 지향한다. 이 수준에서는 개인이 다른 사람과의 관계를 반영해서 자신의 주장을 양보하기도 한다. 이 시기에서는 개인이 타인과의 관계를 유지하기 위해서 자신의 주장을 포기한다. 이는 타인에게 상처를 주는 것이 불편함이나 불공평함으로 알게 되어 양보나 희생의 미덕으로 생각하는 시기이다. 그러나 이 단계에서의 타인이란 사적인 관계를 의미하지 공적인 관계를 뜻하지는 않는다.

• 두 번째 전환기: 선에서 진실로(from goodness to thrush)

두 번째 전환기에서는 왜 타인을 위해서 자신을 희생해야 하는가에 대해 반문을 하게 되는 시기이다. 도덕적 판단 기준이 자신 주변에서 점차 확장되면서 사적인 것에서 점차 공적인 관계로 발전되어 가기도 한다. 이 시기는 두 번째 전환기로서 자아개념과 관련된다.

(3) 수준 III: 비폭력 도덕성(the morality of nonviolence)

대인 간 도덕적 추론의 마지막 단계이다. 개인의 권리 주장과 타인에 대한 책임이 조화를 이루는 시기이다. 의사 결정 과정에 적극적으로 참여하고, 타인에게 상처 주는 것을 피한다. 자신에 대한 이해와 도덕성에 대한 개념을 새롭게 만들어간다. 비폭력, 평화, 박애 등은 이 시기의 도덕성 발달에 중요한 개념들이다.

위에서 설명한 바대로 여성은 자신의 도덕적 발달을 자기중심에서 시작하여 점차 자신의 욕구보다는 다른 사람의 처지나 입장을 배려하는 도덕적 발달 단계를 거쳐 간다. 특히, 여성은 나이가 들면서 서서히 책임의 중요성을 인식하고 자신과 관련된 주변의 사람들에게 몰입하기도 하거나 때로는 최고의 방법을 모색하는 도덕적 발달을 이루어나간다. 따라서 여성은 남성보다는 구체적인 도덕적 원리를 통해 책임감을 키워나가면서 타인을 배려하거나 요구에 민감하게 반응할 수 있다. 그러면서 여성은 자신을 희생하더라도 주변과 좋은 관계를 유지하고자 하는 배려의 능력을 배워나간다. 즉 여성은 배려를 통해 인간관계 만들어가며 삶에서 구체적으로 필요한 도덕적 사고를 우선시 한다.

6 길리건의 도덕발달에 의한 교육적 시사점

길리건(Gilligan)은 배려의 윤리에서 도덕적 자아, 도덕교육에 대한 새로운 관점을 제공하였다. 전통적으로 도덕교육 이론들은 도덕 행위자의 모습을 자율적이고, 합리적이고, 그리고 추상적이고 보편타당한 추론을 할 수 있도록 교육되어야 한다고 여겨왔다. 그러나 인간은 원래부터 타인과 관계를 맺으며 그 속에서 자신이 책임을 다하는 존재라고 하였다. 이러한 주장은 도덕교육이 자율성이나 합리성만을 강조할 것이 아니라 함께 어울리면서 필요한 능력, 관계맺음, 책임감 등도 반영할 것을 시사한다.

Educational Psychology

교/육/심/리/학

CHAPTER 05

지 능

1. 지능의 개념
2. 정서지능

1 지능의 개념

지능(intelligence)은 지적능력을 나타내는 단어인데 오랫동안 학자들이 많이 정의를 하고 다루어 왔지만 뚜렷하게 일치된 정의는 찾기 어려운데 그 이유는 지능에 대한 연구방법이나 분석 그리고 가치 등에 따라서 지능에 대한 개념을 정의하는데 영향을 주게 되기 때문이다. 지능의 사전적 의미는 새로운 사물 현상에 부딪혀 그 의미를 알아내고 대처방법을 알아내는 지적 활동능력 혹은 새로운 과제에 대해 그것을 성취하고자 사전지식과 경험 등을 적용하는 지적 능력을 말한다.

브룸(Bloom)은 학업성취도를 100%로 보았을 때 지적능력이 50%, 정의적 특성이 25%, 수업의 질이 15%, 기타요인이 10% 로 볼 수 있는데 여기에서 보면 학습자의 지적능력이 절반 이상이 넘는 것으로 볼 수 있으며 정의적인 특성과 합치면 약 75% 정도 차지할 정도로 학습효과 요인에 지능이 차지하는 영역이 많고 학습능력을 발휘하는 데 가장 강력한 영향을 미친다고 본다.

20세기 이전까지만 해도 지능이란 학습능력을 지칭하는 말보다는 일반 사람들이 자신이 가지고 있는 정신 능력을 다른 사람들과 비교하는 정도로 지능을 사용했었다. 그러나 19세기가 지나 많은 학자들이 지능과 학습능력과의 관계를 인식하기 시작하였고 지능에 대한 수많은 연구를 행해왔다. 지능에 대한 대체적인 여러 심리학자들의 정의를 나누어 보면 다음과 같다.

1) 지능의 정의

(1) 학습능력

오래전부터 학자들은 지능을 학습하는 능력으로 보았다. 게이트(Gates)는 “학습능력 또는 광범위한 여러 사실을 파악하는 능력의 복합체”라고 하였고, 디아본(Deabone)은 “학습능력 혹은 경험에 의해 획득하는 능력”이라고 했다.

(2) 추상적인 정신능력

터만과 써스톤(Termann & Thurstone) 은 지능을 추상적인 고등정신으로 달한다. 그러나 어린아이나 동물에게서 나타나는 지적능력을 설명할 수 없는 난점이 있다.

(3) 적응력

콜빈(Colvin)이나 핀터(Pinter)는 지능을 환경에 자신을 잘 적응에 나가는 능력이라고 정의하였으며, 스턴(Stern)은 지능을 새로운 과제나 문제에 대한 순응력이라고 정의하였다.

(4) 종합적·전체적 능력

위치슬러(Wechsler)와 스토달드(Stoddard)는 지능을 총합적 전체적 능력으로 정의하였는데 특히 스토달드는 지능을 문제에 대해 합리적으로 사고하며 주어진 환경을 효과적으로 다루는 종합적 능력으로 정의하고 있다.

2) 지능 이론

(1) 스피어맨(Spearman)의 2 요인설

Spearman

스피어만(Spearman, 1927)은 지능이 일반요인(general factor: g요인)과 특수요인(specific factor: c요인) 으로 구성이 되어 있다고 하는 2 요인설을 주장하였다. 일반요인은 여러 가지 과제에 공통적으로 수행할 수 있는 능력을 말하는 것으로 모든 지적과제 수행에 영향을 준다. 반면에 특수요인은 단지 특수한 과제 수행하는 것에만 관련이 있으며 일반적인 과제에는 영향을 주지 못한다. 일반요인에 해당되는 것은 경험의 인지, 관계의 추출, 상관의 추출 등이다. 경험의 인지란 한 개인이 경험한 것을 사고와 반성의 과정을 통하여 인지하는 것을 말한다. 관계의 추출이란 생각 속에서 두 개 이상의 관념의 관계를 인지하는 것을 말한다. 상관의 추출이란 어떤 성질에 대해 떠오른 관념과의 상관된 성질을 말한다. 특수요인은 특수한 학습과 경험에 의해 결정되는 지능으로 언어, 수, 정신속도, 주의, 상상 5가지이다. 그는 특수요인의 의미는 중요시하지 않았고 일반요인이 중심적이며 우월한 것으로 여겼으며 이에 따른 지능이란 일반요인으로 구성하는 단일 능력으로 보았다.

(2) 손다이크(Thorndike)의 다요인설

Thorndike

손다이크는 스피어만의 2 요인설을 반박하면서 지능이란 무수히 많은 요인으로 구성되어 있다고 주장한다. 그는 지능의 구성요소를 다음의 네 가지로 구성되어 있다고 한다.

- S: 문장 완성력(Sentence completion)
- A: 산술 추리력(Arithmetic reasoning)
- V: 어휘력(Vocabulary)
- D: 명령에 순응하는 능력(Direction)

Thurstone

(3) 서스턴(Thurstone)의 기본정신능력(PMA)

그는 지능은 한 개로 이루어진 것이 아니라 다음 7개의 요인이 상호 관련성을 가지고 있다고 보았고 이것을 기본정신능력(primary mental ability: PMA)이라고 말한다.

① 언어요인(Verbal comprehension): 단어와 문장의 의미를 이해하는 능력

예시: 당신에게 3개의 단어가 주어져 있다. 첫 번째와 두 번째 사이에서는 일정한 관계가 성립된다. 세 번째 단어와 다음에 답으로 보여준 5개의 보기 가운데에도 일정한 관계가 있는데 그것을 찾으시오.

어두운 : 밝은 = 젖은 : ?
a) 비　b) 낮　c) 습기있는　d) 바람　e) 건조한

② 언어유창성 (Word fluency): 단어를 빠르게 생각해내는 능력

예시: 4분 이내에 D로 시작되는 단어를 가능한 많이 적으시오.

③ 공간요인 (Spatial): 상징 혹은 도형을 정신적으로 조작하는 능력

예시: 다음에서와 같은 기호에서 영상적으로 거꾸로 보이는 것 아래에 줄을 그으세요.
h p　b y

④ 수리력 (Number): 간단한 산수를 해결하는 능력

예시: 다음의 숫자 집단 중에서 각각의 첫 번째, 두 번째 숫자를 더하여서 세 번째 숫자로 나눈 결과를 밑에 적으시오.

152　375　422　957　261　813　996　882

⑤ 기억요인 (Associative memory): 단어, 그림 등을 기억하는 능력

예시: 다음의 알파벳-숫자 로된 것을 2분 이내에 외운 후 그것을 기억하여 적으시오.

b-11,　d-222,　h-33,　n-44,　p-55,　q-666

⑥ 지각요인 (Perceptual): 자극을 인식하는 능력

예시: 다음의 단어들의 A 와 a 에 밑줄을 그어보시오.

Aufgabe,　Bnde,　Caesar,　Daumen,　Einfall,　Fahrmann,　Gala

⑦ 추리력 (Reasoning): 원리 혹은 법칙 등을 알아내거나 혹은 논리적 사고를 하는 능력

예시: 다음의 기호를 논리적으로 올바른 식으로 계속 연결해 보시오

XOOOOXXOOOXXXOOXX

예시 출처: 김청자(2011). 교육심리학의 이해. 동문사. p.88.

(3) 길포드(Guilford)의 지능구조 입체모형설(SOI)

Guilford

지능이 하나가 아닌 여러 가지 요인으로 구성되었다는 것은 길포드에 의해서 발전이 되었다. 그는 서스턴(Thurstone)의 기본 정신능력을 확장하여 지능이 180개의 요인으로 구성된다고 말한다. 그는 지능구조(structure of Intellecture: SOI) 모형에서 5개의 내용(contents), 6개의 조작(operations), 6개의 산출(products)이 조합이 되어 만들어지는 정신 능력이라고 보았는데, 내용은 사람이 생각하는 정보의 종류이며 조작은 수행을 요구하는 사고의 종류이며 산출은 조작을 하여 얻어지는 결과를 의미한다.

그는 먼저 지적요인을 기억력과 사고력으로 분류하고 사고력을 다시 인지적 능력과 생산적 능력 그리고 평가적 능력으로 나누었으며 생산적 능력은 수렴적 사고와 발산적 사고로 나누었다.

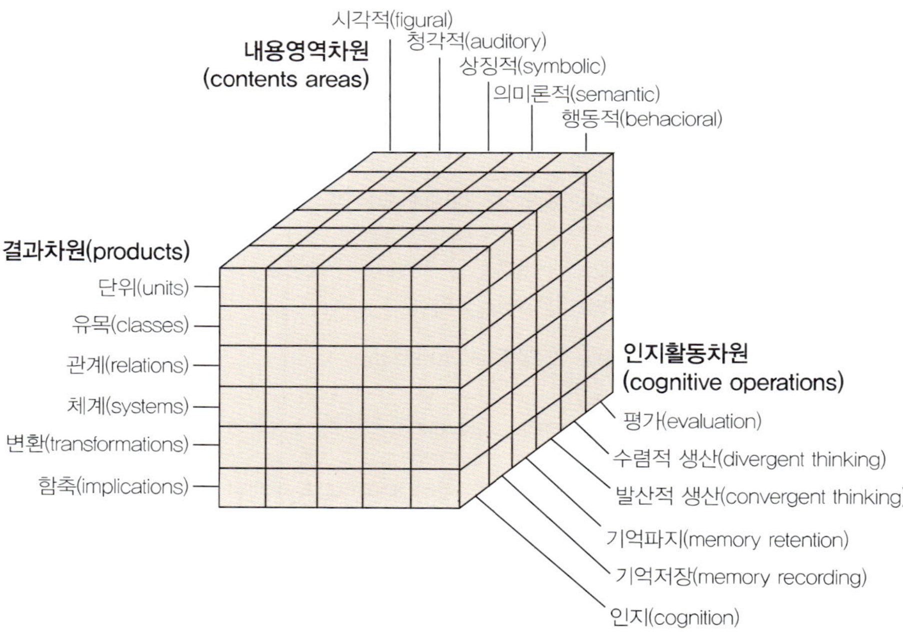

[그림 5-1] Guilford의 지능구조의 모형(SOI)

(5) 카텔(Cattell)과 혼(Horn)의 유동성 지능과 결정성 지능

카텔(Cattell, 1963)과 혼(Horn, 1968)은 서스턴의 기본정신능력(PMA)을 분석하여 그것을 유동성지능과 결정성지능으로 나눌 수 있다고 보았다. 유동성지능은 유전, 신경생리학 등의 영향을 받아 발달되는 지능으로 속도, 기계적 암기 지각력 등에서 잘 나타나며 청년기까지는 증가하지만 성년기 이후에는 점차 쇠퇴한다. 결정적 지능은 환경, 경험, 문화의 영향을 받아 발달되는 지능으로 언어능력, 상식, 논리적 추리력 등이 여기에 속하며, 결정적 지능은 성년기 이후에도 계속발달 된다.

Cattell

(6) 스텐버그(Sternberg)의 삼위일체 지능이론

스텐버그(Sternberg, 1990)는 전통적인 지능이론에 실제적 지능의 개념을 포함시켜 삼위일체 지능이론을 주장하였다. 삼위일체이론은 지능을 구성적 부분, 경험적 부분, 맥락적 부분으로 나누었다.

① 구성적 부분: 개인의 내적세계와 관계를 하며 대인관계 속에서 발휘하는 지능으로 메타요소, 수행요소, 지식습득요소가 포함이 된다. 메타요소란 고차원적인 정신과정으로 어떤 일을 계획, 점검, 평가하는 통제의 기능들이 여기에 속한다. 수행요소는 메타요소의 지시에 따라 움직이는 하위요소로 메타요소의 계획에 따라 문제를 해결한다. 지식습득요소는 메타요소와 수행요소가 어떻게 하는지를 학습하는 부분과 관련이 있다.

Sternberg

② 경험적 부분: 지능의 구성은 경험과 밀접히 관계를 가지고 있다. 이러한 경험은 새로운 문제를 해결하고 정보처리를 하는 능력을 증가시킨다. 이러한 경험적 부분은 심리적 관계와 연관성이 있으며 새로운 문제를 해결하거나 정보처리를 자동화하는 것 그리고 창의적인 능력인 발명, 상상 등이 이에 속한다.

③ 맥락적 부분: 외부세계에 대처하여 잘 적응할 수 있는 것으로 인화적인 것과 연관성이 있으며 기존의 환경에 적응을 하거나 혹은 다른 환경을 조성하거나 선택하는 것이 이에 속한다. 이 지능은 학교 학습을 통하여 길러지는 것이 아니라 일상 속에서 일어나는 경험을 통하여 획득되고 발달하는 것이다. 자신에게 주어진 환경 속에 있는 문제를 평가하고 그 주위의 환경을 변화시키고 새로운 환경을 선택하는 능력이 여기에 포함된다.

(7) 가드너(Gardner)의 다중지능이론

Gardner

가드너(Gardner, 1983)는 인간의 지능을 하나의 수치로 기술하는 것을 반대하며 인간의 지적 능력은 서로 상이하며 독립적인 여러 개의 유형으로 구성이 되며 그것들이 서로 상호작용을 한다는 다중지능이론(theory of multiple intelligence)을 주장한다. 그가 주장하는 9가지의 지능은 다음과 같다.

① 언어지능(linguistic intelligence): 말하기, 작문, 듣기 등에 사용되는 지능이다. 문장의 사용법 그리고 언어 사용 방법에 대한 이해력 등이 여기에 포함된다. 시인, 정치연설가. 교사 등이 이 지능이 높은 편이다.

② 논리·수학적 지능(logical-mathematical intelligence): 논리적이고 추상적인 사고를 사용하는 지능이며 대부분의 과학적 사고가 여기에 포함된다. 수학자 혹은 과학자가 여기에 속한다.

③ 공간적 지능(spatial intelligence): 시각적 세계를 지각하거나 지각된 것을 변형할 수 있는 능력 혹은 유사한 양식을 감지하는 능력을 말한다. 예술가, 항해사, 기술자, 건축가 등이 이에 속한다.

④ 신체운동 지능(bodily-kinesthetic intelligence): 표현이나 목적을 직접 나타내기 위하여 신체를 숙련하는 능력으로 무용가, 외과의사, 운동선수, 공예인 등이 여기에 속한다.

⑤ 음악적 지능(musical intelligence): 음의 높낮이, 리듬 혹은 멜로디, 음악적 표

현 형태를 산출하고 감상하는 능력이다. 음악과 작곡가 등이 여기에 속한다.

⑥ 대인관계기능(interpersonal intelligence): 상대방을 이해하고 그들을 대하는 능력을 말한다. 상대방의 기분, 동기, 의도를 잘 이해하여 행동할 수 있는 능력을 가진다. 이러한 능력은 특히 원만한 사회생활을 할 때 필수적인 요소로 교사, 종교인, 사업가 행정가 등이 이 지능이 높은 것으로 나타난다.

⑦ 개인내적지능(intrapersonal intelligence): 자신을 이해하며, 상대방에 대해 어떻게 자신이 느끼는 것을 이해하고 그에 따라 적절하게 행동 할 수 있는 능력을 말하며, 철학자, 소설가 혹은 상담자 등이 이 지능이 상대적으로 높은 것으로 나타난다.

⑧ 자연탐구 지능(naturalistic intelligence): 자연친화적이며 사물을 구분하거나 혹은 환경의 특성을 사용하는 능력을 말한다. 과학자나 생물학자 혹은 여행가 등이 이에 속한다.

⑨ 실존지능(existential intelligence): 철학적 혹은 종교적으로 사고할 수 있는 능력이며, 이러한 지능은 아동기에는 나타나지 않는다. 철학자, 수행자, 종교인 등이 이 지능이 높게 나타난다.

다음은 7가지 지능을 도표화한 것이다.

〈표 5-1〉 다중지능의 구성요인

지능의 요인	핵심능력	관련 직업
언어지능	언어를 효과적으로 구사함	작가, 정치가, 웅변가, 시인 등
논리·수학적 지능	숫자를 효과적으로 사용 및 추론	수학자, 통계학자, 과학자 등
공간적 지능	공간을 정확히 지각 및 변형능력	건축가, 지리학자, 항해사 등
신체운동 지능	신체를 이용해 표현 및 변형	운동선수, 무용가, 외과의사 등
음악적 지능	음악 표현 능력	연주가, 가수, 음악비평가
대인관계 지능	타인의 감정을 잘 지각하고 적절하게 반응	정치가, 종교인, 교사 등
개인내적 지능	자기 자신을 적절히 이해 및 행동	철학자, 소설가, 종교인 등
자연탐구 지능	자연 특징 인식 및 사용	과학자, 생물학자 등
실존 지능	철학적 및 종교적 사고	철학자, 종교인 등

3) 지능의 측정

1905년 프랑스의 비네(Binet)와 사이먼(Simon)은 정부로 부터 학교를 다니기 어렵고 적합하지 않은 학생들을 구별하기 위하여 진단할 수 있는 검사를 제작해 달라는 의뢰를 받고 최초로 지능검사를 개발하였다.

Binet

비네는 정신연령이란 개념을 도입하여 각각 연령에 따른 표준적인 점수를 매겼다. 만약 6세가 된 아동이 10세 아동의 점수를 획득하면 그 아동의 정신연령은 10세에 해당된다고 한다.

1912년 독일의 스턴(Stern)은 정신연령(MA: Mental Age)이 지능의 절대적인 척도만 나타내므로 이것을 생활연령(CA: Chronological Age)간의 관계성을 고려하여 지능지수(IQ: intelligence Quotient)로 상대적인 위치를 나타낼 것을 주장하였다. 1916년 미국의 터만(Terman)은 정신연령과 생활연령간의 관계에 100을 곱한 값을(IQ=MA/CA×100) 산출하였고 이것은 오랫동안 지능지수를 산출하기 위한 공식으로 사용되었는데 이것을 비율지능지수(RIQ: Ratio Intelligence Quotient)라고 한다.

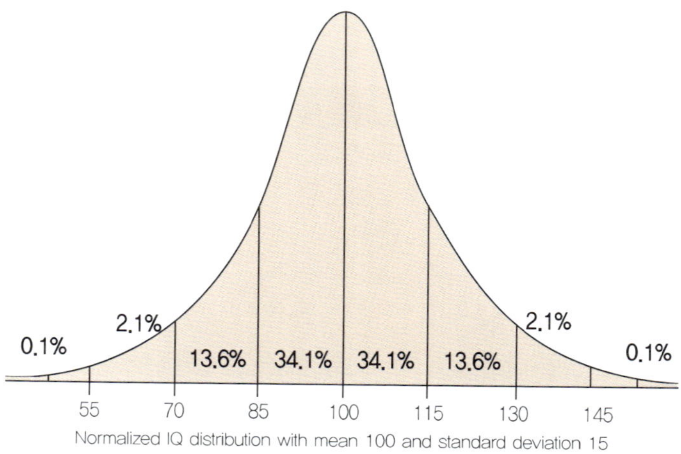

[그림 5-2] 지능지수의 이론적 분포

지능지수는 학업성취도와 높은 상관관계를 가지고 있으며 학생들의 문제의 원인을 밝히며 학업 진단을 위하여 유용하게 사용되고 있다. 그러나 지능 검사만으로 학생의 인지능력을 충분히 설명하지 못하기 때문에 학생들을 지능검사로 선입견을 가져서는 안 된다. 다음은 흔히 제기되고 있는 지능검사의 비판점이다.

첫째로 현재의 지능검사는 속도검사(speed test)이기 때문에 올바른 지적능력 측정이 쉽지 않다. 지능 측정을 위한 대부분의 검사가 일정한 시간에 답해야 하는 문항으로 되어 있기 때문에 문제에 답하는 속도가 빠른 사람들에게 유리하게 작용을 한다. 이러한 부분은 개인이 가지고 있는 지적인 능력을 올바로 측정하기 어렵다는 문제를 가진다.

둘째로 현존하는 지능검사가 한정적이고 포괄적이지 못하다는 지적이 있다. 인간의 지능이란 한 부분으로만 측정되기 어렵기 때문에 포괄적이지 않은 지능검사로는 인간의 일반적이고 평균적인 지능을 대변하기 어렵다.

셋째로 현재의 지능 검사는 검사받는 사람의 학력이나 문화적인 영향을 많이 받는다. 사회·경제적으로 지위가 높을수록 지능검사 결과가 높게 나오는 경향이 있고 이것은 지능검사가 모든 사람을 포괄하는 수치가 되기 어려운 이유이다.

넷째로 점수의 산출 방식의 문제이다. 질문하는 문항에 따라 득점 점수와 난이도가 차이가 많이 나기 때문에 공정한 수치를 산출하기 어렵다는 것이다.

다섯째로 지능 검사가 인간을 전인적으로 이해하기 보다는 수치로 이해하게 되어 한 사람의 학업 성취도를 수치로 이해하거나 그 사람을 평가하게 되는 단점이 존재한다.

1차 세계대전 당시에 사용되었던 미 육군 지능검사 문제의 예

테스트 6:

〈정 답〉

1. 입 2. 눈 3. 코 4. 수저 5. 굴뚝 6. 귀 7. 필라멘트 8. 우표 9. 기타줄 10. 리벳(대갈못) 11. 방아쇠 12. 꼬리 13. 다리 14. 그림자 15. 볼(손에) 16. 네트 17. 팔뚝 18. 확성기 19. 팔(거울 속에) 20. 다이아몬드

출처: 김청자(2011). 교육심리학의 이해. 동문사. p.84.

[그림 5-3] 1차 세계대전 당시에 사용되었던 미 육군 지능검사

2 정서지능

지능이 높은 학생들이 학교를 졸업하고 우수한 사회생활을 하는 않는다는 학설이 보편화되면서 학자들은 그 원인을 알아보기 위하여 연구를 활발하게 하였다. 학창시절에 우등생 이었지만 사회에서 반드시 성공하지 못하며 반대로 학창시절 우등생은 아니었지만 성공적인 사회생활을 하고 있는 연구 결과를 보게 된다. 하버드대학교 졸업생에 관한 연구에서 우수한 성적으로 졸업을 했던 사람이 사회에서 지위나 보수 면에서 특별히 성공적이지 않을뿐더러 가정, 애정 및 삶의 만족도 또한 그리 높은 편이 아니라는 것으로 나타났다.

1990년 미국의 메이어(Mayer)와 살로베이(Salovey)가 이와 같은 연구를 통하여 정서지능(Emotional Intelligence) 혹은 정서지수(Emotional Quotient)이란 용어를 처음으로 도입하였다. 이후에 1995년 골맨(Goleman)은 『정서지능』이란 책을 저술하여 정서지능에 대한 개념을 대중화하는데 많은 기여를 하였다. 이들은 지능(IQ)이 장래의 성공에 20% 밖에 차지하지 못하며 80%는 다른 요인이 지배한다고 보았다. 이러한 80%의 지배요소 중 상당한 부분이 정서지능이나 정서지수 등이 차지하고 있다고 보았다.

1) 정서지능의 개념

정서지능의 의미는 한 개인이 이성적인 사고 능력인 기억력, 추리력, 계산력 등을 발휘하거나 억압을 할 수 있는 감성능력 인데 이것은 충동을 조절하거나, 욕망을 자제하거나 혹은 자신의 기분을 조절하며 절망에 빠지지 않고 희망과 사랑의 마음을 가질 수 있는 능력을 말한다. 이러한 정서지능은 때에 따라서 지능(IQ) 보다도 더 크게 작용할 수 있다. 정서지능은 손다이크(Thorndike)나 혹은 스턴버그(Sternberg)의 사회적 기능이나 가드너(Gardner)의 대인관계 지능과 맥을 같이 하는 것으로 보인다. IQ와는 다르게 정서지능은 사회적 생활에서 사람들과의 관계성속에서 중요하게 작용하는 것으로 보인다.

2) 정서지능의 영역

(1) 자기인식(self-awareness)

한 개인이 자신의 감정을 느껴지는 그대로 인식하는 것을 말한다. 감정적인 것을 인식을 하게 되면 그 감정을 객관적으로 다룰 수 있게 거리를 둘 수 있다. 자신의 감정에 빠지지 않고 그 감정을 모니터 하는 것은 자기통제(self-control)의 기초가 된다. 자기인식은 정서지능의 기반이 되기 때문에 의사결정에 상당히 중요한 요소이다.

(2) 감정조절과 통제(self-control)

인간의 감정인 분노, 슬픔, 불안 같은 감정을 완전히 없애거나 중단시키기는 어렵지만 적절히 조절이 가능하도록 하는 것을 말한다. 인간의 일차적인 감정상태를 후천적으로 습득된 감정의 동작들로 대체하는 것은 가능한데 이러한 부분을 감정조절과 통제라고 할 수 있다.

(3) 동기유발(motivation)

어떤 목적을 이루기 위하여 감정을 다스리는 것이다. 주어진 과제나 목표점을 향하여 몰두하거나 집중, 숙련, 창조력을 발휘할수 있는 능력을 말한다,

(4) 감정이입(empathy)

이는 다른 사람의 말과 감정에 집중하여 그 사람의 생각과 감정을 알려고 하는 자세를 말한다. 여기에는 상대편의 말과 생각, 자세 그리고 감정 등을 느끼고 파악하려는 노력이 포함된다. 이러한 노력을 통하여 한사람이 사회생활에서 인생의 행복과 성공을 얻을 수 있다.

(5) 관계형성(interrelationship)

한 개인이 사회생활에서 다른 사람들과 얼마나 잘 관계를 형성할 수 있는가는 전적으로 정서지능에 달려있으며 이러한 부분은 타인과의 갈등이 생겼을 때 이를 잘 인식하고 해결할 수 있는 능력을 말한다.

이러한 감성지능을 종합해보면 다음의 세 요소로 되어 있음을 알 수 있다. 첫째로 감정을 인식하고 표현하는 능력이다. 둘째로 감정을 조절하고 통제하는 능력이다. 셋째로 감정을 적절하게 이용하는 능력이다. 감성을 이용하는 능력에는 언어적 능력과 비언어적 능력이 있다. 이러한 감성을 이용하는 능력에는 첫째로 합리적 계획을 세우는 능력, 둘째로 동기를 발하는 능력, 셋째로 창의적 사고의 능력 등이 있다.

3) 정서지능의 작용

(1) 뇌간의 작용

뇌 줄기라고 부르는 뇌간은 대뇌반구와 소뇌를 제외하고 목 아래쪽으로 내려오는 부분을 말한다. 뇌간은 뇌에서 가장 오래된 부분으로 알려져 있으며 호흡이나 신진대사의 역할을 하게 되며, 더 나아가 충동적인 행동 및 본능 그리고 무의식적으로 수행하는 기능을 담당한다.

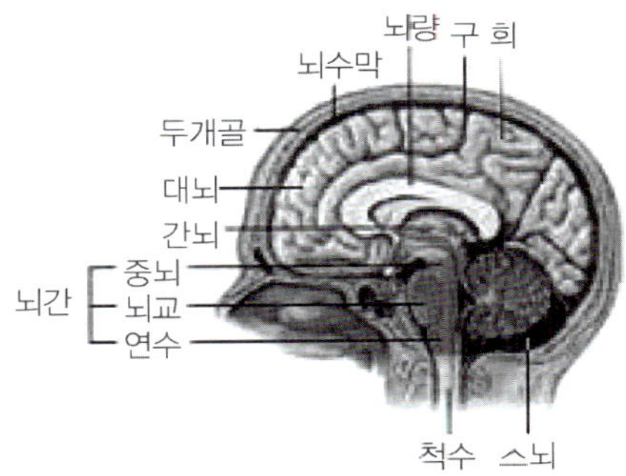

[그림 5-4] 뇌간

(2) 변연계의 작용

변연계는 대뇌피질과 시상하부 사이 경계에 위치하는데, 겉으로 보기에는 귀 바로 위쪽에 존재한다. 변연계는 감정생활에 중요한 역할을 하는데, 그 구조는 핵 그리고 합성섬유질 등으로 얽힌 덩어리 모양이다. 변연계의 중요한 구조물은 변연피질이고 그 가운데 해마돌기층과 편도핵이 있는데, 해마돌은 우리의 실생활에서 생기는 사실지식과 연관지식을 관장하고 편도핵은 감정의 영역을 관장한다. 만일 기쁜 소식이 뇌로 전달되면 편도핵은 흥분되고 그 흥분현상은 일생동안 지워지지 않고 지속된다.

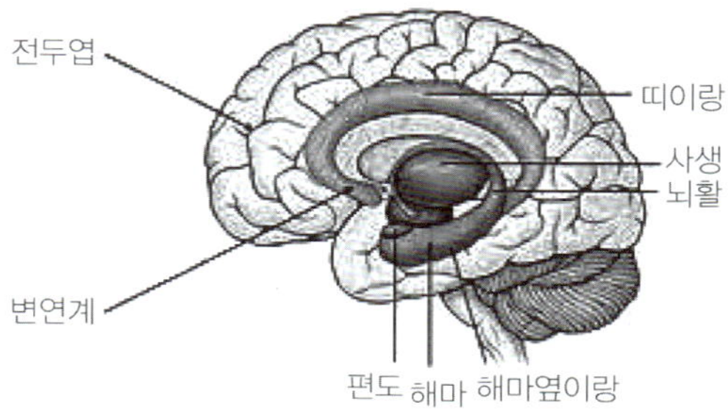

[그림 5-5] 변연계

(3) 신피질의 작용

대뇌피질은 대뇌의 표면에 있는 신경세포들의 집합인데, 이 대뇌피질은 신피질과 이종피질로 나누게 된다. 신피질은 대뇌피질의 약 90%를 차지한다. 신피질은 이성적인 영역을 관장하고 있는데, 수학 문제를 풀거나 혹은 외국어를 배우거나 할 수 있는 능력을 의미한다. 그러나 신피질은 이러한 이성적인 능력뿐만이 아니라 감정생활도 관여한다. 사랑과 복수, 예술과 도덕 및 감수성 등 한 개인의 감정의 영역을 주관한다. 그러나 만일 뇌가 손상이 되면 신피질은 그 작용에 큰 영향을 받게 된다. 그렇기 때문에 뇌의 부분적인 영역들이 서로 상호 작용을 통하여 이성과 감정이 생기고 조절할 수 있는 능력이 생기게 된다.

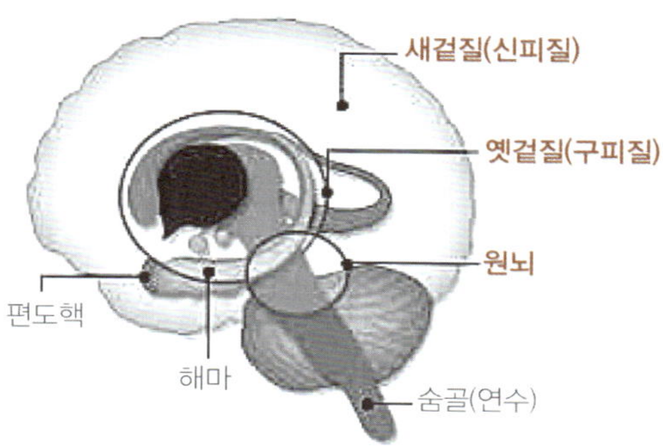

[그림 5-6] 신피질

(4) 뉴런의 작용

뉴런은 신경세포라고 불리는데 우리 몸 신경계를 구성하는 주된 세포이다. 신경세포는 다른 세포와는 달리 전기적인 방법으로 신호를 전달하게 된다. 근처에 있는 신경세포와 시냅스라고 하는 구조를 통해 서로 신호를 주고받으면서 정보를 받아들이고 저장한다. 대뇌피질에만 약 100억 개 이상의 신경세포가 있다고 추산한다. 이러한 뉴런은 초기 자극을 수용하고 자신과 연결된 다른 뉴런들에게 전달한다.

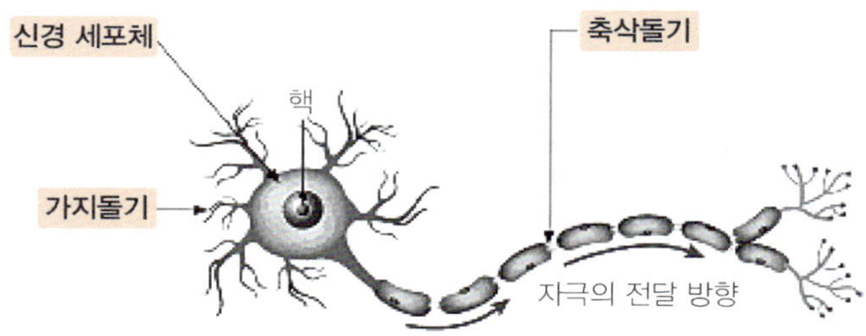

[그림 5-7] 뉴런(신경세포)

4) 정서지능의 영향

정서지능이 우리 일상생활에 미치는 영향을 알아보면 다음과 같다.

- 성공을 결정짓는 데 지대한 영향을 미친다. 스스로를 동기화하고 좌절감을 극복하며, 충동을 조절할 수 있는 능력을 가져야 한다.
- 정서적으로 불안하면 온전히 사고하기가 어렵다. 정서불안은 지적능력에 손상을 일으키며, 긍정적이지 못하며, 학업 성취도가 낮다.
- 우울을 조절하면 좌절을 극복하게 되며 창의력을 발휘할 수 있게 된다.
- 낙관적인 사고를 통하여 긍정적인 마인드는 어떤 일을 성공으로 이끌게 하는 동기 촉진제가 된다.
- 분노조절을 통한 감정 조절은 건설적인 방법으로 사람들과 관계를 형성한다.
- 미래의 지도자가 되기 위해서 감성지능을 높이는 능력을 키워야 한다.

☞ 아래의 질문에 자신이 해당하는 것을 고르시오.

④	③	②	①	⓪
항상 그렇다	대체로 그렇다	간혹 그렇다	거의 그렇지 않다	전혀 그렇지 않다

1. 나는 나의 아주 민감한 감정의 변화까지 파악할 수 있다. (　　　)
2. 나는 인생의 중대한 결정을 내릴 때 이성(理性)을 이용한다. (　　　)
3. 나는 나쁜 분위기에 압도당한다. (　　　)
4. 나는 화가 나면 노발대발하거나 말없이 씩씩거린다. (　　　)
5. 나는 목표달성을 위해서는 당장 눈앞의 희열을 추구하지 않고 그 희열을 유보할 수 있다. (　　　)
6. 나는 시험이나 발표, 공개토론 등을 준비하는데 어려움을 겪는다. (　　　)
7. 나는 실망스런 일과 맞닥뜨려도 포기하지 않고, 희망을 버리지 않는다. (　　　)
8. 나는 상대방이 자기의 감정을 이야기하지 않아도 그 사람의 감정을 잘 감지할 수 있다. (　　　)
9. 나는 상대방의 감정을 파악하게 되며 그 사람에게 동조하게 된다. (　　　)
10. 나는 대인관계에서 갈등이 생기면 그것을 처리하는 데 어려움을 느낀다. (　　　)
11. 나는 조직이나 주위에서 은근히 내세우는 요구사항을 쉽게 느낄 수 있다. (　　　)
12. 나는 비참한 감정을 느껴도 불필요한 행동(예: 자기비하, 좌절, 열등감 또는 공격적 행동 등)을 억제할 수 있다. (　　　)

♠ 채점: 3, 4, 6, 10번은 배점을 거꾸로 하고(4는 0점, 3은 1점, 2는 2점, 1은 3점, 0은 4점으로 환산), 나머지는 그대로 더함.

☞ 해석: 총점이 36점 이상이면 EQ가 매우 높은 편, 25~35점 사이면 양호한 편, 24점 이하이면 EQ의 향상이 요구됨.

출처: 문은식 외(2011). 교육심리학. 공동체. p.141.

[그림 5-1] Goleman의 인터넷판 간편 EQ 검사

Educational Psychology

교/육/심/리/학

CHAPTER 06

창의성

1. 창의성의 개념
2. 창의성의 측정과 연구
3. 창의적 문제해결
4. 창의성과 교육

1 창의성의 개념

창의성(creativity)은 새롭고 적절한 반응, 산물을 만들어내는 능력을 의미한다. 길포드(Guilford, 1959)는 창의성을'새롭고 신기한 것을 만들어내는 능력'이라 정의하였고, 송인섭과 김혜숙(1999)은 '새롭고 적절한 일을 만드는 능력'이라 정의하였다. 창의적이라는 반응을 얻으려면 과제를 해결하는데 있어 적절해야 하며, 가치있고 정확한 문제해결 목표에 부합하는 것이어야 한다. 이러한 창의성은 복잡하고 다양한 현대의 환경에 인간이 적응하는데 있어 필수적인 요소이다(Amabile, 1996).

오늘날 이러한 창의성을 어떻게 하면 보다 활발하게 자극하고 격려할 수 있을 것인가의 문제는 중요하다. 학습자는 저마다 서로 다른 특성과 능력을 갖고 있다. 생김새도 다르고 좋아하는 것과 싫어하는 것, 잘하는 것과 어려워하는 것 등에서 차이를 보인다. 창의성도 예외는 아닌데, 빠르고 다양하게 변화하는 요즘 사회에서 그 중요성이 더욱 강조되고 있다. 창의성에는 다양하고 복잡한 요소들이 영향을 미친다. 그러한 요소들 중에서 정서 상태는 창의성에 일관되게 영향을 미치는 요소이다(Baas, De Dreu, & Nijstad, 2008). 많은 연구들에서 행복(happiness)이나 열정(enthusiasm)과 같은 긍정 정서가 창의성을 이끈다고 보고한다(Isen, 1999). 이러한 보고들은 행복이나 열정과 같은 긍정 정서를 구축함으로써 창의성을 자극할 수 있음을 증명하는 것이다(Amabile, 2000).

1) 창의성의 요소

창의성은 새롭고 적절한 아이디어를 생산해내는 능력이다(Amabile, 1983, 1988). 이러한 창의적 사고 과정에는 필수적인 두 가지 요소가 필요한데, 대표적인 것으로 확산적 사고(Guilford, 1968, 1982)와 인지적 유연성(Spiro & Jehng, 1990)이 있다. 확산적 사고는 사고를 확장시켜 초기 아이디어에 다양한 해결책을 적용해보는 개인의 능력을 의미한다. 반대로 인지적 유연성은 변화하는 상황적 요구에 따라 다양한 방법으로 지식을 재구성하는 개인의 능력을 의미한다. 학습이 효과적이고 효율적으로 이루어지기 위해서는 학습자가 유연하게 사고하여 정보를 서로 연결 짓고 지식을 재구성할 수 있어야 한다.

아마빌(Amabile, 1997)은 창의성의 요소에 대해 연구하였는데, 이를 창의성의 요소이론(component theory)으로 제시하였다. 그는 창의성의 주요 요소로 다음의 3가지를 제시하였다. 이들은 개인 내적 요소로 전문성, 창의적 기술, 동기이다. 개인 외적 요소는 개인을 둘러싸고 있는 환경으로, 특히 사회적 환경이 이에 해당한다. 이러한 창의성 이론의 맥락을 단순화하여 제시하면 다음 그림과 같다.

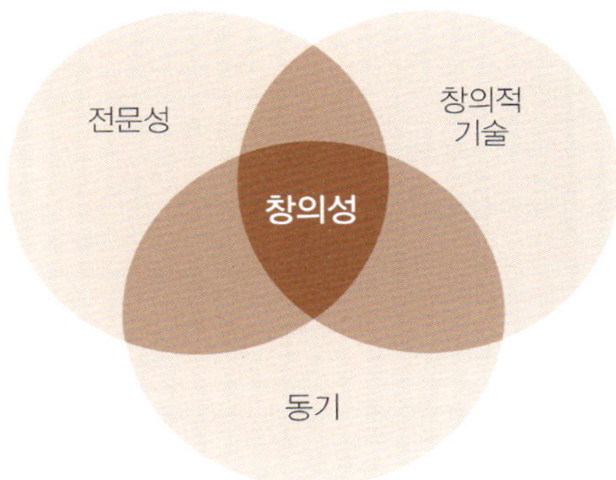

[그림 6-1] 창의성의 요소모델(Amabile, 1997)

(1) 전문성

전문성은 창의성을 발휘하고자 하는 영역에 대한 지식, 기술, 능력, 재능 등을 의미한다.

(2) 창의적 기술

창의적 기술은 정보를 통합하는데 있어 넓고 유연한 범주를 사용하고, 일반적인 수행 절차에서 벗어나 사고하도록 하는 능력을 의미한다.

(3) 동기

동기는 학습자의 내적인 열정을 의미한다. 사람들은 외적 동기가 아닌, 호기심이나 즐거움, 만족, 일 자체의 도전과 같은 내적 동기의 기본 원리들에 동기화될 때 보다 창의적이다. 따라서 내적 동기를 지지하는 것은 효과적인 학습과 창의성 함양에 있어 중요한 요인이 된다.

(4) 사회적 환경

사회적 환경은 개인을 둘러싸고 있는 일반적인 작업 환경이나 학습 환경을 의미한다.

창의성을 자극하는 다른 요소들도 있는데, 예를 들면 긍정적이고 자유로운 사고로 세상을 바라보는 것, 상황을 도전적으로 받아들이고 끊임없이 문제를 해결하기 위해 노력하는 것, 새롭고 유용한 아이디어 생성을 장려하는 분위기 조성하는 것 등이 이에 해당된다.

2) 창의성의 주요 요소 단어

다음 그림에 제시되어 있는 것은 창의성과 창의적 과정에 영향을 미치는 주요 요소 단어이다. 이러한 것에는 다양성, 발산적 사고, 실험, 사고와 평가, 자발성, 가치, 사회적 상호작용과 의사소통, 개발과 발명, 신기성, 정서, 독립, 자유, 결과를 종합하는 것, 일반 지능, 유동성, 불확실함 견디기, 지속성, 끈기, 활동적 참여 등이 해당된다. 이러한 단어들이 창의적 과정에 관여하며, 창의성을 표현하는 대표적인 단어들이다.

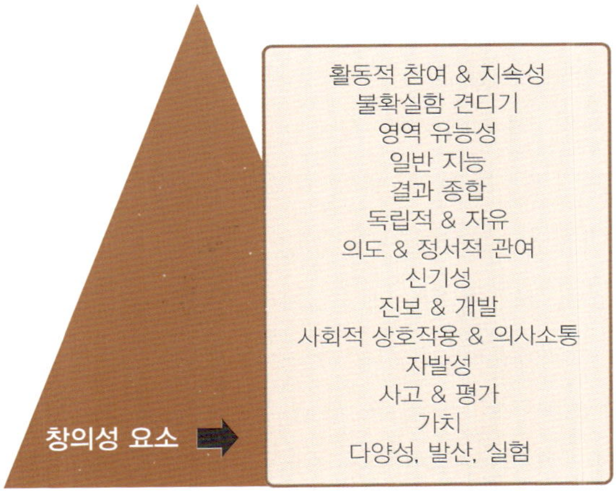

[그림 6-2] 창의성의 주요 요소 단어(Jordanous & Kelle, 2016)

3) 창의적 사고

새로운 아이디어를 모으거나 창의적으로 문제에 대해 생각하는 것은 개인이나 집단, 사회에 있어 중요한 능력으로 여겨진다. 창의적 사고는 개인으로 하여금 문제를 효과적으로 해결하도록 도와주고(Mumford & Gustafson, 1988), 일상의 삶에서도 변화와 위기, 기회에 적절히 대처할 수 있도록 돕는다.

창의적 사고과정에는 여러 가지 인지적 요소들이 작용한다. 길포드(Guilford, 1950, 1967)는 이러한 창의적 사고활동의 두 가지 주요 요소로 확산적 사고와 수렴적 사고를 제시하였다. 확산적 사고는 창의성의 중심을 이루는 사고 작용으로, 자신이 갖고 있는 상상력을 총 동원하여 가능한 다양하고 다채롭게 아이디어를 생산해내는 능력을 의미한다. 이러한 확산적 사고의 주요 요인으로는 최대한 많은 아이디어를 산출하도록 하는 유창성과 다양한 범주의 아이디어를 많이 산출하도록 하는 유연성, 다른 사람들과 다른 독특하고 새로운 아이디어를 생산해내도록 하는 독창성, 주변 환경자극이나 상황에 민감한 태도를 보이도록 하는 민감성이 있다. 예를 들어 우리는 펜을 글 쓰는 용도로 사용하지만, 사실 글 쓰는 용도 외에도 다양한 용도로 펜을 사용하는 것이 가능하다. 펜을 이용해 길이를 잴 수도 있고, 입에 물고 발음 교정용 기구로 사용하는 것도 가능하며, 닫히는 문틈에 두고 문이 닫히는 것을 방지하는 용도로 사용하는 것도 가능하다. 이처럼 하나의 물건에 대해 하나의 용도가 아닌 다양한 사용방법에 대해 생각해보고 관련 아이디어를 모으는 것이 창의적 사고이다.

수렴적 사고는 반대로, 특정 문제에 대해 가능한 대안을 고려해본 후 의견을 수렴하여 하나의 대안을 설정하는 과정을 의미한다. 이러한 사고 과정에는 높은 정확성과 논리성이 요구된다. 예를 들어, 시간, 손톱, 줄자와 같은 단어 목록에 대해 공통점을 찾아본다면 '길다'라는 의미로 의견을 수렴할 수 있다. 이러한 확산적 사고 측정도구와 수렴적 사고 측정 도구 간 상관은 매우 적은 것으로 보고되고 있는데, 길포드(Guilford, 1967) 또한 수렴적 사고와 확산적 사고가 인간 창의성의 서로 다른 요소임을 주장하였다.

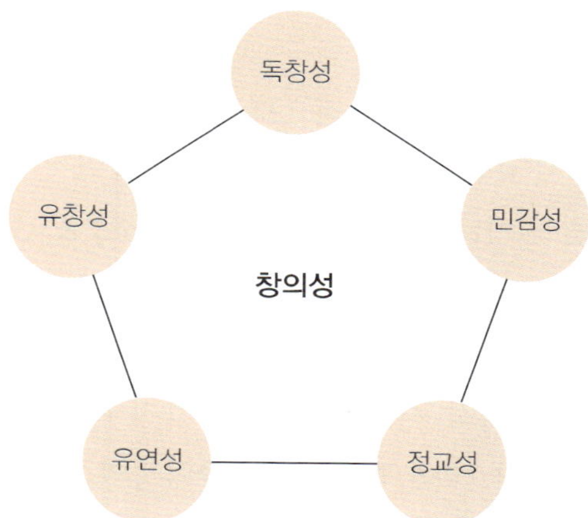

[그림 6-3] 창의적 사고의 5요소

2 창의성의 측정과 연구

창의성 측정은 창의성 연구에 있어 중요한 요소이다. 창의성은 단순히 창의성 단일 요소만을 측정하는 것이 아니라, 창의성과 관련된 맥락, 개인적 특성,

환경적 요소에 이르기까지 다양한 분야에 대해 고려해야 한다. 이러한 이유로 많은 연구자들이 창의성 측정을 위해 노력하고 있으나, 아직까지 창의성 측정 방법에 대한 의견은 분분하다(Cropley, 2000; Hocevar, 1981; Runco, 1986; Wallach & Kogan, 1965). 창의성을 측정하는 방법에는 다양한 방식이 있다. 자기보고식 방법에 의해 자신의 창의성에 대해 기술하는 것, 객관적 창의성 검사를 토대로 창의성을 측정하는 것, 전문가 감독에 의해 창의성을 측정하는 것 등이 대표적인 창의성 측정 방법이다.

이러한 방법들은 나름의 장단점을 갖고 있는데, 자기보고식 창의성 측정의 경우 다른 사람들이 알지 못하는 개인의 창의성을 측정할 수 있다는 장점이 있으나, 주관적인 측정이기에 편향에 사로잡히기 쉽고 충분한 타당성을 확보하지 못한 단점이 있다(Baer, 1993). 예를 들어 사회적 바람직성과 같은 편향에 영향을 받는 경우, 자신이 인식하고 있는 창의성보다 더 사회적으로 바람직한 방향으로 창의성을 보고할 수 있다. 전문가 평가의 경우에도 전문가의 평가를 토대로 깊이 있는 창의성 평가가 이루어진다는 장점이 있으나, 평가대상자가 갖고 있는 특성이 평가 결과에 영향을 미칠 수 있다. 그러한 이유로 전문가들은 창의성검사와 같은 객관적 검사를 이용하여 창의성을 측정하고자 한다. 그러나 이러한 창의성 검사의 경우 아동을 대상으로 한 검사가 주를 이루고 있어 청소년이나 성인을 대상으로 창의성을 측정하는 검사는 부족한 실정이다. 또한 이러한 객관적 검사 도구를 이용하여 창의성을 측정하는 경우, 창의성의 특수한 영역을 측정하는 데에는 한계가 있을 수 있다. 이에 전문가들은 창의성의 복합적이고 다차원적인 면을 측정하기 위해 주관적 방법과 객관적 방법을 융합하여 사용하도록 권하고 있다.

대표적인 창의성 측정 검사도구로는 토랜스의 창의성 검사가 있다. 토랜스는 창의성 측정을 위해 언어성 검사와 도형 검사로 이루어진 창의성 검사를 고안하였다. 이는 창의적 사고력을 측정하는 검사로, 그림을 보고 언어적 설명을 이용해 창의적 사고를 표현하는 것과 도형을 이용해 다양하고 창의적인 사고를 산출하도록 하는 것으로 구성되어 있다. 이러한 창의성 검사가 주로 아동을 대상으로 하는 것이어서 전문가들은 고등교육 장면에서 활용할 수 있는 창의성 검사를 개발하기 위해 노력하였다. 대표적인 것이 합의에 의한 창의성 평가도구이다(The Consensual Assessment Technique; Amabile, 1982, 1983, 1996). 이는 대상자의 창의적 산물에 대해 전문가들이 창의성 정도를 합의에 의해 평가하는 것이다.

그 외에도 창의적 인성검사가 있는데, 이는 형용사로 된 체크리스를 이용하는 것으로, 창의성과 관련된 형용사를 대상자가 체크하는 것이다(Gough & Heilbrun, 1983). 총 30개의 창의성 형용사로 이루어진 이 체크리스트는 대상자의 창의성 특성을 측정하는데 유용한 검사이다,

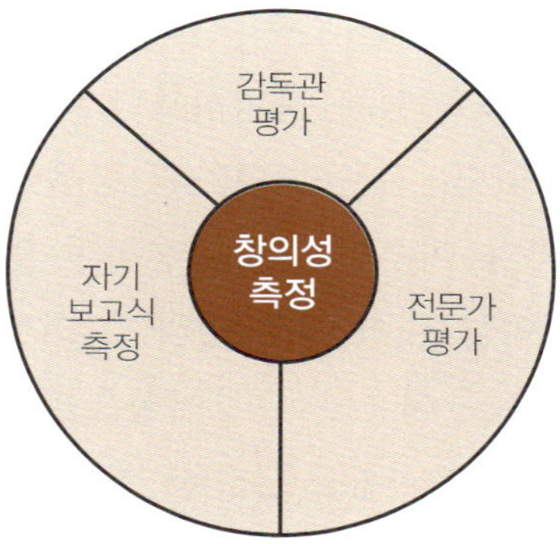

[그림 6-4] 창의성의 측정

창의성에 대한 연구는 다양한 관점에서 이루어지고 있다. 초기 연구들은 창의적 산물에 초점을 두고 창의적인 발명이나 결과물에 대한 것이 주를 이루었다. 그러나 점차 창의성 연구의 범위는 확대되었는데, 창의적 발명과 같은 결과물에 이르기까지의 사고 과정, 아이디어, 그러한 아이디어를 산출하는 사람의 특성과 같이 다양한 부분에서 폭넓게 창의성 연구가 이루어지고 있다. 이처럼 창의성 연구는 매우 다양한 관점과 범위에서 이루어지고 있으며, 다음은 대표적인 창의성 연구의 사례이다.

1) 라이트 형제의 비행기 발명

윌버 라이트(Wilbur Wright)와 오빌 라이트(Orville Wright)는 세계 최초로 조정 가능한 동력 비행에 성공한 사람들이다. 이들은 1906년 5월 22일, '날아다니는 기계'로 미주지역 특허를 획득했다. 독일의 기술자였던 오토 릴리엔탈(Otto Lilienthal)이 동력 비행기를 개발하던 중 글라이더 실험으로 활주로에서 사망하였다. 라이트 형제는 이 기사를 읽고 릴리엔탈과 그의 연구 과제에 대해 탐구하게 되었다. 그러던 중 공중에서 비행기를 조종할 무언가가 없다는 것에 충격을 받고, 글라이더나 비행기가 뜬 후 조종할 수 있는 시스템을 개발하고자 하였다. 라이트형제는 비행기에 관한 전문적 지식을 얻기 위해 책을 읽고 다양한 정보를 수집하였다. 그들은 자전거의 조작 원리를 비행기에 적용해 인간이 능동적으로 조작해 탈 수 체계를 만들고자 하였다. 또한 날고 있는 새들을 관찰하고 유추해 비행체계를 고안하였다. 라이트 형제는 새들이 날개 끝을 이용해 방향을 조종하는 것에서 착안해, 비행기 기어를 통해 방향을 조종할 수 있는 체계를 개발했다(Heppenheimer, 2003; 로버트 와이스버그, 2013 재인용).

2) 에디슨의 전구 발명

토마스 에디슨(Thomas Alva Edison)은 미국 최고의 발명가이다. 그는 평소 과학실험에 관심이 많았는데, 가정 내 지하실에 실험실을 마련하여 열 살 무렵부터 과학실험을 할 정도로 열정을 갖고 있었다. 이러한 노력 끝에 19세에는 전기투표 기록계를 개발해 특허를 취득하였고, 1876년에는 소리를 녹음할 수 있는 축음기를 개발하였다. 이후 에디슨은 전구발명에 몰두하게 되는데, 수만 번의 실험을 통하여 필라멘트를 발명하였다. 에디슨의 이러한 전구 발명은 사람들의 생활을 크게 변화시켰다. 1889년에는 가정용 영사기인 키네토스코프를 개발하여, 후에 사람들이 TV나 영화를 보는데 도움을 주었고, 1909년에 발명한 축전지는 자동차에 장착되기도 하였다. 축전지 발명을 위해 에디슨은 25,000번이나 실패를 거듭했는데, 이러한 실패에도 굴하지 않고, 오히려 25,000번의 방법을 알게 된 기회로 여기며 더욱 발명에 매진하였다. 전구를 비롯한 다양한 발명품 개발과 보급을 토대로 인류의 삶에 커다란 변화를 가져다 주었다. 이처럼 에디슨은 "천재는 99%의 노력과 1%의 재능으로 이루어진다."라는 유명한 말을 남기며 창의적인 시도를 자극하였다.

3 창의적 문제해결

창의적 문제해결은 창의성을 바라보는 관점에 있어 문제해결 과정에 초점을 두는 것이다. 많은 학자들은 이러한 창의적 문제해결 과정을 단계별로 제시하고 있다. 월러스(G. Wallas, 1925)는 창의적 문제해결 과정을 4단계로 제시하고 있는데, 준비, 부화, 발현, 검증이 그것이다.

1) 준비

창의적 문제해결을 위한 준비 과정으로, 문제의 본질에 대해 생각해보고, 관련 자료를 다양하게 수집하여 문제해결을 준비 하는 단계이다. 이 단계에서는 다양한 정보 수집을 통해 문제해결을 위한 기본 사항들을 공유하고, 이러한 정보를 기반으로 다각도에서 문제를 탐색한다. 또한 이러한 문제 분석을 통해 보다 분명하게 문제를 규정하고, 원인을 분석한다.

2) 부화

문제해결을 위한 사고과정이 시간 간격을 두고 떠오르는 것을 의미한다. 다양한 대안의 탐색을 통해 문제해결 방법이 즉각적으로 떠오를 수도 있지만, 시간차를 두고 문제해결의 방법이 떠오를 수도 있다. 이러한 과정을 거쳐 문제해결의 실제적 활동이 일어나는 것이다.

3) 발현

창의적인 문제해결을 위해 지속적인 탐색과 사고과정을 거쳐 드디어 문제해결의 아이디어가 떠오르는 순간을 의미한다. 창의적인 아이디어가 떠오르고 문제해결의 실마리를 찾음으로써 창의적인 산출물이 비소로 생성된다.

4) 검증

문제해결에 이러한 창의적 아이디어가 적합한지를 검증하는 단계이다. 검증과정을 거쳐 창의적인 아이디어가 문제해결에 적합한 것으로 확인되면, 비로소 그 아이디어를 창의적 문제해결에 적용하고, 지속적으로 검토 및 발전시키는 과정을 거치게 된다.

오스본(Osborn, 1953)은 창의적 문제해결을 위한 3단계를 제시하였는데, 사실 발견, 아이디어 발견, 해결책 발견이 그것이다.

(1) 사실 발견

이 단계에서는 문제를 정의하기 위해 현상을 깊이 있게 들여다보고, 창의적 문제해결을 위한 방향을 찾아본다. 관찰 다음으로 문제에 대한 정의를 하고, 이러한 문제 정의 후 어떻게 문제를 해결해야 할지에 대한 의사결정을 내린다. 그리고 문제해결을 위한 자료 준비 과정을 거친다.

(2) 아이디어 발견

준비된 자료를 분석한 후, 그 속에서 창의적 아이디어를 발견하는 것이다. 그러한 아이디어를 기초로 대안을 탐색하며, 탐색한 대안을 분명히 하고 아이디어를 점차 발전시켜 나가는 과정을 거친다.

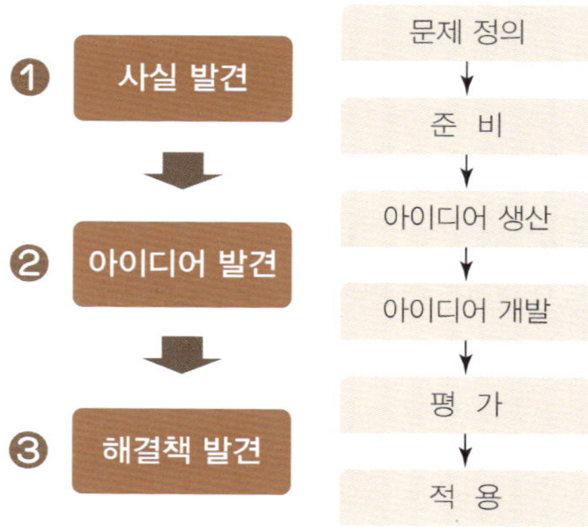

출처: Osborn, 1953.

[그림 6-5] 창의적 문제해결 과정

(3) 해결책 발견

발견한 아이디어들을 종합한 후 하나의 틀 안에서 체계화시키고, 전체적으로 종합하고 평가하는 시간을 갖는다. 이러한 과정을 거쳐 최종적으로 아이디어를 판단하고, 해결책을 적용한다.

4 창의성과 교육

20세기 후반 들어 사회가 더욱 복잡해지고 빠르게 변화하면서, 많은 나라들은 창의적 인재 양성을 위해 창의성 함양 교육을 강조하게 되었다(Woods et al., 1997). 이에 교육 시스템을 개편하여 교육과정에 창의성을 포함시켰고, 그러한 교육과정 개편에 따라 많은 정책적 변화도 일어났다. 이러한 교육과정 개편에서 강조하는 것은 창의적 사고로, 다양한 문제해결 대안을 찾아보는 것이다. 그러나 이러한 창의성의 교육적 적용에 있어서는 몇 가지 제한이 있을 수밖에 없다. 다음은 그러한 창의성의 사회적, 환경적, 윤리적 제한에 대해 설명하고 있다.

1) 교육과정 조직

교과목은 서로 다른 특성을 가지고 있다. 교과목의 특성과 맥락에 따라 창의성 함양을 위한 조직은 달라질 수 있다. 예를 들어 국어, 수학, 영어 교육은 서로 다른 교과목이다. 이러한 서로 다른 교과목에서 창의성을 동등하게 향상시키는 것은 쉽지 않다. 따라서 교수자는 학습자로 하여금 서로 다른 교과목에서 창의성을 함양하고자 할 때, 교과목 특성에 맞추어 서로 다른 전략을 활용하는 것이 필요하다(Craft, 2001b).

2) 교육적 딜레마

교육에 창의성을 적용하기 위해서는 수많은 도전이 필요하다. 창의성은 복잡하고 다차원적인 개념적 특수성을 갖고 있는데, 이러한 창의성을 문화적 보편성에 따라 적용하기 위해서는 다양한 맥락과 기준에 대해 고려해야 한다. 교육과 사회에 창의성을 적용하는 것에도 신중을 기해야 하는데, 적용의 적절성을 판단하는 것 또한 쉽지 않다. 무언가를 발명하는 것은 그 자체로는 사회에 필요하고 유용한 일이나, 그대로 계승하거나 변화 없이 지속적으로 받아들이는 것은 창의성의 교육적 잠재력을 저하시키는 것일 수 있다.

Educational Psychology

교/육/심/리/학

CHAPTER 07

행동주의 학습이론

1. 행동주의 이론
2. 사회학습이론
3. 반두라 사회학습이론의 교육적 시사점
4. 학습의 세 가지 관점 비교

1 행동주의 이론

행동주의(behaviorism)란 유기체의 관찰 가능한 행동을 객관적 그리고 과학적으로 분석하여 설명하고자 한 이론이다.

심리학을 학문적으로 처음 연구한 분트(Wilhelm, 1832-1920)와 그 밖에 초기의 인지주의 심리학자들은 자신의 마음을 들여다보는 인간의 의식에 관하여 연구하였다. 그들은 이것을 내성법이라고 하였는데, 인간의 의식과 지적 과정을 탐구하고자 하였다. 이러한 인간 의식연구에 반대한 이론이 행동주의 이론이다.

행동주의 이론의 창시자인 왓슨(John B. Waston)은 내성법을 통해 인간의 마음과 의식에 관하여 연구한 것을 비판하였다. 1900년대 초반, 몇몇 심리학자들은 과학적 정확성과 객관성이 부족하다는 이유로 내성법을 비판하기 시작하였다.

행동주의적 접근에서는 새로운 행동의 학습을 인간행동의 강화와 벌의 원리에 따라 설명하였다. 즉 행동주의 심리학자들은 '사고' 혹은 '기억'보다 겉으로 나타난 행동에 관심을 가지면서 인간의 행동을 과학적 그리고 객관적으로 설명하고자 시도하였다.

행동주의 이론은 주로 스키너(1904-1990)의 창의적인 연구와 아이디어를 근간으로 심리학의 새로운 분야로 형성되었다. 행동주의자들은 스키너가 강조한 인간행동에서 관찰 가능한 행동연구, 환경 강화자의 중요성을 인정하고 강조했지만 학습 과정에서 관찰 가능하지 않은 요인들, 즉 정신적 과정 등은 배제하였다.

그러나 반두라는 이러한 행동주의 이론을 비판하고 인간행동에서 관찰 가능한 행동에서 정신적 과정과 인지 과정을 반영하여 새로운 이론을 정립하였다. 이것은 사회 학습접근(social learning approach)으로, 그에 의하면 인간의 행동은 환경적 요인뿐만 아니라, 정신적 요인 즉 자신의 관찰, 모방 그리고 사고과정에 의해서도 영향을 받는다고 한다.

우선 이 장에서는 행동주의 이론을 알아보고, 행동주의 이론을 수정한 반두라의 학습이론을 살펴보기로 한다.

1) 고전적 조건형성

러시아 태생인 파블로프(Pavlov, 1849-1936)는 개를 대상으로 한 실험을 통해 조건반사 현상을 발견하였다([그림 7-1] 참조). 파블로프(Pavlov)는 개의 소화기관을 연구하던 중 개에게 먹이를 주면 그에 대한 반응으로 타액이 분비되는 것을 발견하였다. 그는 여러 번 반복 실험을 하는 동안 개가 음식을 먹어보기도 전에 음식만 쳐다보아도 타액을 분비하고, 나중에는 음식을 가져오는 사람의 발소리만 들어도 타액을 분비한다는 사실을 알아냈다. 즉 개는 음식을 보거나 음식을 주는 사람만 보아도 타액을 분비하였다. 파블로프는 타액 분비를 시키는 이 신호를 조건자극이라고 하였다.

[그림 7-1] 조건형성 실험

파블로프(Pavlov)는 배고픈 개에게 고기를 주었더니 타액(침)이 분비되는 것을 발견하였다. 이때 고기는 무조건 자극(unconditioned stimulus: UCS)이고, 타액 분비는 무조건 반응(unconditioned response: UCR)이다. 다음에는 개에게 중성자극(neutral stimulus: NS)인 종소리를 들려준 직후에 무조건 자극인 고기 주는 행동을 반복하였더니 개는 종소리만 들려주어도 타액을 분비하게 되었다. 이때 종소리는 중성자극이지만 종소리가 고기와 같이 제시되면 종소리는 조건자극(conditional stilmulus: CS)으로 작용하고, 타액은 조건반응 (conditioned response: CR)이 된다. 즉 고기(UCS)와 타액(UCR) 사이에는 조건 없는 관계가 형성되지만, 종소리(CS)와 타액(CR) 사이에는 조건화(conditioning)가 형성된다는 것이다.

2) 조작적 조건형성

미국에서 행동주의의 가장 강력한 주창자는 왓슨(J.B. Wastson)이다. 그는 사고라는 정신적 개념을 인정하지 않고 자극과 반응이라는 사고전환을 사용하여 인간의 행동을 설명하고 예측하였다. 왓슨(Watson)은 미국 심리학을 의식의 연구로부터 객관적 사고 체계로 바꾸어 놓았다. 결과적으로 왓슨은 신행동주의 학습이론가들 사이에서 주목을 받게 되었다.

학습이론을 개발한 대표적인 심리학자들은 E. R. Guthrie, E. C. Tolman, C. L. Hull, K. W. Spencer, O. H. Mowrer, B. F. Skinner 등이 있었다.

스키너(Skinner)는 교육심리학에 많은 영향을 미치게 되는데, 조작적 조건형성(operant conditioning)과 행동의 실험적 분석에 기반을 둔 그의 이론체계는 행동과 환경자극간의 관계성을 수립하였다. 그는 강화, 처벌, 소거, 자극 통제 및 변별의 법칙을 수립하였는데, 쥐, 비둘기 및 인간을 피험자로 사용하여 행동과 피험자의 강화 환경 간의 기능적 관계성을 수립하였다.

(1) Skinner의 조작적 조건형성

스키너는 동물대상으로 조작적 조건(operant conditioning)형성 실험을 실행하여 인간행동에 대한 이론을 주장하였다. 그는 인간의 행동을 반응적 행동과 조작적 행동 두 가지로 나누었다. 반응적 행동(respondent behavior)이란 자극에 의해서 나타나는 반사 또는 자동적인 반응인데 예를 들어 밝은 불빛에 대한 눈의 동공 수축, 무릎 위를 두들기면 나타나는 무릎반사와 비슷한 것이다. 이것은 학습에 의해 조건이 형성되거나 변화될 수가 없다. 한편 조작적 행동(operant behavior)은 특정 행동의 결과가 긍정적일 때 그러한 행동은 반복되고, 특정 행동의 결과가 부정적일 때 그러한 행동이 반복되지 않는 것을 의미한다.

(2) 조작적 조건형성의 원리와 개념

① 강화(Reinforcement)

강화란 어떤 행동이 다시 유발될 가능성을 높이기 위하여 강화인자를 사용하는 것이며, 강화인자는 강화를 일으키는 하나의 사물 또는 자극이다.

강화는 스키너(Skinner)의 조작적 조건형성의 핵심개념으로서 반응확률을 높게 해주는 기제이다. 조작적 조건형성의 원리는 강화물이 따라오게 하는 것인데 반응을 증가시키는 것을 강화물(reinforcer) 혹은 강화 인자라 한다. 강화는 크게 두 가지로 구분하는데 정적 강화(positive reinforcement)와 부적 강화(negative reinforcement)이다. 그러나 한 강화물이 모두에게 똑같이 적용되지는 않는다. 우선 정적 강화란 정적 강화물이 제공되면 어떤 행동의 유발 가능성을 증가시키기 위하여 제공하는 자극이며, 부적 강화인자는 어떤 행동의 유발 가능성을 증가시키기 위하여 제거해 주는 자극이다. 예를 들면, 어린 아이가 인사를 할 때 인사하는 행동을 강화해 주기 위하여 머리를 쓰다듬거나 칭찬을 해 주는 행위는 정적 강화인자이다. 반면 부적 강화는 혐오 자극을 소거함으로써 반응의 빈도가 증가하는 것을 의미한다.

② 처벌(Punishment)

부적 강화의 개념은 처벌과 구분할 필요가 있다. 처벌은 반응의 빈도를 감소시키는 것이다. 반응을 감소하게 하는 자극을 처벌물(punisher)이라고 일컫는다. 이는 두 가지 형태로 나누어 볼 수 있다. 우선, 제1종 처벌(punishment) 혹은 정적 처벌(positive punishment)이 있다. 두 번째로는 제2종 처벌(punishment) 혹은 부적 처벌(negative punishment)인데, 행동결과 긍정적 자극을 제거함으로써 반응의 빈도가 감소하는 것이다. 예를 들면, 아이가 숙제하지 않을 경우 그 대가로 아이가 좋아하는 게임기나 휴대폰 등을 제거하는 것이다. 이는 아이가 선호하는 것을 박탈하는 것으로 특권상실이라고 할 수 있다.

정적 강화와 부적 강화, 정적 처벌과 부적 처벌의 차이를 다시 한 번 요약해서 설명하면 아래 그림과 같다. 정적 처벌이 가해질 경우는 반응이 표출될 때 혐오 자극이 시작된다. 혐오자극의 종료는 반응을 수동적으로 강화하며, 혐오 자극의 시작은 반응을 능동적으로 처벌한다.

〈표 7-1〉 강화와 처벌의 유형

	행동의 증가/장려	행동의 억제/감소
제시된 자극	정적 강화(보상:reward) 좋은 상품, 좋은 성적, 음식	제시형 처벌 예: 체벌, 방과 후 자습
제거/억제된 자극	부적 강화(불쾌한 상황에서 탈출, 해방) 방과 후 화장실청소를 감면해줌.	제거형 처벌 예: 3일간 게임 금지

출처: 노안영•강영신, 2002

③ 강화계획

강화 계획은 두 가지 방법으로 나누어 설명할 수 있다. 한 가지는 '연속 강화계획'(continuous reinforcement schedule)이고, 다른 한 가지는 '간헐 강화계획'(intermittent reinforcement schedule)이다.

첫 번째 연속 강화계획은 조작적 조건화가 진행되는 과정에서 반응과 강화물과의 관계를 맺도록 하기 위한 것으로, 이러한 관계 형성에 있어 연속 강화계획은 효과적이라고 할 수 있다. 그렇지만 새로운 행동이 완전히 습득된 이후 강화물이 더 이상 제공되지 않는다면 숙달된 행동이 소멸할 수도 있다. 반면 '간헐 강화계획'은 새로운 행위가 어느 정도 습득되고 난 후 간헐적으로 강화하는 것으로, 지속해서 강화하는 것보다 간헐적으로 한 번씩 강화하는 것이 숙달된 행동을 좀 더 지속해서 유지할 수 있다고 보기 때문이다. 이처럼 간헐 강화는 지속적인 강화를 예상하지 않기 때문에 연속적인 강화에 비해 소멸에 대한 저항력을 키울 수 있는 방법이라고 할 수 있다.

이러한 간헐적 강화 방법은 두 가지 유형으로 구분할 수 있다. 하나는 '간격계획'(interval schedule)으로, 이는 강화인자들 사이에 나타나는 시간의 양을 토대로 한다. 다른 한 가지는 '비율계획'(ratio schedule)으로 강화 인자들 사이에 나타나는 반응횟수에 근거를 둔다. 간격계획과 비율계획은 다시 고정적인지 변동적인지에 따라서 네 가지 유형의 강화계획으로 구분된다.

- 고정간격 강화계획(fixed interval reinforcement schedule): 일정한 시간간격 후의 반응을 강화하는 것이다. 중간고사, 기말고사가 고정간격 강화계획의 예로 들 수 있다. 예를 들면, 스키너 상자에 있는 쥐에게 10분마다 보상이

주어지면 다음 보상의 시간을 예측하게 되므로 강화가 주어진 바로 직후에 반응을 하지 않고 기다리는 것을 목격할 수 있다.

- 변동간격 강화계획(variable interval reinforcement schedule): 강화가 주어지는 시간간격의 평균은 일정하나, 강화가 주어지는 시간간격이 매번 다른 것이 변동간격 강화계획이다.
- 고정비율 강화계획(fixed ratio reinforcement schedule): 일정한 수의 반응을 한 뒤 강화가 주어지는 것이 고정비율 강화 계획이다. 예를 들면, 학생들이 자발적으로 2번 질문할 때마다 가산점을 부여하는 것이다.
- 변동비율 강화계획(variable ratio reinforcement schedule): 고정비율계획에서와 같이 일정한 수의 반응을 한 뒤에 강화가 주어지지만 강화와 강화간의 반응 수가 어떤 평균수에 따라 변동한다. 예를 들면, 게임장에서 게임을 즐기거나 도박에 빠져서 헤어 나오지 못하는 사람들이 이에 해당되는데, 언제 강화를 받게 될지 알지 못하기에 도박이나 게임에서 벗어나지 못하는 것이다.

김청자(2008: 252)는 강화계획을 다음과 같이 설명하고 있다.

〈표 7-2〉 강화계획

계획	정의	실례	반응양식	반응의 지속성
고정 간격	정해진 시간 간격 후	TV를 켜는 것	강화시간이 다가옴에 따라 반응비율이 증가했다가 반응비율이 급격히 저하	약한 지속성: 강화 시간이 지나도 강화인자가 제시되지 않을 때 반응비율이 급격히 하락
변동 간격	시간 간격을 매번 기준에 따라 변경: 다양한 시간 간격 이후에 강화	갑자기 보는 쪽지 시험	느리지만 꾸준한 반응: 강화 후 거의 쉬지 않음	강한 지속성: 반응 비율이 늦게 떨어짐
고정 비율	일정한 횟수의 반응 후에 강화:일정한 횟수 이후에 강화	5회 선행에 상품 1회	빠른 반응비율: 강화 후 휴식	약한 지속성: 기대했던 반응수가 주어져도 강화 인자가 나타나지 않을 때 반응비율이 급격히 하락
변동 비율	다양하고 변동적인 반응 후에 강화	도박	매우 높은 반응 비율	강한 지속성: 반응 비율이 높게 지속되고 점차떨어짐

출처: 김청자(2008: 252)

(3) 강화와 벌의 교육적 시사점

스키너의 조작적 조건화 이론은 다음과 같은 시사점을 준다. 강화는 행동통제의 강력한 도구로, 교사는 지속적으로 결과를 살펴보아야 한다. 벌은 다른 어떤 것도 효력을 나타내지 못할 때 적절하고 유용하게 적용하도록 한다. 특히 아동에게 벌을 줄 때 아동의 행동이 정적으로 강화 되도록 해야 한다. 또한 교사가 아동의 행동을 강화할 때, 시간 간격이나 비율 계획을 잘 세워서 강화하도록 한다.

2 사회학습이론

사회 인지이론(social cognitive theory)은 반두라(Albert Bandura)에 의해 정립된 이론이다. 행동주의 심리학자들이 주장한 조작적 조건형성 과정이 학습 과정을 설명하는 데 있어서 한계점을 갖고 있다고 지적하면서 직접 관찰할 수 없는 개념들 즉 기대, 사고, 신념 등과 같은 내적과정의 인지 과정을 연구대상에 포함했다. 따라서 인지학습이론은 학습에 대한 관점을 직접 관찰할 수 있는 개념과 관찰할 수 없는 것을 모두 포함하면서 개념이 확대되었다.

반두라는 학습에 관하여 전통적인 행동주의 관점에서 학습 과정을 설명하기에는 불충분하다고 여겼다. 특히 전통적 행동주의자들은 학습 과정에 미치는 사회적 영향력을 소홀히 했다고 보았다. 이는 학습 과정에서 내적 요인으로 간주하는 개인적 요인(사고, 내적 동기)과 외적 요인 즉 환경적인 사건들 모두 중요한 요인으로 작용한다고 보았다. 왜냐하면 행동은 학습의 과정에서 상호 간에 영향을 서로 주고받으면서 작용하기 때문이다. 반두라는 이러한 요인들의 상호작용을 '상호결정주의'(reciprocal determinism)라고 표현하였다.

반두라는 전통적인 행동주의자들이 소홀히 했던 모델링이나 모방이 새로운 행동을 학습할 수 있게 하는 중요한 과정이라고 설명 하였다. 다시 말해서 사람이나 동물들은 주로 타인이나 다른 동물의 행동을 관찰 또는 모방함으로써 학습을 할 수 있으며 특히 새로운 행동을 학습할 때에 관찰과 모방은 중요한 요인으로 작용한다.

반두라의 사회 학습이론은 두 가지 측면에서 의미 있는 학습이론에서 공헌을 하였다. 첫째, 고전적 조건화의 이론에서 해결하지 못했던 문제를 해결하기 위하여 새로운 요인을 제시하였다는 점이다. 즉 인간은 외부의 자극이나 보상 없이도 스스로 학습이 가능한 것을 보여준다. 이러한 사실은 행동주의 이론에서 소홀히 했던 관찰학습의 효과를 강조한 것이다. 둘째, 반두라는 주의, 파지, 조정, 대리적 강화, 자기 강화 등의 개념을 통해 인간의 내적 요인인 인지적인 학습 과정을 설명하고자 했다. 이처럼 사회학습이론은 인간 자신이 처한 현상에서 동기화된 욕구를 스스로 학습하는 과정을 이해하는 데 큰 영향을 미쳤다.

관찰학습의 과정은 주의집중, 파지, 재생, 동기화의 4단계로 나누어 제시할 수 있다([그림 7-2] 참조).

1) 주요개념

(1) 주의집중 과정

관찰학습에서 무엇보다도 중요한 것은 모델 또는 모방의 대상을 주의 집중하여서 볼 수 있어야 한다는 것이다. 어떤 모델에 주의를 기울이고 집중할지는 관찰하는 사람의 의존성, 자존심, 자신의 능력에 대한 지각 등 내적 요인에 따라 달라진다. 즉 관찰하는 사람의 감각 능력, 과거의 강화, 모델의 특성이 관찰자의 선택적인 주의력에 영향을 미친다. 따라서 학습자의 주의 집중을 높이는 데에 효과적인 관점을 살펴보면 교사의 능력, 전문성, 유머 등이 학습 과정에 미치는 요인이라고 볼 수 있다.

(2) 파지 과정

이 단계는 관찰자가 모델을 관찰한 후 일정 기간 모델의 행동을 상징적인 상으로 기억하는 과정이다. 관찰자는 장기기억 속에 모델의 행동 중에서 주의 집중한 내용을 문자나 부호 등으로 표상시킬 수 있어야 한다. 파지 과정에서 중요한 것은 시연이다. 시연에는 내적 시연과 외적 시연이 있는데, 내적 시연은 개인이 행동하는 것을 마음속으로 상상하는 것이고, 외적 시연은 실제로 행동을 하는 것이다. 일반적으로 내적 시연을 하고 나서 외적 시연을 하면 학습효과가 높게 나타날 수 있다.

(3) 재현(reproduction) 과정

관찰자가 새롭게 획득한 행동을 실제의 행동으로 재현하는 과정에서 관찰자의 기억 속에 담겨 있는 심상이나 언어적 부호들은 중요한 기능을 발휘한다. 재생과정에서는 모방하려는 행동을 제대로 움켜쥐는 것만으로는 충분하지 않고, 그것을 실제 행동에 옮겨 봐야 학습의 효과를 높일 수 있다고 간주한다. 그리고 적절한 반응을 하는 데에 필요한 신체적 도구를 갖추고 있다 하더라도 관찰자의 행동이 모델의 행동과 일치하기 위해서는 재생과정에서 인지적 시연이 필요하다.

(4) 동기화(motivational processes) 과정

강화를 통해서 관찰자 행동의 동기를 강화해 주는 단계이다. 모델의 행동을 모방하는 것은 강화에 따라 달라진다. 즉 관찰 때문에 학습된 행동이 강화가 되면서 그 행동을 지속하기는 하지만 처벌을 받으면 그 행동이 일어나는 비율은 감소할 것이다.

관찰학습의 과정을 도표로 나타내면 다음과 같다.

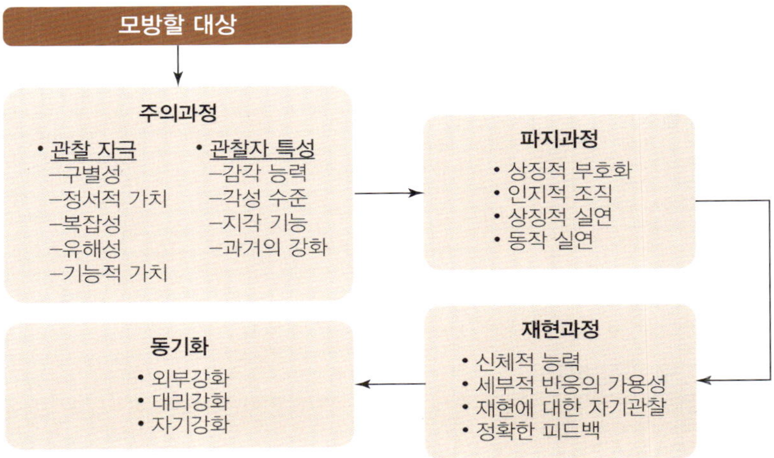

출처: 노안영·강영신, 2002.

[그림 7-2] 관찰학습 과정

- 주의집중 모델의 행동에 집중해서 정확하게 지각한다.
- 기억(파지) 이전에 관찰한 모델의 행동을 기억한다.
- 운동재생(모델의 행동을 상징적으로 부호화해서 기억한 것)을 행동으로 반응한다.
- 정적 강화(외적, 대리적, 자기강화)가 주어지면 모델의 행동을 그대로 수행한다.

3 반두라 사회학습이론의 교육적 시사점

반두라의 사회학습이론은 인지과정을 중요시 하며 교육 실제의 적용을 통해 학습이론에 대한 새로운 접근을 시도한 것이다. 사회학습이론의 측면에서 볼 때 학습은 직접적인 경험뿐만 아니라 관찰을 통해서 일어날 수 있다고 보기 때문에 학습에 있어서 모델은 중요한 요인으로 간주된다. 그렇기 때문에 학습효과와 교육적 관점에서 교사의 역할은 모범적인 모델이 되는 중요한 변인으로 작용할 수 있다.

교사는 학생들의 학습능력을 강화시켜 줄 수 있어야 하며, 관찰학습의 기본적인 4가지 과정인 주의집중, 파지, 재생 그리고 동기유발을 활용한다면 학생들의 올바른 행동을 육성할 수 있다.

4 학습의 세 가지 관점 비교

〈표 7-3〉 학습의 세 관점 비교

관점	인지심리학	행동주의	사회인지이론
학습의 정의	지속적인 사고의 변화	지속적인 행동의 변화	행동을 반영하는 (혹은 반영하지 않는) 내부의 변화
주된 초점	학습자의 인지과정	관찰가능한 자극-반응	학습자의 행동과 인지 둘 다
학습의 원리	인간은 정보를 처리할 때, 개인의 경험을 토대로 능동적으로 지식을 구성한다.	인간의 행동(반응)은 자극(환경)의 영향을 받는다.	인간은 행동과 인지과정에 영향을 주는 것들을 관찰한다.
학습을 통제하는 근원	학습은 내부의 인지적 과정에 의해 통제된다.	학습은 환경 및 외부 상황에 의해 통제된다.	학습의 일부는 환경에 영향을 받으며, 일부는 인지적 과정에 영향을 받는다. 또한 일부는 개인 스스로 조절할 수도 있다.
교육적 시사점	• 교사는 학생들이 효율적인 방식으로 정보를 처리하고 지식을 올바르게 구성할 수 있도록 도와준다. • 교사는 학습자가 이해하기 쉽도록 구조화해서 설명한다.	• 교사는 수업목표를 명확히 하고, 세부적인 단계를 통해 학습하도록 지도한다. • 교사는 학생의 행동수정을 위해 점진적인 접근을 통해 학습하도록 한다.	• 교사는 학생들이 다른 사람들을 관찰함으로써 학습이 이루어짐을 명심해야 한다. • 교사는 학생들에게 바람직한 모델링을 제공한다.

출처: Ormrod(2006: 362)에서 일부 발췌.

CHAPTER 08

인지주의 학습이론

1 인지주의 학습의 개념

학습을 설명하는 대표적인 이론으로는 행동주의 학습이론과 인지주의 학습이론이 있다. 행동주의 학습이론이 학습에서의 자극-반응 연합과 같은 원리를 강조해 학습을 설명한 것이라면, 인지주의에서는 학습자 스스로 정보를 처리하는 정신과정을 강조해 학습을 설명한다.

정보처리 이론에서는 사람들이 어떻게 환경적 사건에 주의를 기울이고 학습하는지, 저장된 정보를 어떻게 인출하여 사용하는지에 관심을 갖는다(Shuell, 1986). 이전에는 주로 지각이나 기억, 회상, 자극에 대한 주의와 관련된 연구가 주를 이루었으나, 점차 학습과 인지발달, 인공지능이나 가상현실과 같은 부분으로까지 적용 영역과 연구의 범위가 확대되고 있다.

정보처리 이론에서는 인간의 학습과 관련하여 주의, 지각, 단기기억, 장기기억과 같은 요소로 인간의 학습 과정을 설명한다. 이와 관련한 초기 이론으로는 형태주의 심리학이 있으며, 학습과 관련하여 다루는 주요 내용은 다음과 같다.

- 정보 처리의 주요 과정(주의, 지각, 감각등록기, 단기기억, 장기기억)
- 정보 처리의 주요 요소(부호화, 정교화, 조직화, 스키마, 망각)
- 정보처리 이론과 교수학습 적용

2 감각과 지각

1) 게슈탈트 이론(Gestalt Theory)

게슈탈트 운동은 20세기 초반 독일 심리학자들에 의해 시작되었다. 대표적인 학자로는 코프카(Koffka), 쾰러(Köhler) 등이 있다.

초기에 게슈탈트 이론은 주로 인간의 지각 과정을 설명하는데 초점을 두었으나, 점차 그 범위를 넓혀가게 되었다. 이후 학습에까지 범위를 확장하여 게슈탈트 이론을 적용하게 되었다.

게슈탈트 심리학의 주요 원리는 대상이나 사건이 조직화되어서 보인다는 것이다(Köhler, 1947/1959). 조직화에서 중요한 것은 상의 배치나 배열이다(Koffka, 1922). 집은 지붕과 벽, 대문, 창문 등 다수의 요소들의 조합으로 이루어져 있다. 그러나 사람들은 집을 관찰할 때 대문이나 창문, 지붕과 같은 부분에 집중하지 않고 전체를 보는 경향이 있다.

예를 들어, A라는 키가 큰 학생이 있다고 하자, 그 학생이 가까이 있을 때와 멀리 있을 때 우리에게 보여지는 상은 다르다. 멀리 있을 때보다 가까이 있을 때 훨씬 크게 보인다.

2) 지각의 원리

지각은 감각을 통해 정보가 받아들여지는 것을 의미한다. 게슈탈트 이론에서는 사람들이 대상을 그들의 지각에 따라 본다. 이러한 지각의 주요 원리로는 전경과 배경 관계, 근접성, 유사성, 같은 방향, 단순성, 완결성이 있다(Koffka, 1922; Köhler, 1926, 1947/1959).

- 전경과 배경 관계: 어떤 상이 지각될 때 전경과 배경으로 구분되는 것이다. 지각하는 상이 나에게 익숙하고 명확한 경우 이를 전경으로 지각하는 경향이 크고, 반대로 상이 모호한 경우, 배경으로 지각하는 경향이 있다.
- 유사성: 모양이나 크기, 색이 비슷한 경우 그들을 하나의 집합처럼 지각하는 것이다.
- 방향성: 패턴이나 흐름이 같은 방향으로 제시되었을 때 이를 하나의 상으로 지각하는 것을 의미한다. 여러 선들이 하나의 방향으로 지속적으로 제시되는 경우, 사람들은 이를 의미 있는 패턴처럼 지각하려는 경향이 있다.
- 근접성: 어떤 상을 지각할 때 서로 가까이 있는 요소들을 하나의 대상으로 의미 있게 지각하는 것이다. 대부분의 사람들은 세 개의 서로 떨어져있는 선이 있어도 이들이 가까이 있는 경우 하나의 선처럼 지각하고자 하는 경

향이 있다.

- 단순성: 사람들이 상을 단순하게 지각하고자 하는 것으로, 두 개의 도형이 있는 경우, 이들을 서로 다른 도형으로 지각하기 보다는 겹쳐져있는 하나의 도형으로 지각하려는 경향이 있다.

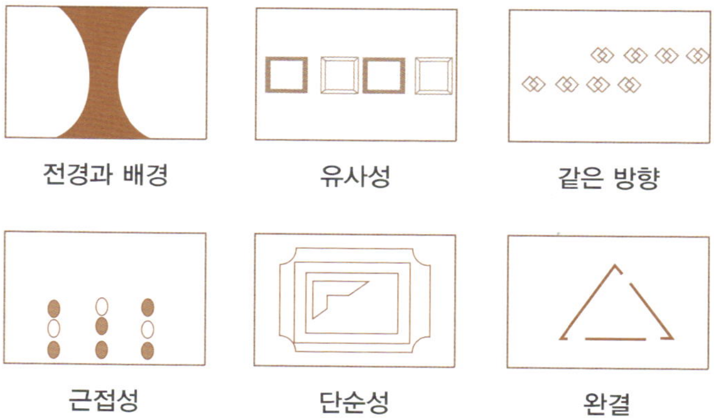

[그림 8-1] 지각의 원리

- 완결성: 사람들은 보이는 패턴에서 하나의 선이나 모양이 부족함에도 불구하고, 이것을 부족하지 않은 하나의 원이나 도형으로 지각하고자 한다. 예를 들어 삼각형의 한 귀퉁이에 선이 완전히 연결되지 않고 끝 부분이 비워져 있어도, 우리가 익히 알고 있는 삼각형의 모양을 떠올리고 도형을 삼각형이라고 지각하는 것이다.

이처럼 우리의 지각과 관련된 많은 개념들이 게슈탈트 이론에 의해 제시되고 있으나, 이러한 원리들은 일반적인 것으로 실제 지각 과정을 설명하지는 못한다.

3 정보처리이론

1) 정보처리 이론의 기본 가정

정보처리 이론에서는 외적인 조건보다 내적인 정신 과정에 보다 많은 관심을 기울인다. 행동주의 이론가들은 학습자들이 수동적으로 자극에 반응한다고 보았다. 반면, 인지주의 이론가들은 학습자들이 능동적으로 정브를 처리한다고 보았다. 이러한 능동적인 정보처리의 과정을 설명하는 것이 정보처리 이론이다.

정보처리 과정은 컴퓨터의 정보처리와 흡사한데, 정보가 입력되고 저장되는 과정을 컴퓨터의 정보처리에 빗대어 설명하고 있기 때문이다. 정보처리 이론에서는 인간 학습의 범위를 확장하였는데, 연구자들은 정보처리가 모든 인지적 과정(지각, 암기, 사고, 문제해결, 기억, 망각, 상상)에 포함된다고 보았다(Farnham-Diggory, 1992; Matlin, 2009; Mayer, 1996; Shuell, 1986; Terry, 2009). 다음 그림은 이러한 정보처리 과정 모델을 설명하는 것이다.

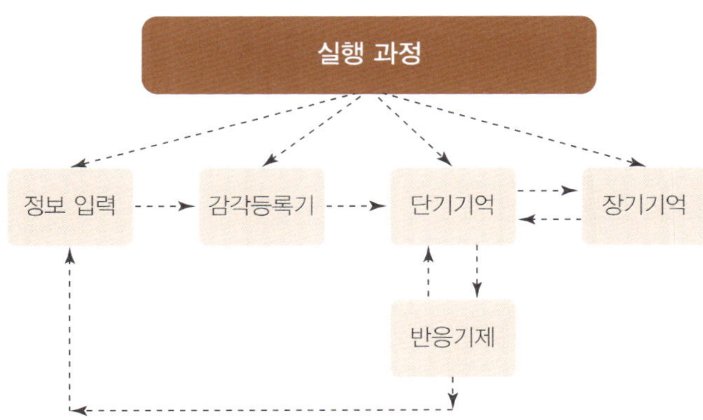

[그림 8-2] 정보처리 과정
(Atkinson and Shiffrin, 1968, 1971)

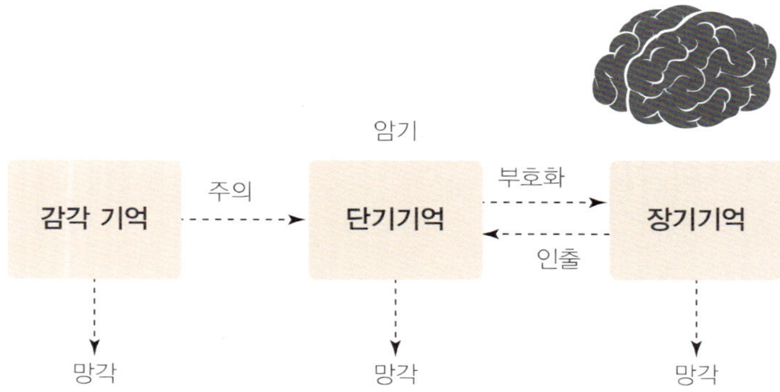

[그림 8-3] 인간의 기억

자극이 입력되는 순간부터 정보처리가 시작되는 데 이러한 자극은 시각자극이 될 수도 청각자극이 될 수도 있다. 다양한 감각통로를 통해 자극이 입력되고 입력된 자극은 단기기억에 저장되어 의미를 부여하는 부호화 과정을 거치게 된다. 감각 등록기에 있던 정보는 단기기억으로 전환되는 데 이러한 단기기억 또한 정보의 저장에 한계가 있다.

작업 기억은 보통 제한된 용량을 갖고 있는데, 밀러(Miller, 1956)는 이러한 작업 기억 용량으로 7±2 정도의 숫자나 단위가 저장될 수 있다고 하였다. 우리가 주로 암기하는 전화번호나 주소, 강의실 번호, 약속 시간이나 장소 등이 작업 기억에 순간적으로 저장되는 정보이다. 이러한 작업 기억은 저장 기간에 있어서도 제한을 보이는데, 잠시 동안 정보가 저장되었다가 망각된다. 잠시 저장된 정보가 망각되지 않고 지속적으로 저장이 유지되기 위해서는 반복적인 암기가 필요하다.

암기는 작업 기억에서 발생하는 중요한 과정이라 할 수 있다. 언어적 정보를 암기하고자 하는 경우 큰 소리로 해당 단어를 반복하면 정보의 저장이 용이하다.

작업 기억에서 정보를 단기간 저장하는 반면 장기기억에서는 정보를 장기간 저장했다가 회상하는 것이 가능하다. 장기 기억 속에 저장된 내용을 떠올리고 회상하기 위해서 학습자는 인출 전략을 활용할 수 있다. 잘 저장된 정보의 경우 쉽게 장기기억 속에서 회상하는 것이 가능하나, 그렇지 않은 정보의 경우 단서와 같은 인출 전략을 활용해 기억 속에서 불러오는 과정이 필요하다. 예를 들어 학습자가 초등학교 3학년 때 친구 이름을 회상하고자 하나 잘 떠오르지 않는다고 하자. 이 경우, 다양한 힌트와 같은 인출 전략을 이용해 예전 친구의 이름을 떠올릴 수 있다. 친구 이름이 계절을 나타내는 단어와 비슷하다는 것을 먼저 떠올리고, 사계절 중 친구의 이름과 비슷한 것을 찾는 과정을 거쳐 '봄'이라는 친구의 이름을 회상해낼 수 있다.

그런데 장기기억에 저장된 모든 정보가 다 회상되는 것은 아니다. 일부는 망각이 이루어지기도 하고, 일부는 인출전략에도 불구하고 회상이 어려운 경우도 있다.

2) 감각 등록기

정보 입력은 시각이나 청각, 후각, 촉감과 같은 감각에 의해 이루어진다. 이러한 시각, 청각, 후각, 촉각과 같은 감각은 개개의 등록기를 갖고 있으며, 그러한 등록기를 이용해 자신 만의 정보를 처리한다. 입력된 정보는 감각 등록기에 잠시 머물고, 일부 감각 정보는 작업 기억으로 옮겨진다. 감각 등록기는 학습자의 사전 정보를 활용해 정보의 비교가 가능하다. 예를 들어, 주황색 농구공을 본 사람들은 이것을 '주황색 공'으로 지각할 것이다. 그러나 농구공에 대한 사전지식과 경험이 있는 사람들은 이것을 '주황색 농구 공'이라고 지각할 것이다.

감각 등록기의 역할에 있어 동기 상태 또한 중요한 요소이다. 지각은 우리가 바라고 희망하는 것에 영향을 받는다. 사람들은 공공장소에서 친구를 기다릴 때나 서비스센터에서 순서를 기다릴 때, 스스로의 이름을 더 또렷이 잘 듣게 된다. 이는 우리가 우리의 이름이 불리기를 기대하고 있기 때문이다. 그러나 반대로 주말에 놀러간 공원에서 기대하지 않던 학창시절 친구를 만날 수도 있다. 이 경우 우리는 상대방을 바로 지각하지 못할 수 있는데, 이는 그 친구가 나와 같은 장소에 있을 거라고는 미처 기대하지 못했기 때문이다. 항상 만나던 학교 장면이 아닌 전혀 생소한 공원에서 친구를 만나는 경우는 우리가 기대하거나 예측 가능한 경험이 아니기 때문이다.

3) 단기 기억(작업 기억)

작업기억은 즉각적 인식과정에 의해 일어나는 기억으로, 학습자가 자극에 주의를 기울이고 정보를 지각하게 되면, 그러한 정보는 단기 기억(작업 기억)에 저장이 된다(STM or WM; Baddeley, 1992, 1998, 2001). 이러한 작업 기억은 두 가지 기능을 수행하는데, 하나는 정보를 유지하는 것이고 다른 하나는 정보를 인출하는 것이다(Unsworth & Engle, 2007).

그런데 이러한 작업 기억은 용량이 제한적이다. 지속적으로 암기하지 않으면, 작업 기억에 있던 정보는 쇠퇴한다. 예를 들어, 전화번호를 불러준 후 다른 이름을 말하게 하거나 다른 과제를 수행하게 하면, 사람들은 이전에 들은 전화번호를 회상하기 어렵다.

이처럼 작업 기억은 제한된 용량을 갖고 있고, 작은 단위의 정보만을 처리할 수 있다. 일반적으로 작업 기억의 용량은 7±2 정도의 숫자인데(Miller, 1956), 청킹이나 정보의 의미 있는 조합에 의해 그러한 용량을 증가시킬 수 있다. 예를 들어 전화번호가 235-1988 일 경우 첫 두 자리 2+3을 더하면 5 이므로 2+3=5와 같은 공식을 이용해 235 숫자를 기억할 수 있고, 1988은 우리나라의 올림픽 개최 년도를 떠올리면 기억하기가 쉽다.

이러한 작업 기억은 학습에 있어 중요한 역할을 한다. 일반적인 성취 수준을 보이는 학생들과 비교하여, 학습에 어려움을 갖고 있는 학생들은 낮은 작업기억 능력을 보이는 경향이 있다(Andersson & Lyxell, 2007; Swanson, Howard, & Sáez, 2006). 이것이 교수학습 방법에 주는 시사점은 학생들의 작업 기억이 과부하 되지 않도록 학습량을 조절하는 것이 필요하다는 것이다. 너무 많은 과제를 한꺼번에 제시하기 보다는 한두 번에 나누어 제시하는 것이 효과적이고, 수업 속도도 정보처리 속도에 맞추어 적절히 조절하는 것이 필요하다. 또한 다양한 시각적 청각적 통로를 활용하여 정보를 제공함으로써 학생들의 학습 효과를 높이고, 충분한 인지적 처리 시간을 제공하여 정보를 저장할 수 있도록 하는 것이 효과적이다.

4) 장기 기억

장기기억에 있는 정보들은 서로 연합적인 구조를 이루고 있는데, 이러한 구조는 컴퓨터와 비교할 수 있다. 인간의 기억은 같은 주제의 정보는 같이 저장되어, 특정 지식을 찾을 때 인출이 용이하게 한다(Baddeley, 1998). 반대로, 컴퓨터는 정보가 어디에 저장되어 있는지 그 위치를 알아야 회상이 가능하다. 인간의 기억이 컴퓨터의 기억에 비해 정확성이 다소 부족할지라도 인간의 기억은 컴퓨터의 기억에 비해 보다 풍부한 정보를 줄 수 있는 장점이 있다.

기억에는 여러 가지 유형이 있고 다양하게 분류가 가능하다. 기억에서의 차이를 설명하기 위해, 털빙(Tulving, 1972, 1983)은 의미적 기억과 일화적 기억을 구분하였다.

- 일화적 기억: 특정 시간이나 장소와 관련된 정보를 포함하는 기억이다. 이는 개인적인 기억과 주로 관련된다. 작년 새해 첫날에 무엇을 했는지, 올해 생일에 어디에 가서 식사를 했는지 와 같은 기억이 여기에 해당된다.
- 의미적 기억: 일반적인 정보와 개념을 포함하는데, 학교에서 배운 지식, 기술, 개념들이 의미적 기억에 해당된다.

이러한 두 종류의 기억은 서로 연결되어 있다. 예를 들어 오늘 있었던 일을 가족들에게 이야기할 때 '오늘 나라별 수도에 대해 배웠고, 친구와 하굣길에 김밥을 사 먹었어요'라고 이야기를 할 수 있다.

기억은 또한 서술 기억과 절차적인 기억으로 분류가 가능하다(Gupta & Cohen, 2002).

- 서술 기억: 서술 기억은 지식이나 학습자가 이미 알고 있는 기억을 의미한다. 의식적으로 정보를 회상할 수 있고 저장도 쉽고 빠르게 이루어진다.
- 절차적 기억: 절차 기억은 학습자가 익힌 기술이나 절차와 관련된 기억이다. 절차적 기억에 저장된 정보는 자전거를 타는 방법과 같이 무의식적이고 서서히 저장된다. 운전을 하는 방법, 자전거를 타는 방법, 수영을 하는 방법 등은 굳이 떠올리지 않아도 실제 장면에 접하게 되면 자연스럽게 기억이 되

살아나 행동으로 표현된다.

지식은 언어적, 시각적 유형으로 저장된다(Paivio, 1971). 각 개념은 서로 내적으로 연결되어 있다. 예를 들어 일출에 대한 인상을 표현하고자 할 때, 일출을 해가 떠오르는 하나의 이미지로 설명할 수도 있고, 해가 뜨는 과정을 언어적인 표현으로도 설명할 수 있다. 이러한 기억 체계와 그에 따른 특징이 교육에 주는 시사점은 새로운 정보를 제공할 때 언어적인 설명과 시각 자료를 이용한 설명을 통해 언어적/시각적 체계를 고루 활용하면 보다 효과적인 학습이 가능하다는 것이다(Clark & Paivio, 1991).

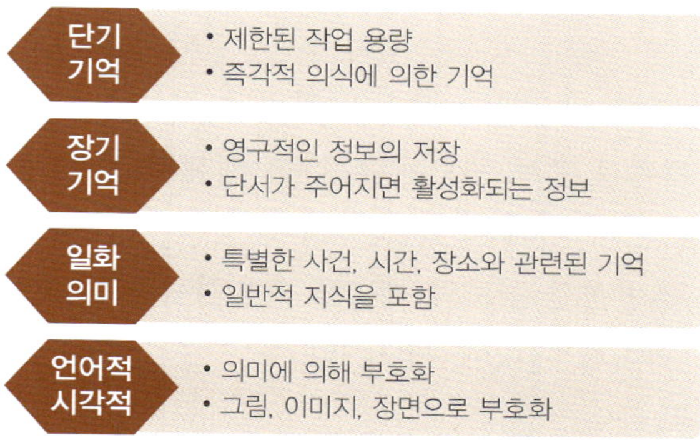

[그림 8-4] 기억체계의 구분과 특징(Clark & Paivio, 1991)

5) 정보처리 이론의 주요 요소

(1) 부호화

일반적으로 부호화는 새로운 정보에 의미를 부여하는 것에서 시작된다. 단순히 자극에 주의를 기울이고 받아들이는 것만으로 정보처리가 이루어지는 것은 아니다. 학교에서 공부를 할 때에도 입력된 정보를 다른 형태로 변환하거나 처리하여야만 학습이 이루어지는 것이다. 이처럼 부호화는 학생들의 학습에 있어 기본적이고 중요한 요소이다. 학습에 있어 부화화와 함께 중요한 요소로는 정교화와 조직화가 있다. 이들 또한 학습자의 학습에 있어 정보를 처리하는 하나의 방식을 나타내는 것이다.

(2) 정교화

정교화는 이미 알고 있는 정보와 연결 짓거나 새로운 정보를 더함으로써 정보를 효과적으로 처리하는 것이다.

정보를 처리할 때 학습자는 관련 정보를 의미있게 연관지어야 한다. 중요한 정보 위주로 연결을 짓는데, 덜 중요한 정보는 축소할 수 있고 중복되는 내용은 삭제하여 정보를 처리할 수 있다. 이러한 정교화에는 다양한 전략이 있는데, 의미 있는 정보의 암기를 위해 언어적 설명을 통해 정보를 회상하거나 머릿속에 관련 내용을 이미지화하여 정보 처리를 공고히 할 수 있다. 또다른 예시로는 연상기호가 있다. 학습자가 처리하고자 하는 정보의 앞글자만을 이용해 의미 있는 조합을 만드는 것이다. 이러한 방법을 통해 학습자는 단어들을 효과적으로 암기할 수 있다. 그런데 이 때 중요한 것은 의미있는 조합을 구성해야 한다는 것이다. 단순히 앞글자만을 이용하는 것이 아니라, 그 의미까지도 포함하여 조합을 구성하는 것이 중요하다. 이러한 의미있는 정보처리와 정교화 전략 활용을 통해 학습이 보다 효과적이고 효율적으로 이루어질 수 있다.

(3) 조직화

게슈탈트 이론에서는 잘 조직화된 자료가 더 쉽게 학습되고 기억된다고 본다(Katona, 1940). 따라서 중요한 자료를 조직화하여 암기하는 것은 학습에 효과적이다(Basden, Basden, Devecchio, & Anders, 1991).

자료를 조직화하기 위해서는 정보의 위계를 이용하는 것이 효과적이다. 가장 상위에 포괄적인 개념을 배치하고, 그 하위에 세부 개념을 제시하는 것이다. 예를 들면, 집의 하위에 초가집, 기와집 등 세부항목을 배열하고, 그 하위에 초가집을 구성하는 재료들을 배열하는 것이다. 또 다른 방법은 기억을 돕는 연상 기호를 활용하는 것이다. 단어의 기억을 위해 연상되는 부호나 이미지를 활용하는 것인데, 책상과 의자를 암기하기 위해 '책상위에 올려져있는 의자'와 같은 방식으로 암기를 도울 수 있다.

(4) 스키마

스키마는 지식을 의미 있는 체계로 조직화하는 구조를 의미하며, 이러한 스키마는 학습자의 이해 과정을 돕는다(Bartlett, 1932; Matlin, 2009).

이러한 스키마는 부호화와 정교화를 이용하여 새로운 정보를 의미 있는 구조로 변환하기에 암기와 효과적인 학습에 도움이 된다.

(5) 망각

망각은 기억으로부터 정보가 사라지는 것이다. 에빙하우스는 단어 암기 실험을 통해 망각에 대해 연구하였다. 그는 얼마나 반복적으로 제시되어야 그 단어가 암기되는지 실험하였다. 처음 단어 세트를 제시하고 기억나는 단어를 체크했을 때는 적은 단어만이 암기되고 그마저도 빠른 시간 내에 잊혀지는 결과를 보였다. 그러나 단어 세트가 반복적으로 제시될수록 단어의 암기 정도도 늘어났고, 망각되는 단어의 숫자도 줄게 되었다. 그는 이러한 실험 결과를 토대로 학습에 필요한 시간과 반복경험(시도), 망각에 대해 그래프를 제시하였다.

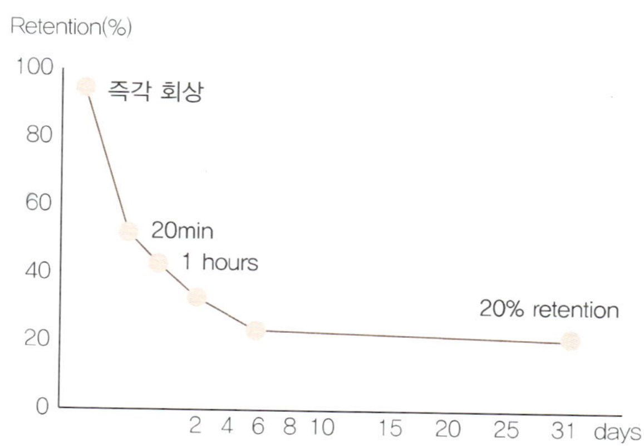

[그림 8-5] 에빙하우스 망각곡선(Ebbinghaus, 1885,1913)

Educational
Psychology
교/육/심/리/학

CHAPTER

09

학습자의 동기

1. 동기의 개념
2. 동기의 성질
3. 동기에 대한 이론
4. 동기 유발의 방법
5. 학습동기유발

1 동기의 개념

창밖에 지나가는 많은 사람들은 제각기 자기의 목적을 가지고 길을 걸어간다. 이같이 사람들은 자신이 하고 싶은 어떤 것을 성취하기 위하여 행동을 하게 된다. 배가 고프면 음식을 먹고, 졸리면 자고, 여행을 하고 싶으면 여행을 하게 된다.

그러면 우리에게 이러한 행동을 어느 환경에서나 자동으로 하게끔 해주는 어떠한 원인이 있다고 생각을 해볼 수 있다. 내일 구구단 시험을 보는 한 학생을 예로 들어보자. 이 학생은 선생님으로부터 60점 이상이 합격점이라는 이야기를 듣고, 시험 전 열심히 구구단을 외우게 된다. 동기란 바로 이와 같은 상황에서 학생의 행동에 영향을 미치는 요소이다.

동기(motive)의 사전적인 의미는 어떤 행동을 일으키게 하는 내적요인인데, 한 개인의 행동 방향을 결정하는 요인을 말한다. 다음은 여러 학자들의 동기에 대한 개념을 알아본 것이다.

맥그로우(McGraw)는 동기란 한 개인에게 주어진 일을 적당한 행동을 통하여 그 목표를 달성하게 하는 개인의 조건이라고 한다. 킹(King)은 동기란 한 개인이 어떤 목표를 향해 행동을 방향 짓는 것이라 하였는데, 먼저 동기적 상태가 주어지고 다음으로 행동의 방향이 정해지며 마지막으로 목표로 향하게 된다고 하였다. 맥메오(McMeoch)는 동기란 유기체에게 주어진 일을 하고 행동을 통하여 그것을 끝마치게 하는 조건이라 하였다. 린드슬리(Lindsley)는 동기란 어떤 목표를 향한 행동을 일으키고 방향을 잡아주고 유지하는 힘의 총합 이라고 말한다. 휴스턴(Houston)은 개인에게 행동을 시작하게 하고 방향을 지으며 행동의 강도 그리고 지속성을 유지하는 힘을 동기라고 말한다. 콤스(Combs)와 스니그(Snygg)는 자아개념을 보존하고 향상시키는 힘이라고 정의한다. 볼(Ball)은 행동을 각성하여 방향지우며 유지시키는 것을 동기라고 하였다. 거드리(Guthrie)는 개인이 느끼는 반응의 강도를 높이는 것이라고 정의 하였다.

이상의 여러 학자들의 정의를 종합해보면 동기란 어떤 유기체에게 행동을 유발시키고, 그 행동을 유지 및 지속시키며, 또한 활성화시키는 기능을 하는 것이며 학습 요소 중에 가장 중요한 요소 중에 하나이다.

1) 동기의 종류와 기능

(1) 동기의 종류

동기는 1차적 동기와 2차적 동기로 나눌 수 있다.

① 1차적 동기(primary motive): 생리적 동기를 말하는데 유기체의 신체적, 생리적 평형상태를 유지하기 위한 것이며, 생명 혹은 종족보존에 관한 것을 말한다. 예를 들면 식욕, 휴식, 수면, 성욕, 배설 등을 말한다.

② 2차적 동기(secondary motive): 사회적 동기라고 하는데, 후천적으로 습득하거나 경험을 통하여 습득된 동기를 말한다. 여기에는 소속감, 사회적 인정, 애정, 경쟁, 우월, 독립, 상벌 등 심리 혹은 사회적 요인으로 인하여 생기는 동기이다.

또한 학습과 관련된 동기는 일반 동기와 특수동기 그리고 내재적 동기와 외재적 동기로 나눌 수 있다.

① 일반 동기(general motive): 학습을 하는 상황에서 지식을 습득하고 기능을 숙달하기 위하여 활용할 수 있는 폭넓고 지속적인 경향을 이야기 한다.

② 특수동기(specific motive): 특별한 영역이나 혹은 특정한 내용을 학습할 때만 일어나는 동기를 말한다.

③ 외재적 동기(extrinsic motive): 과제나 학습과는 별도로 학생이 외부로부터 받는 강화에 의해서 만들어진 동기를 말한다.

④ 내재적 동기(intrinsic motive): 학습과 과제에 대해서 학생이 본질적으로 가지고 있는 동기를 말하는데. 이는 학습을 통한 보상과는 상관없이 학생이 능동적으로 학습에 참여하게 될 때 생기는 것이다. 여기에는 학생의 흥미, 호기심 등과 같은 요인에 의하여 생기는 것이며 학생들의 성취동기 혹은 자아실현 욕구 등과 같은 것이 있다.

2) 동기의 기능

동기에는 다음 세 가지 기능을 가지고 있다.

① 발생적 기능: 이 기능은 유기체에게 무엇인가를 해야겠다고 마음먹게 하는 출발점의 역할을 하게 한다. 즉 행동을 촉발하게 하는 기능으로 시발적 기능이라고 말할 수 있다. 유기체 내에서 동기유발은 내부의 자발적인 마음상태에서 일어나게 된다. 예를 들면 유기체 내부의 생리적 조건과 외부적 환경이 서로 조화를 이루어 행동을 일으키는 것으로 근육 혹은 신경의 반응으로 나타나는 졸음 혹은 갈증 같은 것이 될 수 있다.

② 지향적 기능: 일정한 목표를 향하여 행동을 일으키게 하는 것으로 유기체 행동의 방향을 결정하는 기능을 의미한다. 학생에게는 학습의 목표를 향하게 하여 긍정적 학습태도를 취하게 한다. 학생이 선택한 반응과 행동이 긴장을 해소시키게 되어 만족감을 주게 되면 일정한 하나의 방향으로 행동하게 되는데 이러한 방향을 정하게 하는 기능을 말한다.

③ 선택적(강화적) 기능: 인간은 자신의 생존과 만족을 위하여 가장 바람직한 방향으로 행동을 선택하고 특정한 목표를 향하여 움직이게 된다. 이러한 행동의 결과가 만족감을 주었을 때 그것을 기억하게 되며 비슷한 상황이 되었을 때에 또다시 이전과 같은 행동을 하게 된다. 그러나 개체의 욕구가 만족하지 못했을 경우에는 자신이 했던 행동을 잊어버리는 경향이 있다. 이와 같이 선택적 및 강화적 기능이란 한 개체의 행동으로 인해 만족감이나 성취감 등이 생기면 그것을 통하여 어떤 행동에 대한 의욕이 생기게 되고, 그 행동을 유지하게 되는 기능을 말한다.

2 동기의 성질

동기의 성질로는 인간행동을 촉발시키는 추동, 요구, 충동, 유인, 흥미, 가치 및 태도 등이 연관되어 있다. 다음은 중요한 동기의 성질 세 가지를 나열한 것이다.

1) 추동(drive)

유기체의 평형상태를 깨뜨리는 원인이 유기체 안에 존재할 때 그것을 추동이라고 한다. 이 추동의 성질은 인간의 1차적인 욕구와 맥을 같이 하는데 성적욕구, 공복 등과 같은 동기와 결부되어 일어난다. 이것은 유기체가 생명을 유지하는데 필수적으로 요구되는 것과 관련된다.

(1) 요구(need)

요구란 유기체의 평형상태가 깨진 후 안정을 찾기 위한 어떤 조건을 말한다. 요구는 유기체를 어떤 행동으로 인도하는 조건으로 알려져 있는데, 요구는 유기체를 행동하게 하는 작용과 목적을 달성하는 방향으로 나아가게 하는 두 가지 작용을 한다. 요구란 결국 유기체의 평형상태를 방해하는 상태이며, 유기체가 자신의 평형과 안전을 위하여 결핍된 상태를 말한다.

(2) 유인(incentive)

유기체의 행동을 유지시키고 방향을 지어주는 장면 또는 활동이다. 유기체는 어떤 때는 자극이 되어 유인을 당하지만 다른 때에는 똑같은 자극으로 유인을 당하지 않을 수 도 있으며, 똑같은 유인이지만 어떤 때는 좋게, 다른 때에는 싫게 느낄 수 도 있다.

이러한 동기의 성질은 네 가지로 설명할 수 있다. 첫째, 동기란 인간 행동 다양성의 원인이 될 수 있는데, 유기체가 동기부여 되는 원인을 한 가지로 설명하기 어렵기 때문이다. 둘째, 동기는 심리적인 면과 생리적인 면을 가지고 있다. 셋째, 동기는 개인에 따라서 다르게 나타난다. 넷째, 동기는 시간이나 공간을 초월한 목표 대상에 대해서도 작용한다.

3 동기에 대한 이론

1) 본능론

Darwin

동기 이론의 역사는 다윈(Darwin)으로부터라고 알려져 있다. 다윈은 그의 본능론에서 인간도 동물과 마찬가지로 생리적인 욕구에 의해서 행동하기 때문에 인간 행동의 동기는 통제할 수 없다고 말했다. 제임스(James)는 처음으로 인간의 본능에 대해 심리학적으로 규명하였는데, 이전에 학습하지도 않았고 결과에 대한 이해도 없이 어떤 목적을 달성하는 행동은 본능에 의한 것이라고 하였다. 그 후 손다이크(Thorndike)는 유전적 연구를 통하여 행동에 대한 본능의 중요성을 규명하였다.

동기의 본능론을 가장 강하게 주장한 사람은 맥더글(McDougall)인데 그는 인간의 모든 사고와 행동은 부모에게 유전 받은 본능의 결과라고 하였다. 이것은 학습과 경험에 따라 그 행동은 달라질 수 있다는 것을 의미한다.

정신분석학자인 프로이트(Freud)도 개인의 행동이 생득적인 힘으로부터 그 근원이 생긴다 하였다. 그는 성(性)적 행동에서 표현되는 삶의 본능(eros)과 공격행위의 바탕이 되는 죽음의 본능(thanatus)이 한 개인의 행동을 결정한다고 하였다. 그는 이러한 본능이 인간의 무의식속에서 강력한 동기의 힘을 준다고 하였다.

프로이트의 무의식 동기는 위장된 형태로 다음과 같은 행동이 나타난다.

- 꿈속에서 인간은 자신이 알지 못하는 욕망과 충동이 나타난다.
- 인간은 자신의 버릇과 말의 실수를 통하여 자신이 가지고 있는 무의식적 동기를 드러낼 수 있으며 이것은 숨겨진 동기의 표출이 된다.
- 정신병이나 혹은 다른 병의 징후 또한 한 개인의 무의식적인 욕구를 도와주고 있다.

그러나 인간의 복잡한 행동을 한 가지 본능만으로 설명하기에는 너무 많은 본능이 필요하다. 이처럼 충분한 설명이 이루어지지 못하여 이후 행동주의가 인간행동에 대한 보다 설득력 있는 이론으로 대두되었다.

2) 행동주의 동기이론

행동주의자들은 인간의 행동을 심리학적으로 발달시켜 과학적인 개념으로 도출해 내었다. 그러나 행동주의자들은 인간의 외형적으로 드러나는 객관적인 행동에만 관심을 가졌다. 이것은 행동주의자들이 관찰 불가능한 인간의 내면적 과정이나 상태 등은 과학적인 연구에 부적합한 대상이라고 생각하였기 때문이다. 그렇기 때문에 전통적 행동주의자들은 동기를 외부적으로 나타나는 모습만으로 연구하였고, 관찰이 불가능한 인간의 내적인 부분은 구체적으로 관찰하지 않았다.

Hull

행동주의에서는 인간의 동기가 사고과정을 거치지 않고 자신의 행동 방향과 힘을 결정짓는다고 보았다. 예를 들면 학습을 하는 학생들은 보상과 벌에 의하서 행동한다는 것이다. 행동주의 입장에서 보면, 동기는 학교 장면에서 칭찬, 꾸중, 상장수여 와 같은 것으로 강화될 수 있다. 그런데 인간의 모든 행동을 외적으로 나타나는 자극-반응의 공식으로만 이해하기에는 한계가 있다.

이러한 한계점을 극복하고 보완한 후 제시된 것이 신행동주의(neo-behaviorism)이다. 신행동주의의 대표적 학자인 헐(Hull)은 인간의 모든 행동이 자신의 욕구나 추동으로 인한 긴장을 해소시키는 방향으로 진행이 된다는 추동감소이론

(drive reduction theory)을 제안하였다. 그는 추동을 일차적 추동과 이차적 추동으로 구분하였는데, 일차적 추동(primary drive)이란 인간의 생물학적인 욕구인 식욕, 목마름, 졸음 등이며 이차적 추동(secondary drive)은 사회적인 욕구로 사랑, 인정받기, 창조하기 같이 일차적인 추동과의 연합으로 발생된다. 헐은 이렇게 인간의 행동을 증가시키는 내적인 욕구상태를 추동이라는 단어를 사용하여 설명을 한다.

인간은 이러한 추동을 감소시키는 방향으로 행동을 하게 되는데, 자극과 반응에 대한 정도를 습관강도(habit strength)라 한다. 신행동주의자들은 인간의 동기를 내면적 추동과 습관강도의 함수관계로 나타내게 되는데 이것이 반응경향성이다.

동기 = 반응경향성(tendency of response)
= 추동(drive) × 습관강도(habit strength)

이와 같이 신행동주의는 전통적 행동주의가 인간의 행동을 자극에 수동적으로 반응하는 것이라고 한 주장을 보완하였다.

인간의 동기를 추동의 개념을 통해서 본 행동주의적 접근은 학교에서 중요한 시사점을 주게 되는데, 그것은 학습에 대한 강화이론이다. 실제로 학교에서 칭찬 혹은 상찬 등에 의한 동기유발은 초등학교 학생들에게 보다 효과적이다. 그러나 이러한 효과에도 불구하고 동기에 대한 행동주의적 입장에 대한 다음과 같은 비판점도 있다. 첫째로 강화에 따른 동기유발은 내재적인 동기와 흥미를 저하시킬 수 있다는 것이다. 외적으로 나타나는 칭찬과 보상만을 원하는 학생들에게는 자칫 공부 자체가 아니라 외적 보상에만 관심을 기울이도록 할 수 있다. 둘째로 외적으로 학생이 교사에게 받는 꾸중 같은 것은 자칫하면 학생들이 학업에 대해 부정적인 생각을 들게 할 수도 있다.

3) 인본주의 동기이론

Rogers

인본주의 심리학(humanistic psychology)은 1960년대 초에 로저스(Rogers), 매슬로(Maslow), 앨포트(Allport) 등에 의해서 행동주의 심리학에 반하여 발전되었다.

행동주의 심리학자들은 주로 동물을 대상으로 연구와 실험을 하였지만 인본주의자들은 인간을 대상으로 한 접근을 시도하였다. 인본주의에서는 인간 혹은 자아개념(self-concept)을 강조하였는데, 인간은 자기 통제적이며 자기 조절적이기 때문에 강요와 통제 보다는 자율성과 자발성을 많이 부여해야 한다고 말한다. 인본주의 심리학에서 다루는 인간의 대상은 인간 자체를 다루며 인간의 고유한 가치, 능동적인 성장 잠재력, 창조성 등을 연구한다.

(1) 욕구위계이론

Maslow

매슬로(Maslow)는 인본주의 심리학을 대표하는 학자로 욕구의 위계(Hierarchy of needs) 이론을 제시하였다.

욕구위계이론에 따르면 인간의 욕구는 생리적 욕구, 안전 욕구, 애정과 소속감의 욕구, 자존의 욕구 그리고 자아실현의 욕구가 위계를 이루고 있고, 하위욕구 단계가 어느 정도 충족이 되었을 때 상위의 욕구가 등장한다고 주장한다.

① 생리적 욕구(physiological needs)

일차적 욕구와도 같은 생리적 욕구는 배고픔, 갈증, 수면 등이며 인간의 욕구 중 가장 기본적이고 강력한 욕구이다. 굶주린 사람은 단지 음식 먹기만을 생각한다. 그러나 굶주림이 해결되면 그 사람은 더 이상 음식에 매달리지 않는다. 이러한 생리적 욕구가 해결되지 않으면 다른 욕구가 생기기 어렵다.

② 안전의 욕구(safe needs)

안전의 욕구는 안전과 안정, 보호, 질서 등에 대한 욕구이다. 인간은 자유로운 환경보다는 한계가 분명하고 예상할 수 있는 환경에서 더 안전을 느낀다. 예를 들면 어린아이들은 잘 모르는 낯선 사람의 접근에 익숙하지 않으며 익숙하지 않는 환경에 접근하려고 하지 않는다.

③ 소속과 애정의 욕구(belongness & love needs)

생리적 욕구와 안전의 욕구가 만족스럽게 이루어지면 소속과 애정의 욕구로 발전시킨다. 이러한 욕구는 타인과 친밀한 관계를 맺고 사랑을 주고 혹은 받고 싶은 욕구이며, 사회 속에서 친구나 연인 및 동료들과의 친밀한 관계를 가지고 싶어 하는 욕구이다.

④ 존중의 욕구(esteem needs)

존중의 욕구는 자기 존중의 형태와 타인으로부터 존경받고 싶은 형태로 나타난다. 존중의 욕구가 강해지면 다른 사람으로부터 존경받기 위해 지위 혹은 명예를 추구하여 존중을 받으려고 한다.

⑤ 자아실현의 욕구(self-actualization needs)

자아실현의 욕구란 자신이 궁극적으로 추구하는 존재가 되고자 하는 욕구로, 자신의 잠재력과 능력을 최대한 실현하는 것을 말한다. 자아실현의 욕구는 지적욕구(cognitive needs)와 심미적 욕구(aesthetic needs)로 나눌 수 있다. 지적욕구란 지식 등을 알고 싶어 하는 욕구이며 심미적 욕구란 아름다움 질서 조화 등을 말한다. 매슬로에 따르면 이러한 자아실현의 욕구를 충족시키는 사람들은 인구의 약 1% 정도 된다고 한다.

매슬로는 욕구의 5단계를 제시하였는데, 그러한 5단계만으로는 인간의 학습 행동 그리고 예술이나 종교적인 몰입 행위를 설명하기 힘들었다. 이에 그는 지적욕구와 심미적 욕구를 추가로 포함시켜 7단계의 욕구위계 단계를 완성하였다. 이 7단계의 욕구위계는 아래의 4개 단계의 욕구를 결핍욕구(deficiency needs)라 하고 지적욕구, 심미적 욕구, 자아실현의 욕구를 존재욕구(being needs)라 구분하였다. 그는 존재욕구가 완전히 충족이 될 수 없으며 그것을 성취하려는 동기는 끊임없이 생기는 것으로 보았다.

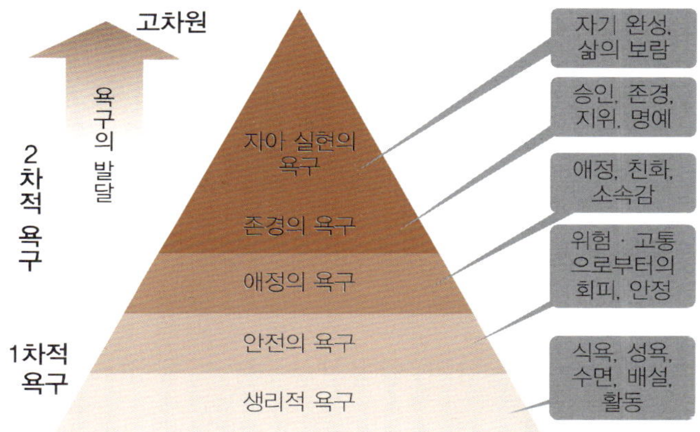

[그림 9-1] 매슬로의 욕구의 5단계

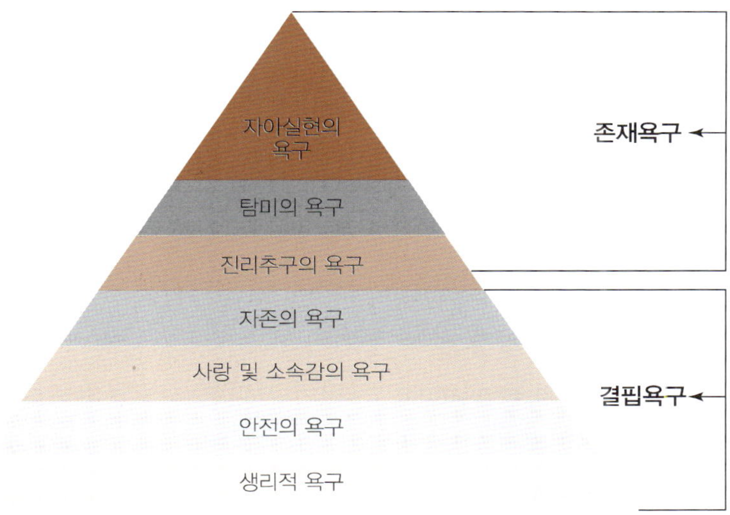

[그림 9-2] 매슬로의 욕구 7단계

매슬로의 욕구단계 이론은 학교 학습상황에서 중요한 시사점을 제공하는데 그것은 교사와 학생간의 성취하고자 하는 욕구에 차이가 있으며 그 차이로 인하여 갈등이 일어날 수 있다는 것이다. 예를 들어 학생들은 교사에게 애정이나 인정 등을 원하지만 교사가 학생들에게 원하는 욕구는 상이하여 갈등을 초래할 수 있다.

(2) 자기결정성 이론

Ryan & Deci

이전까지의 대부분의 동기이론들은 동기를 내재적인 동기와 외재적인 동기로 보고, 이분법적인 연구를 수행하였다. 그러나 최근 라이언(Ryan)은 데씨(Deci)와의 연구에서 동기란 내재적인 요인과 외재적인 요인을 이분법적으로 나누기보다는 하나의 연속선상에서 자율성(autonomy) 혹은 자기결정(self-determination)에 따라 외재적인 요인을 내재적인 요인으로 변화될 수 있는 자기결정이론을 주장했다. 이 이론은 내재적 동기 그리고 외재적 동기를 하나의 연속선상에서 보는 이론이다.

이들은 외재적 동기와 내재적 동기가 변화의 정도에 따라 여러 유형으로 구분할 수 있다고 말한다.

- 무동기(amotivation): 행동할 의도가 전혀 없는 상태이며, 과제수행에 전혀 가치를 두지 않는다.
- 외재적 동기(external regulation): 외적으로 드러나는 보상을 위하여 행동을 하며, 자기결정성이 가장 낮은 동기이다.
- 내사조절(introjected regulation): 자신이나 다른 사람들의 인정을 받기 원하며 죄책감이나 자기 비난을 피하기 위하여 행동하는데 외부통제감이나 구속감과 관계가 있다.
- 동일시조절(identified regulation): 개인은 자신의 목표와 가치 등의 중요성

때문에 행동을 한다. 그러나 수행자체에 대한 기쁨이 아니기 때문에 외재적 동기의 한 유형으로 분류된다.

- 통합된 조절(integrated regulation): 외재적 동기의 유형 중 가장 자율적인 유형이다. 자신이 받아들인 가치, 목표, 욕구와 통합될 때 일어나지만, 이것도 중요한 결과를 위하여 행동하므로 외재적이다.
- 내재적 동기(internal regulation): 가장 자율적인 동기이며, 과제 자체에 대한 기쁨으로 행동을 하게 된다.

4) 인지주의 동기이론

행동주의는 외부환경의 자극에 따라 인간의 행동이 방향지어진다고 보는데, 이러한 행동주의에 반하여 나온 이론이 인지주의 이론이다. 인지주의 관점에서 인간은 능동적이고 적극적으로 사고하는 이성을 가진 존재로 여긴다. 인지주의적인 동기에 대한 연구는 인간의 외재적인 동기 보다 내재적인 동기인 인간의 신념, 기대, 귀인 등에 중요성을 둔다. 학생이 자기의 과제에 대해 가지고 있는 기대수준, 자기 스스로 과제를 할 수 있는 능력을 가지고 있다고 믿는 자기 효능감, 자신의 성공과 실패를 설명하는 귀인이론으로 이루어진다.

(1) 기대이론

Arkinson

기대이론(expectancy theory)은 어떤 목적을 성취하기 위한 개인의 노력에 있어 기대와 믿음을 기초로 하는 이론이다. 대표적인 학자는 알킨슨(Arkinson)으로 그는 성취하고자 하는 과제에 접근할 것인지 혹은 회피할 것인지를 예측하려고 하였다. 어떤 개인이 과제에 접근하려고하는 경향을 성공 동기(motive for success: MS)라고 하며 이는 성공을 위하여 노력하는 성질을 말한다. 성취하고자 하는 과제로부터 벗어나는 경향을 의미하는 실패회피 동기(motive to avoid failure: MAF)는 성취과제로

부터 벗어나게 하는 무의식적인 요인이다. 이러한 요인들은 부모의 양육 태도에 의해서 달라지는데 성취하려는 노력에 대해 부모의 격려와 칭찬을 받았던 학생은 성공 동기가 높은 반면, 성취노력에 대해 벌을 받았던 학생은 실패를 회피하려는 강한 동기를 가지게 된다.

또한 그는 성취과제를 하려고 하는 두 가지 변인에 대해서 성공가능성 지각(perceived probability of success: PS)와 성공 유인가(incentive value of success: IS)로 나누고 다음과 같이 기대 가치이론을 주장하였다. 이것을 근거로 같은 공식을 만들어보면 다음과 같다.

성공 동기(MS) = 인식된 성공 가능성(PS) × 성공의 유인가(IS)

이 공식을 기대모델 혹은 기대-가치 모델(expectancy-value model) 이라고 하는데 그 이유는 보상에 대해서 개인이 크게 기대하고 있기 때문이다. 어떤 목표에 대한 동기는 성공가능성인 기대(expectation)와 성공에 부여된 가치(Value)에 따른다는 것이다. 즉 동기는 내가 열심히 공부하면 성공할 수 있고 내가 성공하면 그것이 내게 가치 있는 일로 여겨지게 되면서, 결과적으로 목표를 성취하고자 하는 동기를 구성한다는 것이다. 특히 성공가능성이 높은 과제에서 성공할 때보다 어려운 과제에 대해 그 목표를 성공적으로 성취할 때에 더 큰 자부심을 가지게 되는데 어려운 과목을 달성하는 성공의 유인가가 쉬운 과제의 성공의 유인가보다 높기 때문이다. 또한 성취 노력을 억제하려는 두 가지 변인이 있는데 실패가능성 지각(perception of the probability of failure: PF)과 실패 유인가(incentive value of failure: IF) 이다. 쉬운 과제 달성에 실패했을 경우에는 상당한 수치심을 느끼지만 어려운 과제 달성에 실패했을 경우에는 수치심을 덜 느끼게 된다.

성취에 대해 접근하거나 회피하려는 결과지향성(the resultant tendency to approach or avoid an achievement activity: TA)을 다음과 같이 공식으로 나타낼 수 있다.

TA = (MS × PS × IS) - (MAF × PF × IF)

교육에서 기대 가치이론이 주는 교훈은 교사들이 학생에게 과제를 내 줄 때 너무 어렵거나 혹은 너무 쉽지 않아야 한다는 것이며, 학생들이 그것을 이루고 성공할 수 있는 범위 안에 있어야 한다는 것이다.

(1) 귀인이론

인지주의 대표적인 이론중의 하나는 귀인이론(attribution theory)이다. 이 이론은 어떤 목표를 향한 실패와 성공의 결과를 자신의 행동에 대한 원인으로 귀속시키는 경향성에 대한 이론이다.

Weinner

대표적인 학자인 와이너(Weiner)는 인간은 원래부터 어떤 특정한 사건이 일어나면 그 사건에 대한 원인을 알려고 하는데, 만일 어떤 학생이 자신이 열심히 공부했던 과목의 점수가 낮게 나오면 왜 그러한 결과가 나오게 되었는지 원인을 알려고 하는데 그것이 귀인이라는 것이다. 이러한 귀인의 원인은 네 가지가 있는데, 능력(ability), 노력(effort), 운(luck), 과제의 난이도(task difficulty)이다.

그는 실패와 성공의 원인을 통제소재 혹은 통제위치(locus of control), 안전성(stability), 통제가능성(controllability)의 세 차원으로 분류하였다. 통제소재 혹은 통제 위치는 원인의 출처를 가리키는 것이다. 성공과 실패의 원인은 또다시 내부적인 것과 외부적인 것으로 나누게 되는데, 내부적인 것은 능력 혹은 노력 등이며 외부적인 것은 운이나 과제의 난이도 같은 것을 말한다.

안정성 차원은 시간과 상황이 변화가 생겨도 항상성을 가지게 되는 것인지 혹은 시간과 상황에 따라 수시로 변하게 되는지에 따라서 원인을 구별하는 것이다. 예를 들어서 학생이 가지고 있는 능력 등은 항상성이 있는 것으로 보고, 학생의 노력이나 운 은 불안정한 요인으로 항상성이 덜한 것으로 본다.

통제가능성 차원이란 학생의 의지로 통제가 될 수 있는지 혹은 통제가 불가능한지에 대한 차원이다. 학생의 노력은 통제가 가능한 것으로 보지만 운이나 과제 난이도 등은 통제가 불가능한 것으로 본다.

귀인이론이 학습에 주는 의미는 학생이 학업결과에 대한 원인을 어디에 두는지에 따라서 성취 지향적 행동의 여부와 학습동기가 결정이 된다는 것이다. 예를 들면 학생의 성공과 실패를 자신의 노력에 귀인 한다면 실패를 경험한다고 해도 포기하지 않고 계속해서 노력하게 될 것이고, 만일 성공의 실패의 결과가 운 같은 것으로 귀인 시킨다면 그 학생은 무기력에 빠질 수 있을 것이다.

(2) 자기 효능감

Bandura

반두라(Bandura)가 이야기한 자기효능감은 개인의 성취에 대한 능력 기대라고 하는데, 이러한 기대를 결과기대와 효능기대로 나눈다. 결과기대는 어떤 행동에 대한 결과를 얻으려면 무엇을 해야 하는가에 대한 지식을 말하며, 효능기대는 어떤 결과를 산출하기 위하여 필요한 행위를 할 수 있는가에 대한 신념을 의미한다.

그는 학업에서 자기 효능감을 판단하는 4가지 정보요소를 제안하였는데, 실제경험, 대리경험, 언어적 설득, 생리적 각성이다. 첫째로 실제요인(actual experience)에서는 과거의 실패와 성공이 자기 효능감 판단의 중요한 요소가 된다고 본다. 성공은 자기 효능감을 높이며 실패는 자기 효능감을 저하시킨다. 두 번째 요인은 대리경험(vicarious experience)으로 자기효능감에 영향을 준다. 학생들은 친구들이 과제를 완수하는 것을 본 후 자신 또한 과제를 완수할 수 있다는 생각을 갖게 되고, 이것이 과제수행에 영향을 미치게 된다. 세 번째는 언어적 설득(verbal persuasion)으로 부모나 교사의 격려는 학생이 앞으로 해야 할 과제에 자신감을 주게 된다. 마지막으로 생리적 각성인데 과거에 시험불안을 경험하였던 것이 부정적인 영향을 주었다면 그 학생은 자신의 수행능력에 대해 확신을 잃게 될 것이다.

이렇듯 자기 효능감은 학생이 학습을 하는 동안 학생의 사고와 행동에 영향을 주게 된다. 자기 효능감을 지니고 있는 학생은 과제를 집중하는 반면 그렇지 않은 학생은 무력감을 느끼게 되어 과제를 회피하게 된다.

(3) 자기가치이론

코빙턴(Covington)은 학생의 동기를 완숙 지향형, 실패 회피형, 실패 수용형으로 나누어 설명한다.

① 완숙 지향형(mastery oriented students)

Covington

성취에 대해 가치를 부여하고 능력을 개선 발달시킬 수 있다고 여긴다. 이 종류의 학생은 학습목표에 중요성을 두어 자신의 기술과 능력을 개선하려고 한다. 실패가 자신의 가치를 위협하지 않기 때문에 실패를 두려워하지 않으며, 오히려 실패를 통해 더 좋은 수준의 목표를 만들고 그것을 헤쳐 나간다. 또한 성공을 자기의 노력에 귀인하고 스스로 학습에 대한 책임을 지며 높은 수준의 자아 효능감을 소유한다.

② 실패 회피형(failure-avoiding students)

스스로 수행목표(performance goal)을 세우고 수행에 대해 유능감과 자기가치 수준을 만든다. 그러나 이들은 자신이 과거에 성취했던 결과를 기준으로 자신의 능력을 평가하기 때문에 확고하고 안정적인 자기가치관을 확립하기 어렵다. 이들이 과거에 성공을 했다면 그들이 알고 있는 것에 의존하여 실패를 회피하려고 한다. 혹은 어느 정도 실패와 성공을 함께 경험을 했다면 노력하지 않기, 결과에 관심 안두기 등의 실패 회피전략을 사용할 것이다.

③ 실패 수용형(failure-accepting students)

이러한 경향을 가진 학생은 자신이 피하려고 하는 실패 상황으로 자신을 인도하는 특징을 가진다. 만약 실패가 계속되어 변명거리가 없어진다면 자신이 무능하다고 생각한다. 이러한 결과는 자기 효능감을 극소화하게 되어 자포자기의 상태가 되며 실패를 수용하는 학생이 된다. 교사들은 실패수용형의 학생들이 자포자기하는 것을 막고 현실적인 목표를 가지고 노력을 할 수 있도록 지도해야 한다.

4 동기 유발의 방법

1) 외적 동기유발

외적 동기유발이란 학생이 학습에 대해 흥미와 관심이 보이지 않는 경우 활용하는 방법을 말한다.

(1) 상찬의 방법

이 방법은 외적 동기유발을 위하여 전통적으로 가장 많이 사용하는 방법이다. 헐록(Hurlock)은 초등학교 4학년에서 6학년까지 아동들을 덧셈학습에서 상찬군, 비난군, 무시군, 통제군 4가지로 나누어 통제군은 다른 방에서 나머지는 같은 방에서 매일 15분간 학습을 시켰다. 결과는 상찬과 비난에 의해서 처음에는 성적이 향상이 되었으나 조금 지나서는 상찬군에서는 계속 향상이 되었으나 비난군에서는 성적이 저하되었다. 또한 상찬군에서는 능력이 낮은 자에게서 더욱 더 좋은 성적을 내었다.

(2) 경쟁과 협동의 방법

경쟁은 개인 간 경쟁과 집단 간 경쟁으로 나눌 수 있는데 개인간 경쟁은 동기유발의 효과가 상당히 크다. 집단 간의 경쟁은 개인 간의 경쟁과는 다르게 학생의 경쟁심을 배제하고 서로 협력의 정신을 기를 수 있다는 점에서 시사성이 크다.

(3) 학습결과에 대한 정보제공

학생에게 자신의 학습결과와 진보에 대한 정보를 제공해 주는 것은 동기유발과 정반응을 더욱 촉진시키게 된다.

(5) 성취감의 자극

성취감이란 개인의 요구수준(level of aspiration)에 따라 다르지만, 일단 성공을 하게 되면 또다시 성공을 하기 위한 동기유발이 높아진다. 그렇기 때문에 교사나 부모는 학생에게 성공을 할 수 있는 과제를 제공해 주는 것이 중요하다.

(6) 학습목표의 인식

학생에게 학습 목표를 뚜렷하게 알려주고 인식시키는 것은 학습동기를 유발시킨다. 그렇기 때문에 교사는 학생들에게 학습목표가 어떠한지를 구체적이고 실제적으로 제시해야 한다.

(7) 학습자의 흥미존중

흥미란 어떤 것에 관심을 가지는 것을 말하며 학생의 흥미나 적성에 부합된 과제일수록 높은 동기유발이 발생한다. 흥미는 연령이나 개인의 고양수준에 따라 다르게 나타나며, 내적동기로서 흥미가 변하지 않는 이상 학성에게 강하게 작용한다.

(8) 부분해답의 제시

브리게(Brigge)는 적절한 시기에 부분해답을 주는 것은 동기유발에 도움이 된다고 한다. 예를 들어서 수수께끼를 내었을 때 학생들은 강한 동기를 갖지만 문제를 풀고 나면 흥미가 사라진다. 여기에서 교사들은 학생들을 동기 유발시키는 목적으로 모든 문제의 해답을 전부 알려주는 것이 좋은 동기 유발이 아님을 알 수 있다.

2) 내적 동기유발

내적 동기 유발이란 외적이 자극이 아니라 학생 스스로 학습에 대해 유발된 동기를 말한다.

(1) 호기동기(好奇動機)

호기동기란 어떤 신기하고, 놀랍고, 복잡하고, 모순 때문에 생기는 동기이다. 이것은 심리적으로 불쾌상태를 해소하기 위하여 탐색과 조작행동에 동기화 되는 것이며, 가지고 있는 지식과 거리가 멀수록 호기동기가 높아진다.

(2) 탐색 및 조작동기

학생이 스스로 호기동기를 유발하기 위해 만드는 동기유발을 말한다. 이러한 동기유발을 위하여 교사는 학생이 학습활동을 풍부하게 경험할 수 있도록 만들어 주어야 한다.

(3) 자기 원인성 동기

디참스(DeCharms)는 외부적인 동기의 원인인 상이나 벌 등에서 벗어난 자기 원인성을 가지고 동기유발이론을 말한다. 먼저 자기 주변 상황을 바르게 알고 두 번째 본인에게 실현 가능한 목표를 세우고 세 번째 필요한 수단과 계획을 세우며 네 번째는 본인이 하는 일에 스스로 책임을 지며 다섯 번째 긍정적이고 의욕적인 자신감을 가지고 동기 유발되어 목표를 향해 노력한다.

5 학습동기유발

모든 부모와 교사들은 어떻게 하면 학생들이 학습 동기유발이 될 수 있는가에 관심을 기울인다. 그러나 실제 학교에서 학생들에게 동기를 유발시키는 것은 쉽지 않다. 브로피(Brophy)는 학생들의 학습 동기는 다양한 학습기회와 사회화를 통하여 계발된다고 하였다. 켈러(Keller)는 ARSC 모델인 주의집중(Attention), 적절성(Relevance), 자신감(Confidence), 만족감(Satisfaction)을 가지고 학습자의 관심과 흥미를 자극하여 학습목표를 효과적으로 달성하기 위한 연구를 하였다.

교사는 학습상황에서 학생들이 내재적인 동기를 유발시키도록 다양한 동기유발방법을 사용해야 한다. 이와 관련하여 과제, 학급의 분위기 등의 방법에 대해서 알아보도록 하겠다.

1) 과제

학생에게 학습과제란 동기를 유발시킬 수 있는 중요한 요소이다.

① 학습과제에 대한 가치를 설명해 주어라 - 학습자는 과제에 대한 가치와 유용성에 대해 설명을 해주는 정도에 따라서 학습에 대한 흥미와 동기부여가 된다. 그렇기 때문에 교사는 과제에 대한 가치를 학생들에게 잘 설명해주어야 한다.

② 학생들에게 도전적인 과제를 주어라 - 학생의 능력보다 약간 높은 수준의 과제를 제시해야 학생들의 각성과 흥미가 유발된다. 그러나 지나치게 어려운 과제는 오히려 흥미를 떨어뜨리게 된다.

③ 학생들의 흥미를 불러일으킬 만한 과제를 제공하라 - 학생의 내재적 동기가 일어날 수 있도록 신기함, 부조화, 복잡성, 경이감 등의 요소를 갖추어야 하며 흥미를 더하기 위하여 인터넷 자료 및 시청각 자료 등을 사용하면 더 효과적으로 동기유발이 된다.

④ 학생들의 적극적인 참여와 탐구가 요구되는 과제를 제공하라 - 과제를 발표하게 하거나 역할놀이, 모의재판, 인터뷰 등 적극적으로 학생들이 참여할 수 있는 프로그램을 운용해야 한다.

⑤ 학생들에게 가능한 과제수행의 재량권을 주어라 - 학생들을 수동적이 아니라 자율적인 행위자가 될 수 있도록 하며, 과제나 평가 같은 것도 학생 스스로 할 수 있도록 하면 동기 유발에 유용할 수 있다.

2) 즉각적인 피드백 제공

학생들은 학습결과에 대해서 관심을 가지고 있으며 수행결과에 대한 피드백이 어떤 식으로 주어지는가에 따라서 학생들의 동기가 강화되거나 반감될 수 있다.

① 학생들의 지나친 경쟁심을 유발하는 평가를 피하라 - 너무 경쟁을 강조하게 되면 학생들은 숙달목표 보다 수행목표를 설정하게 되면서 구속감을 느끼게 되며 내재적 흥미가 감소가 된다.

② 과제의 성적이나 점수보다 실제 정보가 제공된 피드백을 주어라 - 학습동기가 없이 평가된 성적표는 학생들에게 진정한 흥미를 불러일으키지 못한다.

③ 평가의 기준에 대해서 명확히 제시하고 공정하게 판단하라 - 학생들이 평가기준을 정확하게 이해하는 것은 학습동기 유발에 도움이 된다.

④ 외재적 보상보다는 학생 스스로 학습의 가치를 알게 하여 내재적인 동기를 유발시키도록 해라.

3) 학급분위기

지나친 경쟁과 학업지상주의는 학생들에게 굴욕감 혹은 우월감을 형성하게 하며 또한 지나친 성적 제일주의는 교육의 본질을 저해하게 된다. 교사와 학생, 학생과 학생 간에 서로존중해주고 긍정적인 인간관계가 될 수 있도록 학급분위기를 만들어가는 것이 중요하다.

① 학생들을 존중하고 그들의 가치를 인정하라 - 학생들에게 학습 성취수준과 관계없이 그들의 가치를 존중해 주고 친밀한 관계를 유지하면 학생들의 내재적 학습동기가 유발될 것이다.

② 학생들의 자율성을 지원하는 학급분위기를 조성하라 - 학생의 자율성을 지원하는 환경은 학생들의 흥미, 유능감, 자존감, 창의력 등과 관계가 많으며 학생들 스스로 내재적인 학습동기를 가질 수 있는 환경이 될 것이다.

③ 학생들 상호간에 바람직한 인간관계 형성을 도모하라 - 학업을 떠나서 또래 간의 서로 존중해 주고 긍정적인 관심을 주는 환경은 서로 협력할 수 있으며 내적 학습동기를 줄 수 있게 될 것이다.

Educational Psychology

교/육/심/리/학

CHAPTER 10

수업이론

1. 수업의 이해
2. 수업이론

1 수업의 이해

1) 수업의 개념

학교교육의 가장 핵심적인 활동은 교실에서 이루어지는 수업이다. 수업은 의도하는 학습목표를 달성하기 위하여 체계적·계획적으로 이루어지는 활동의 총체를 의미한다. 즉 학생들이 학습목표를 성취할 있도록 설계된 여러 활동의 집합체로서 학생들의 학습과정을 지원하기 위한 활동이다.

교실에서 이루어지는 교사의 행위와 관련하여 'instruction'과 'teaching'이라는 용어들이 가장 혼용되어 사용되고 있다. 'instruction'을 수업으로, 'teaching'을 교수로 번역하는 경우도 있고 그 반대로 번역하는 경우도 있다. 또 학자에 따라서는 그 각각의 의미를 다르게 해석하는 경우도 있다.

교수를 수업보다 더 포괄적인 의미로 보는 관점에서는 수업은 교수가 특정한 시간과 장소에서 구체적으로 진행되는 상태로 학습지도에 제한되는 반면, 교수는 학습지도뿐만 아니라 생활지도, 상담활동, 학급관리 등 학생들을 가르치고 지도하는 모든 활동을 다 포함한다.

한편 교수를 수업의 일부분으로 보는 관점에서는 수업은 교수-학습활동의 설계 및 개발, 운영과 평가까지를 모두 포함하지만 교수는 교사가 교실에서 학생들을 가르치는 행위로만 제한한다.

여기서는 교수를 수업보다 더 포괄적인 개념으로 보고, 교수와 수업의 개념을 다음과 같이 설명할 수 있다(김성진 외, 1990; 문은식 외, 2015 재인용).

첫째, 교수는 학습자에게 전달하려는 내용의 성질이나 자극하려는 학습자 특성의 종류 면에서 포괄적인 개념이다. 즉 수업은 학습자의 지적·탐구적 특성을 주로 자극하는 내용을 전달하는 데 적용되는 말임에 비하여 교수는 학습자의 모든 능력을 자극하는 포괄적인 내용의 전달을 의미한다.

둘째, 교수는 학습자가 보인 변화 중에서 의도적인 것과 비의도적인 것을 모두 포함한다는 점에서 수업보다 포괄적이다. 즉 수업은 보다 의도적인 목표달성을 계획한다는 뜻이다.

셋째, 교수는 교사와 학생간의 인격적 상호작용을 전제하는 데 비하여 수업은 반드시 인격적 상호작용을 전제로 하지 않는다. 이러한 점에서 교수는 수업보다 더 포괄적이다.

넷째, 교수는 교사의 자격으로서 교사가 행하는 모든 것이라 할 수 있으며 학습지도, 생활지도, 학급경영 등 모든 활동이 포함되므로 단일하게 통일된 현상이 아닌 매우 포괄적인 개념이다. 반면 수업은 교수처럼 반드시 교사를 전제로 하지 않는다. 교사가 수업을 할 수도 있으나 프로그램 자료나 시청각매체 등을 통해 수업은 전개될 수 있다.

이상에서 볼 때 수업은 그 내용상의 범위가 교수보다 훨씬 제한적이며, 생활지도나 학급경영 등은 수업의 개념에서 제외된다.

가네(R. M. Gagné, 1967)는 학습자의 선행경험이나 동기와 같은 내적 변인들과 학습상황의 외적 변인들이 상호작용하여 학습에 영향을 미친다고 하였으며, "수업이란 학습자의 능력, 동기 등 내적 특성에 변화를 가져올 수 있도록 그러한 내적 특성들과 적절하게 상호작용할 수 있는 방법으로 학습의 외적 조건들을 조성하거나 정비하는 활동"이라고 하였다. 즉 교사는 명확한 의도를 가지고 학습자의 바람직한 행동 변화가 일어날 수 있도록 수업을 전개하며, 그 과정에서 영향을 미칠 수 있는 여러 내·외적인 조건을 계획적으로 조성한다는 것이다.

코이(Corey, 1967)는 "수업이란 개인으로 하여금 특정한 조건하에서 또는 특정한 상황에 대한 반응으로서 특정한 행동을 나타내도록 학습하게 하거나 또는 그 특정행동에 참여할 수 있도록 개인을 둘러싼 환경을 계획적으로 조작하는 과정이다"고 하였다.

따라서 수업은 정해진 목표를 달성하기 위해 학습자의 내·외적 환경을 조작해 가는 몇 가지 변인들의 상호작용 과정이라 할 수 있으며, 수업의 특징을 다음과 같이 요약할 수 있다.

첫째, 수업은 일정하게 정해진 목표에 도달하기 위한 활동이다. 그 목표는 교사의 수업과 학생의 학습의 방향을 안내한다. 따라서 수업은 계획적이고 의도적인 활동일 뿐만 아니라 목표는 사전에 정해놓은 것이기 때문에 계획이나 설계가 필요한 활동이다.

둘째, 수업은 학습자의 내·외적 환경을 조작해가는 활동이다. 내적 환경은 학습자의 심리적 환경으로 학습 동기의 유발이나 학습전략의 수립 등을 말하고, 외적 환경은 물리적 환경으로 학습을 촉진시키는 물리적인 제반 여건을 조성해주는 것을 말한다.

셋째, 수업은 여러 변인들의 상호작용 과정이다. 수업의 효과에 영향을 미치는 변인은 여러 가지로 볼 수 있으며, 또 이들 변인들 간의 영향은 상호작용적이므로 수업의 효과나 결과는 이러한 상호작용이 어떻게, 그리고 얼마나 바람직하게 이루어지느냐에 따라서 상대적으로 결정되는 것이다.

2) 수업의 변인

수업이 효과적으로 이루어지고 학습자가 수업의 목표에 도달할 수 있기 위해서는 수업과 관련된 여러 조건들, 즉 수업의 변인이 잘 갖추어져 있어야 한다.

던칸과 비들(Duncan & Biddle, 1974)은 수업은 교사와 학생간의 역동적 상호작용에 의해 이루어지므로 수업현상을 충분히 파악하고 좋은 수업을 실천하려면 전조변인, 과정변인, 맥락변인, 산출변인의 네 가지 요소의 역동적 관계를 고려해야 한다고 하였다.

첫째, 전조변인은 교사의 선행경험, 훈련경험, 교사의 특성 등 교사의 교수행위에 간접적으로 영향을 미치는 요인이다. 둘째, 맥락변인은 학생, 학교, 지역사회, 학급의 속성 등 교수-학습의 환경요인을 말한다. 셋째, 과정변인은 교실에서 관찰할 수 있는 교사와 학생의 행동요인이며, 마지막 산출변인은 교수의 결과로 나타나는 학습자의 지적, 사회적, 정서적 성장에 대한 즉각적이거나 장기적인 효과를 말한다.

라이겔루스와 메릴(Reigeluth & Merrill, 1979; 임규혁, 2002 재인용)은 수업의 변인으로 조건, 방법, 결과의 세 가지 범주를 제안하였다(<표 10-1>).

첫째, 조건변인은 교사에 의해 통제될 수 없는 제약조건을 뜻한다. 여기에는 교과내용의 특성, 목적, 학습자 특성, 제약조건 등이 있다. 교과내용의 특성인 교과의 내용과 구조, 무엇을 목적으로 가르치느냐에 따라 교수전략은 달라진다. 또한 학습자의 적성, 태도, 지속력, 학습동기, 선행학습 등의 학습자 특성과 시간, 기자재, 교수자료, 인원, 재정, 자원 등의 제약조건도 교수방법에 영향을 미치게 된다.

둘째, 방법변인은 교사에 의해 통제될 수 있는 변인이다. 방법변인은 조직, 전달, 관리의 세 가지 전략적 측면으로 분류된다. 조직전략은 교수내용을 조직하기 위한 기본적인 방법들이 포함되는데, 가르치고자 하는 내용의 범위와 깊이(거시적이냐, 미시적이냐)에 따라 교수법을 달리하는 것이다. 전달전략이란 교수과정을 이끌어가기 위한 방법에 대한 것으로 전달과 평가, 피드백 전략이 포함된다. 관리전략은 교수과정의 어느 부분에서 어떠한 조직전략과 전달전략의 요소들을 사용할 것인가와 관련되는 것이다.

셋째, 결과변인은 수업의 결과를 효과성, 효율성, 매력성이라는 세 가지 측면으로 분류한 것이다. 효과성(effectiveness)은 교수내용을 학습자가 어느 정도 획득하였는가에 의해 측정되며, 특정 교과 내용이나 목적의 달성 여부와 밀접한 관련이 있다. 효율성(efficiency)은 교수효과가 어느 정도의 노력과 시간, 비용을 들여 나타났는가와 관련이 있다. 매력성(appeal)은 학습자가 학습을 어느 정도 계속하기를 원하느냐에 따라 결정된다. 또한 학습자가 교과내용에 대한 흥미나 교수전략을 이해하고 있는 정도도 매력성의 척도가 될 수 있다.

〈표 10-1〉 **라이겔루스와 메릴의 수업변인**

수업의 조건	교과내용의 특성, 목적, 학습자 특성, 제약조건		
수업의 방법	조직전략	전달전략	관리전략
	수업내용을 조직하기 위한 방법	학생에게 수업내용을 전달하고 그에 반응하게 하는 방법	조직전략과 전달전략을 언제 어떻게 사용할 것인가에 대한 전략
수업의 성과	효과성, 효율성, 매력성		

2 수업이론

1) 글레이저의 수업이론

글레이저(R. Glaser)는 수업의 과정을 하나의 체계로 보고 수업목표의 설정, 출발점행동의 진단, 수업절차, 학습성과 평가의 4단계로 구분하는 수업모형([그림 10-1])을 제안하였다. 각 단계는 후속하는 다음 단계의 활동내용을 결정하며, 모든 단계가 환류(feedback)에 의해 유기적으로 관련되어 상호의존적이고 보완적인 관계를 이룬다.

이 모형은 수업목표를 명확하게 설정하고 학습자의 출발점 행동의 진단을 통해 수업목표를 달성할 준비가 되어 있는지를 확인한 다음 수업활동을 전개하고 목표의 달성여부를 평가하는 단순하면서도 체계적인 과정이다.

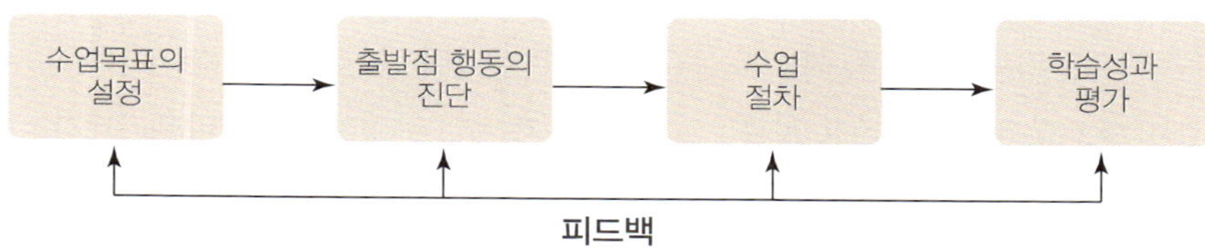

[그림 10-1] 글레이저의 수업모형

1단계의 수업목표의 설정은 수업이 전개된 다음 학생들에게 기대되는 성취행동을 진술한 것으로, 도착점 행동(terminal behavior)이라고도 한다. 수업목표는 교수-학습과정의 전체적인 방향을 안내하고 수업내용의 선정과 방법 및 평가의 준거가 된다. 따라서 목표의 진술은 구체적으로 세분화되고 명세적으로 진술되어야 하며, 다음의 학자들이 제안하는 방법을 고려해 볼 수 있다.

첫째, 타일러(R. W. Tyler)는 명확한 목표의 진술을 위해 행동목표의 진술을 주장하였으며, 행동목표의 진술은 학생들에게 나타나야 할 행동과 그 행동과 관련된 내용을 동시에 진술하는 것을 말한다.

둘째, 메이거(R. F. Mager)는 교수목표 진술의 세 가지 요건으로 도착점 행동, 상황이나 조건, 도달수준을 제시하였다. 즉 목표의 진술에 있어 학습자가 학습목표에 도달한 증거로 확인할 수 있는 도착점 행동, 그러한 행동이 일어나는 상황이나 조건, 그리고 수행행동의 성공여부를 판단할 수 있는 도달수준이 제시되어야 한다는 것이다.

셋째, 그론런드(N. Gronlund)는 교수목표를 일반적 교수목표와 구체적 교수목표로 구분하여 목표 진술에서 먼저 일반적 교수목표를 진술한 다음, 이 목표의 행동적 증거가 될 수 있는 구체적 교수목표를 진술할 것으로 제안하였다.

2단계는 학습자의 출발점행동을 진단하는 것이다. 출발점행동이란 수업을 시작하기 전에 학습자가 가져야만 하는 선수기능이나, 지식, 태도를 말한다. 즉 학습자가 수업목표를 달성하기 위한 준비가 어느 정도 되어 있는가를 확인하기 위해 이루어지는 진단평가이며, 학습자의 학습결손을 발견하고 이를 보완하거나 교정하는 활동이 이루어진다.

3단계로 수업목표의 설정과 출발점행동의 진단이 이루어지면 본격적인 수업이 전개된다. 이 단계에서는 수업의 전개가 효과적으로 이루어지고 있는지를 판단하고 개선하기 위하여 형성평가를 실시하게 된다.

4단계인 학습성과의 평가는 학습자의 도착점행동, 즉 수업목표의 달성정도를 평가하는 것이다. 이 단계에서는 목적에 따라 진단평가, 형성평가, 총괄평가를 모두 실시할 수 있다. 단위수업만의 성과를 확인한다면 총괄평가를 실시할 수 있고, 연속적으로 이어지는 수업 중의 한 차시라면 다음 차시의 출발점행동에 대한 진단평가가, 그리고 한 단원의 최종 수업목표 달성 과정의 일부로 판단되면 형성평가에 해당되는 평가활동이 이루어질 수 있다(허승희 외, 2015: 339).

글레이저의 수업모형의 특징은 수업과정을 계속적인 의사결정과 수정의 과정으로 보는 것이다. 즉 한 단원의 수업목표가 설정되면 수업목표 달성에 관련된 학생들의 출발점 행동이 진단되고 그에 따라 학생들에게 어떤 학습지도가 주어져야 할 것인가가 처방되고, 최종적으로 학습지도의 성과를 평가하도록 되어 있다. 학습성과의 평가를 통해서 지속적인 송환효과가 진행되고, 수업의 각 단계에서 이루어진 활동에 대한 수정 및 보완의 작업이 이루어진다.

이 모형은 학교에서 배우는 어떠한 교과에도 일반화될 수 있는 수업과정을 제시하여 수업활동의 개념화와 다른 수업모형을 이해하는 기본 모형이 되고 있다. 그러나 지나치게 개괄적이고 실용적 가치가 떨어진다는 비판도 있다.

2) 캐롤의 학교학습모형

캐롤(J. B. Carroll)은 학교에서 이루어지고 있는 여러 영역의 학습 가운데 특히 지적 학습에 작용하는 여러 변인들을 추출한 다음 그들 변인간의 상호관계를 토대로 학교학습의 방안을 체계화했다. 캐롤의 학교학습모형에 의하면 학습자의 학습의 정도는 과제를 학습하는데 필요로 하는 시간에 대한 실제로 그 학습을 위해 사용한 시간의 함수관계로 본다. 이 모형에 따라 학습의 정도를 백분율로 나타낸다면, 학습자가 학습에 투입한 시간량과 학습에 필요한 시간량이 같을 때 학습의 정도는 100%로 완전학습에 도달했다고 볼 수 있다. 반면 실제로 학습을 위해 사용하는 시간이 학습에 필요한 시간에 비해 적으면 적을수록 학습의 정도는 그만큼 낮아지게 된다([그림 10-2]).

$$\text{학습의 정도} = f\left(\frac{\text{학습에 투입한 시간(학습기회, 지구력)}}{\text{학습에 필요한 시간(적성, 교수이해력, 교수의 질)}}\right)$$

[그림 10-2] 캐롤의 학교학습 모형

학습의 정도, 즉 수업목표에 비추어 실제로 도달한 정도를 결정하는 변인 중에서 학습에 필요한 시간을 결정하는 변인은 적성, 교수이해력, 교수의 질이며 학습에 투입한 시간을 결정하는 변인은 학습기회와 지구력이다. 캐롤은 적성,

수업이해력, 지구력은 개인차 변인이며 학습기회와 교수의 질은 교수변인으로 이 5가지 변인의 조율을 통해 학습효과를 극대화시킬 수 있다고 하였다. 각 변인의 의미를 살펴보면 다음과 같다.

(1) 학습기회

학습기회는 일정한 학습과제를 수행할 수 있도록 학습자에게 허용된 최대한의 시간을 의미한다. 예를 들어 교사에 의해 계획된 수업시간의 배정을 들 수 있다. 학생들마다 적성, 수업이해력, 지구력에서 개인차가 있기 때문에 학급의 모든 학습자들에게 동일한 학습기회가 주어지더라도 학습의 정도는 달라질 수밖에 없다. 또 학습기회가 부족하면 과제수행이 어려워지고 너무 지나치면 학습동기가 감소될 수 있다. 따라서 학생들의 수준을 충분히 고려하여 합리적인 시간배당이 필요하며, 학습기회의 획일성을 지양할 필요가 있다.

(2) 지구력

지구력은 학습자가 과제 수행에 사용한 총 시간량을 말한다. 지구력은 학습자의 학습동기, 흥미, 인내심과 관련되는 변인이다. 즉 학습자가 특정의 학습과제에 흥미를 느끼고 과제수행에 있어 동기부여가 되면 보다 적극적으로 과지 학습에 몰두하게 된다. 따라서 교사는 학생들의 흥미를 고려하여 다양한 학습 자료와 방법을 제공하고, 학습동기가 지속될 수 있도록 학생 개개인에 맞는 적절한 수업전략을 활용할 필요가 있다.

(3) 적성

적성은 학습자가 주어진 과제를 학습하는 데 필요한 총 시간량을 말한다. 적성이 높으면 학습에 소요되는 시간은 짧아지고 적성이 낮으면 그 시간은 길어진다. 적성은 학습과제의 종류와 성질에 따라 다를 수 있으므로 특정과제에 대한 학습자의 적성을 높여준다면 학습에 소요되는 시간을 줄일 수 있다.

(5) 교수이해력

교수이해력은 학습자가 수업내용이나 교사의 설명을 이해하는 데 요구되는 일반적인 능력이다. 학교에서의 학습은 대부분 언어를 매체로 하여 이루어지므로 일반 지능과 언어능력이 복합된 것이라 할 수 있다. 캐롤은 특정과제에 따라 적성은 다를 수 있으나 수업이해력은 다양한 과제학습에 걸쳐 불변하다고 생각하였다. 그러나 교수이해력은 교사의 수업의 질에 의해서 일정 부분 개선될 가능성이 있다.

(6) 교수의 질

교수의 질은 교사의 학습과제를 제시하는 방법의 적절성을 의미한다. 교수의 질을 높이기 위해서는 학습목표나 내용을 학습자의 발달정도에 맞게, 보다 잘 이해할 수 있는 언어나 기타 수단으로 전달되어야 한다. 또 학습과제가 위계적으로 조직되고 학습자의 학습활동에의 참여를 이끌어내며 학습자 개개인의 흥미나 욕구를 충족시킬 수 있도록 계획되고 실행되어야 한다. 교수의 질이 좋을수록 학습자의 교수이해력과 지구력을 향상시킬 수 있다.

3) 브루너의 수업이론

브루너(J. S. Bruner)의 수업이론은 학생들에게 지식과 기능을 학습시키는 가장 효과적인 방법에 관한 일반적인 원리와 규칙을 제시하고 있다는 점에서 처방적, 규범적 이론이라 할 수 있다. 그는 지식의 구조를 이해하고, 기존의 지식과 새로운 정보를 통합하는 과정(인지적 구성주의)을 학습이라고 보았다. 그는 이 과정에서 학습자가 일반적인 원리 및 법칙을 이해하도록 교사의 지도와 귀납적 추론을 통한 발견학습을 강조하였다.

발견학습은 학문의 결과보다 사고과정을 중요시하며 학습자에게 교과를 최종의 형태로 제공하는 것이 아니라 그 최종 형태를 학습자 스스로 조직하도록 요구한다. 이때 교사는 학습자의 인지구조를 파악하고 개념에 맞는 자료를 제시해주며, 학생의 질문에 답을 할 때는 개념의 정의보다는 탐구의 과정을 일깨워 주는 안내자의 역할을 해야 한다(박형근 외, 2016: 263).

그러므로 발견학습에서 학습자는 능동적으로 학습내용과 지식의 구조를 파악하고, 교사는 새로운 학습자료를 구조화하여 제시함으로써 학습자가 그것을 자신의 지식구조와 관련짓고 그 속에서 새로운 원리와 법칙을 발견하고 새로운 지식구조로 발전시켜나가게 된다. 브루너는 발견학습의 구현에 필요한 네 가지 요소로서 선행경향성, 지식의 구조, 학습계열, 강화를 제시하였다.

(1) 선행경향성

학습 선행경향성은 학습하고자 하는 의욕 또는 경향으로 학습준비도, 출발점 행동과 유사한 의미이다. 학습자의 학습 선행경향성을 자극하기 위한 방안으로 학습목표의 구체적인 제시, 학습자의 호기심 유발, 학습내용의 적절한 수준의 불확실성, 실패에 대한 불안감 제거, 학습결과에 대한 명확한 인식 등이 있다.

(2) 지식의 구조

지식의 구조란 각 학문에 내재되어 있는 핵심적인 아이디어나 기본 원리 및 개념을 말한다. 특정영역의 지식을 이해한다는 것은 그 영역과 의미있게 관련된 것을 받아들이는 방식을 이해하는 것을 뜻한다. 특정 영역의 지식의 구조를 이해하면 새로운 명제를 산출하며 지식의 조작능력을 증진시킬 수 있다는 것이다.

지식의 구조는 표현방식, 경제성, 생성력의 세 가지 특징을 갖는다. 표현방식이란 지식의 구조는 학습자의 발달수준에 따라 다양한 방식(작동적, 영상적, 상징적)으로 표현될 수 있음을 의미하며, 경제성은 지식의 구조를 학습하면 기억해야할 정보의 양과 문제해결을 위해 학습해야할 정보의 양이 줄어든다는 것이며, 생성력은 지식의 구조의 학습은 다른 영역의 학습에의 전이와 적용 가능성을 더 크게 만든다는 것이다.

(3) 학습계열

학습계열이란 학습자가 이해하기 쉽게 학습내용을 순서대로 조직하는 것을 말한다. 브루너는 학습자료는 학습자가 이해, 변형, 전이하는 데 도움이 되도록 순서대로 조직하여 제시하여야 한다고 하였다. 학습자의 인지발달단계에 따라 최적의 학습계열은 달라지며, 최적의 학습계열을 정할 때는 학습자의 선수학습, 인지발달수준, 학습과제의 성격, 학습태도와 동기 등을 고려해야 한다.

(4) 강화

강화는 학습결과에 따른 보상으로서 학습의 증진에 필요하다고 본다. 학습자의 학습수행 향상을 위해 내적 보상과 외적 보상의 적절한 균형을 맞추는 것이 필요하다. 성공에 대한 외적 보상이 필요할 수도 있지만 외적 보상은 성공한 수준의 행동만 되풀이하게 될 가능성이 있다. 내적 보상은 학습결과를 통해 얻는 만족감과 발견의 기쁨으로서 브루너는 내적 보상에 의한 강화가 외적 보상보다 더 큰 강화가를 가진다고 보았다.

4) 가네의 학습위계모형

가네(R. M. Gagné)는 학습을 단순한 성장과정이 아닌 인간의 성향 또는 학습능력의 변화라고 보며, 이 변화는 어떤 유형의 성취 행동을 할 수 있는 향상된 학습능력을 의미한다. 또한 학습은 그 종류와 수준에 따라 서로 다른 조건하에서 이루어지고, 단순한 것에서 복잡한 것으로 혹은 저차원에서 고차원으로 발전하는 위계를 이룬다. 가네의 모형은 한 단계의 학습은 다음 단계 학습의 필수적인 선행요건이 되는 학습위계(learning hierarchy)에 기초를 두고 있다.

가네는 학습에 영향을 미치는 변인들을 언어적 정보, 지적 기능, 인지전략, 태도, 운동기능의 5가지 영역으로 분류하였고, 이 영역들이 각각 학교교육을 통해 길러 주어야 할 학습목표가 된다고 하였다. 또한 이 학습목표의 유형에 따라 학습자의 내부에서 진행되는 학습의 과정인 학습자의 내적 조건과 수업의 절차를 의미하는 수업의 외적 조건이 달라져야 한다.

(1) 학습목표의 유형

교수-학습과정을 통해 개발하고 성취되어야 할 중요한 학습목표를 간략하게 설명하면 다음과 같다.

첫째, 언어적 정보는 자신의 생각을 언어적으로 표현할 수 있는 능력이다. 학습자가 어떤 정보를 올바르게 진술하고 표현하는 것은 중요한 학습목표이다. 특히 언어적 정보는 학교 교과내용의 많은 부분을 차지할 뿐만 아니라 계속적인 학습을 위해서도 반드시 필요하다 하겠다.

둘째, 지적기능은 문자나 숫자와 같은 상징적 부호를 이용할 수 있게 되는 개인 내부의 지적 작용을 의미한다. 즉 지적 기능은 무엇을 할 수 있는지 그 방법을 아는 것으로 방법적 지식 혹은 절차적 지식이라 할 수 있다.

셋째, 인지전략이란 개념이나 원리를 이용하는 지적 기능의 특수 영역으로 개인의 학습, 기억, 사고와 행동을 지배하는 전략적인 지적 기능이다. 즉 인지전략은 개인에 따른 독특한 내적 기능으로 새로운 문제해결에 필수적인 능력이다.

넷째, 운동기능은 단순한 운동반응에서부터 복잡한 운동반응까지를 포함하는 신체적 기능을 의미한다.

다섯째, 태도는 특정한 사물이나 인물에 대한 개인의 반응(선택)에 영향을 미치는 내적 경향성을 의미한다.

(2) 학습위계

가네는 위의 5가지 학습목표 중에서 위계가 가장 분명한 영역으로 지적 기능을 강조하였다. 지적 기능의 8가지 하위영역으로 신호학습, 자극-반응학습, 연쇄학습, 언어학습, 변별학습, 개념학습, 원리학습, 문제해결학습이 있으며, 이들 요소간의 상호관계는 위계적인 형태로 이루어져있다(<표 10-2>). 따라서 학습과제는 이 위계에 맞게 순서대로 구성되어야 한다고 하였다.

〈표 10-2〉 지적 기능영역의 학습위계

학습	내용
⑧ 문제해결학습	여러 원리들 중 주어진 문제해결에 적합한 원리들을 선택하여 적용하는 학습
⇧	
⑦ 원리학습	개념과 개념간의 관계를 파악하는 능력을 획득하는 학습
⇧	
⑥ 개념학습	공통된 속성을 이해하고 그것을 기준으로 하여 사물을 분류하는 학습
⇧	
⑤ 중다변별학습	여러 대상의 차이점을 비교하여 각기 다르게 반응하는 변별능력과 이 변별이 둘 이상 포함되는 중다변별능력을 획득하는 학습
⇧	
④ 언어학습	연쇄학습의 한 종류로서 일련의 자극-반응 연결들이 언어로 이루어진 경우에 발생하는 학습
⇧	
③ 연쇄학습	어떤 순서에 따라 자극과 반응이 연결되어 이루어지는 학습
⇧	
② 자극-반응학습	특정 자극에 대해 능동적 반응을 하는 학습(조작적 조건화)
⇧	
① 신호학습	자극이나 신호에 대해 정서적 반응을 하는 학습(고전적 조건화)

가네는 특정과제의 학습에 있어 선수학습 능력을 확인하기 위해서는 학습과제를 분석해야 한다고 하였다. 학습과제의 분석은 최종 수업목표를 달성하기 위해 순서대로 학습해야 할 선행능력이나 하위기능을 찾아내는 일련의 절차를 말한다. 여기에는 학문적인 내용체계의 분석, 즉 학습해야 할 지식을 사실, 개념, 원리 등으로 분석해서 그것을 어떤 학문적인 질서로 체계화시키는 작업과 학습해야할 능력을 분석하는 방법, 즉 수업목표 달성을 위해 어떤 능력을 학습해야 하고 이 능력을 학습하기 위해 또 다른 어떤 능력을 학습해야 하는지를 분석해 들어가는 방법이다.

(3) 학습의 조건

가네에 의하면 학습목표의 유형에 따라 학습의 조건도 달라져야 하며, 학습의 조건은 학습자의 내적 조건과 교사가 제공하는 외적 조건으로 구분된다. 학습자의 내적 조건이란 학습자가 학습목표 달성에 필요한 선행학습능력을 갖추고 있어야 함을 의미하며, 외적 조건은 교사에 의해 외부에서 가해지는 교수 및 환경조건을 의미한다. 효율적인 교사는 효과적인 수업을 전개하기 위해 학습자의 내적 조건과 외적 조건이 적절히 결합되도록 해야 한다. 학습목표의 유형에 따른 학습조건은 <표 10-3>과 같다.

〈표 10-3〉 **학습목표별 학습의 조건(Reigeluth, 1983; 허승희 외, 2015 재인용)**

학습목표의 유형	내적 조건	외적 조건
언어적 정보	• 광범위하게 의미 있는 맥락 회상하기	• 광범위한 맥락에서 새로운 정보 제시하기
지적 기능	• 새로운 기능의 하위요소가 되는 이전에 학습한 기능 • 이전에 학습한 기능을 회상하거나 새로운 형태로 조직하기	• 하위 기능의 회상을 촉진하기 • 수행목표를 제시하기 • 질문, 힌트 등으로 학습을 안내하기 • 학습한 기능을 새로운 사례에 적용하도록 하기
인지전략	• 관련 원리와 개념을 회상하기	• 해결방안이 모호한 새로운 문제상황을 연속적으로 제시하기 • 학생 스스로 문제해결 과정을 시범해 보이기
운동기능	• 운동의 연쇄를 구성하는 요소들을 회상하기	• 수행의 하위단계를 설정하거나 회상하기 • 운동기능을 연습하기
태도	• 목표로 하는 행동과 관련된 정보 및 기능을 회상하기	• 타인에 대한 존중을 설정하거나 회상하기 • 직접 경험 혹은 존경하는 사람의 관찰을 통한 대리적 경험에 따른 개인적 행동의 보상

(4) 수업사태

가네는 학습의 과정에서 학습자 내부에서 일어나는 인지처리과정을 분석하여 단위수업시간에 적용할 수 있는 수업사태를 세 가지 범주(학습준비, 획득과 수행, 학습의 전이)로 나누어 다시 아홉 단계로 구분하였다(<표 10-4>). 여기서 수업사태란 학습자의 내적 학습과정이 잘 진행되도록 외적인 도움을 주는 방법이다.

수업사태는 학습준비, 획득과 수행, 학습의 전이의 세 가지 범주로 구분된다. 첫째, 학습 준비는 수업의 도입단계로 학습이 전개될 상황을 조성하며 학습자로 하여금 학습에 참여하게 한다. 둘째, 획득과 수행은 수업의 전개단계에 해당되며 새로운 능력이 학습되는 단계이다. 셋째, 학습의 전이는 정리단계에 해당되며, 새로운 학습목표가 획득된 이후 다양한 장면에 적용하고 일반화시킬 수 있도록 하는 것이다.

〈표 10-4〉 가네의 수업사태

	수업사태	기능
학습 준비	1. 주의집중 2. 기대 3. 자동기억으로 재생	• 학습자로 하여금 자극에 경계하도록 한다. • 학습자로 하여금 학습목표의 방향을 설정하도록 한다. • 선행학습능력의 재생을 자극한다.
획득과 수행	4. 선택적 지각 5. 의미론적 부호화 6. 재생과 반응 7. 강화	• 중요한 자극특징을 작업기억에 일시적으로 저장하도록 한다. • 자극특징과 관련정보를 장기기억으로 전이시킨다. • 저장한 정보를 재현해서 반응행동을 하도록 한다. • 학습목표에 대해 학습자가 가졌던 기대를 확인시켜 준다.
학습의 전이	8. 재생을 위한 암시 9. 일반화	• 이후 학습력 재생을 위해 부가적 암시를 제공한다. • 새로운 상황으로의 학습 전이력을 높인다.

5) 오수벨의 수업이론

브루너의 발견학습이 구체적인 학습 정보에서 일반적인 원리로 학습해가는 귀납적 학습방식을 따른다면, 오수벨(D. P. Ausubel)은 일반적인 원리나 규칙을 학습한 후 세부적인 정보를 학습해 가는 연역적 학습과정을 제안하였다. 또한 교사가 교육내용을 체계적으로 정리하여 학생들이 알기 쉬운 형태로 제시할 경우 브루너의 발견학습보다 더 효과적인 수업이 될 수 있다고 주장하였다. 따라서 그의 수업이론은 수업의 주된 수단인 교사의 설명 방법을 체계화하여 교실학습을 의미 있게 하려는 데 목적을 두고 있다.

수업은 교사와 학생간의 언어매체를 통해 가르치고 배우는 과정이기 때문에 교사의 언어적 설명은 학생이 의미 있게 이해할 수 있는 것이어야 한다. 교사의 역할은 단순히 학습과제를 제시하는 것이 아니라 이전의 학습과제와 논리적으로 관련지어 제시하여야만 학생들이 그 과제를 의미 있게 받아들일 수 있다고 한다.

유의미 언어학습 이론을 전개하기 위하여 오수벨은 2가지 변인으로 인지구조와 학습과제를 서로 관련짓고 있다. 학습내용은 학습자의 인지구조와 상관이 있으므로 학습자의 인지구조에 맞게 학습내용을 조직하는 것이 중요하다는 것이다.

(1) 유의미 학습과제와 인지구조

새로운 학습과제는 유의미한 것이어야 한다. 과제의 유의미성은 과제의 논리적 유용성을 말하며 이것은 그 과제가 실사성과 구속성을 지닌 것을 말한다.

실사성(substantiveness)이란 그 구조와 내용을 어떻게 표현하더라도 그 의미와 본성이 변하지 않고 절대적인 개념, 법칙, 이론, 명제 등에 내재된 본질적인 특성을 말한다. 반면 구속성(nonarbitrariness)은 초기에 학습자가 임의로 인지구조와 연결한 과제가 시간이 지나면서 고착되는 것을 말한다. 이는 새로운 학습과제가 학습자의 인지구조와 연결될 가능성을 보이고 기존 개념과 새로운 학습과제의 관계를 확립하는 데 합당한 근거가 있을 때 이루어질 수 있다.

따라서 학습과제가 실사성과 구속성을 가질 때 유의미한 학습이 일어나며, 이때 학습자는 학습과제를 자신의 인지구조와 의미 있게 관련짓게 되고 유의미한 학습이 일어나게 된다.

인지구조는 학습자가 유용하게 활용할 수 있는 사실, 개념, 원리 및 이론 등으로 이루어진 통합된 지식체계를 말하며 그것은 상호계열성과 위계성을 지닌다. 즉 인지구조는 포괄적이고 추상적인 상위인지와 구체적이고 사실적인 하위인지로 이루어져있다. 오수벨은 학습을 포섭(subsumption)으로 보고 먼저 학습된 선행지식들은 다음에 학습될 지식의 포섭자의 역할을 하게 된다. 즉 포섭이란 학습자의 인지구조에 이미 존재하고 있는 개념이 새로운 개념이나 아이디어를 흡수하여 인지구조에 정착시키는 기억작용을 말한다. 그러므로 유의미한 학습이 일어나기 위해서는 학습자의 인지구조에 새로운 학습과제와 연결될 수 있는 관련 정착 지식이 존재하고 있어야 한다. 관련 정착 지식이란 학습자의 인지구조에 이미 형성된 포섭자를 말하며, 이것은 학습과정에서 새로운 개념과 관계를 맺을 수 있는 근거가 된다. 다시 말해 포섭한다는 것은 유의미한 학습과제를 기존의 인지구조에 통합한다는 것이며, 새로운 학습과제가 인지구조에 포섭되기 위해서는 인지구조 속에 관련 정착 지식이 있어야 한다는 것이다.

(2) 3단계 수업이론

오수벨의 수업이론은 1단계에서 선행조직자를 제시하고, 2단계에서 학습과제나 학습자료가 제시되며, 그리고 3단계에서는 인지조직에 대한 강화가 이루어지는 단계들로 구성된다([그림 10-3]). 먼저 학습을 촉진시키기 위하여 학습 시작 전에 의도적으로 제시하는 포섭자를 선행조직자라 부른다. 선행조직자는 새로운 학습을 받아들일 수 있는 인지구조를 마련하기 위하여 학습자료 제시 이전 수업의 도입단계에서 수업의 내용이나 그 요점을 포괄적·추상적으로 압축하여 시사해 주는 언어적 설명을 말한다. 선행조직자의 역할은 새로운 정보를 인지구조 내에 포함시키기 위한 발판을 마련하는 것으로 학습자가 이미 알고 있는 자료와 새 자료를 연결시켜 주는 것이다.

2단계의 학습과제 및 자료 제시는 학습자료를 제시하고 주의집중을 유지하며 학습자료의 논리적 조직 등으로 학습활동이 진행된다. 마지막 3단계인 인지조직의 강화는 새로운 학습과제를 학습자의 인지구조와 관련시키는 것이다.

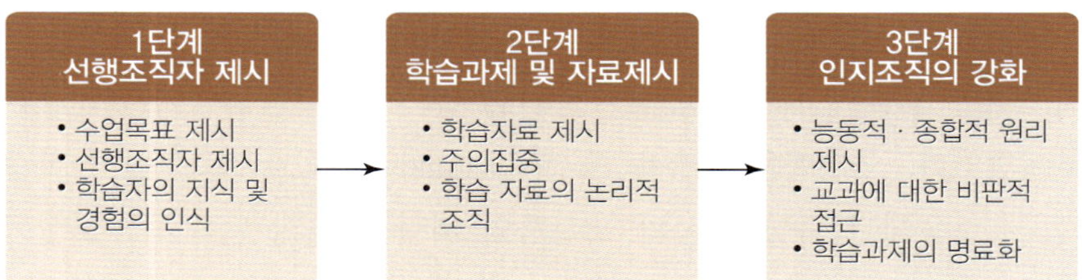

[그림 10-3] 오수벨의 3단계 수업이론

오수벨(Ausubel)의 수업이론은 유의미한 학습이 일어나도록 하기 위해 학습자의 인지구조와 학습과제의 유의미한 관련성을 강조하고 또한 선수학습의 중요성에 대한 이론적·논리적 설명을 제공한다. 그러나 설명식 수업은 교사위주의 수업이 될 수 있고 교사의 능력이나 자질에 따라 수업의 질이 좌우될 수 있다는 문제점도 있다.

Educational Psychology

교/육/심/리/학

CHAPTER 11

생활지도와 상담

1. 생활지도
2. 상담
3. 상담이론

1 생활지도

1) 생활지도의 개념

생활지도라는 말은 영어의 가이던스(guidance)에서 유래되어, '지도하다', '이끌다', '안내하다', '조언하다' 등의 의미를 지니고 있다. 즉 생활지도는 학생들의 올바른 성장과 적응을 돕기 위해 교사가 바람직한 방향으로 이끌며 안내하고 지도하는 활동이다.

생활지도는 학생들의 직업진로 지도에서 시작되었으나, 그 영역이 보다 확대되어 오늘날에는 거의 모든 교육활동영역(학업지도, 직업지도, 건강지도, 여가선용지도, 사회성 지도, 인성지도 등)을 포괄하게 되었다. 즉 생활지도는 학습지도와 상호 밀접한 관련성을 가지면서 학교현장에서 중요한 교육활동이 된 것이다.

생활지도는 학생 개개인이 부딪치는 여러 가지 문제들, 즉 교육적, 직업적, 인간관계적, 심리정서적 문제 등을 스스로 해결할 수 있도록 지도·안내함으로써 학생의 건전한 성장과 적응을 돕기 위한 활동이다. 또한 생활지도는 학생들의 문제행동을 교정하는데 초점을 맞추기보다 학생들로 하여금 자기 자신과 주변상황을 이해하고, 문제상황에 적절히 대처하여 극복할 수 있는 힘을 길러주기 위한 조력활동이다. 이재창(1988: 39)은 "생활지도는 개인으로 하여금 자기 자신과 주변세계를 이해해서 현명한 선택과 적응을 하며, 건전한 사회구성원으로 성장·발달할 수 있도록 조력하는 과정"이라고 하였다.

사전적 정의에서는 생활지도를 "학생의 건전한 성장과 발달을 촉진하기 위하여 생활과정에서 나타나는 현실적 문제를 개인의 특성에 맞게 지도하는 일로서, 개인생활과 사회생활에서 만족감과 행복감, 효능성을 증진하고 개인의 자아실현을 도모하는 것을 목적으로 한다"고 정의되고 있다. 임창재(2005: 415-416)는 "생활지도는 학습자로 하여금 자기가 가지고 있는 능력, 흥미, 성격 등의 특성을 이해하도록 하여 이를 최대한으로 발전시켜 나가며 자신의 생활목표와 결부시켜 바람직한 민주시민으로서 원만하고 성숙한 자기지도를 이루게 하는 과정"이라고 하였다. 이와 같이 볼 때 생활지도는 학생들로 하여금 자신의 문제를 스스로 해결할 수 있도록 돕고, 자신의 잠재력을 이해하고 발견하여 최대한 발전시켜나갈 수 있도록 하며, 합리적인 사고와 의사결정을 통해 올바른 선택과 판단을 할 수 있게 하고 나아가 자기개발과 자아실현을 통해 행복한 삶을 영위할 수 있도록 지원하는 지속적인 교육활동이라 정의내릴 수 있다.

생활지도의 특성을 보다 구체적으로 살펴보면 다음과 같다.

첫째, 생활지도는 특정한 학생뿐만 아니라 모든 학생들을 대상으로 한다. 생활지도는 실생활에서 어려움을 겪거나 문제행동 또는 부적응행동을 나타내는 학생들뿐만 아니라 일반의 모든 학생들을 대상으로 하는 활동이다.

둘째, 생활지도는 학생들이 자율성과 책임감을 기르도록 돕는다. 생활지도는 학생들의 문제를 교사가 대신 해결해주는 것이 아니라 학생들 스스로 자신의 문제를 책임감을 가지고 해결해갈 수 있도록 지원하는 과정이다. 즉 학생의 자율성과 자기 책임이 수반되는 자기지도(self-guidance)능력을 기를 수 있도록 조력하는 활동이다.

셋째, 생활지도는 학생들의 바람직한 성장을 조성하는 활동이다. 생활지도는 학생들의 바람직하지 못한 행동을 훈육하고 교정하는데 중점을 두기보다 학생 개개인의 인격을 존중하고 교육적 지도노력을 통해 그들의 바람직한 성장을 돕는 활동이다.

넷째, 생활지도는 예방을 목적으로 한다. 생활지도는 학생들이 당면문제를 스스로 해결하도록 돕는 활동이지만, 문제가 일어나지 않도록 사전 예방활동을 보다 중요시한다. 즉 학생들의 문제행동이나 부적응 행동에 대한 대처보다는 그러한 문제가 일어나지 않도록 학생들을 지도하는 교육활동인 것이다.

다섯째, 생활지도는 심리학적이고 과학적 기초 위에서 이루어진다. 생활지도는 학생들에 대한 심리학적 이해 없이 무계획적으로 이루어질 수 없다. 다양한 도구와 방법 등을 통해 학생들에 대한 보다 정확하고 객관적인 정보를 수집하고 그것을 토대로 지도가 이루어질 때 보다 나은 효과를 기대할 수 있다.

2) 생활지도의 목표

생활지도는 학생들의 전인적 성장과 발달, 자아실현, 적응 및 문제해결능력의 향상과 같이 교과교육만으로 충족될 수 없는 교육적 요구에 따라 보다 전문적인 지도영역으로 그 중요성이 강조되고 있다.

인적자원의 개발과 그 적절한 활용에 대한 사회의 요구는 학생들의 능력을 발견하고 발전시켜야 한다는 점과 급격하게 변화하는 사회 환경에 대처하고 적응할 수 있는 인재의 육성을 강조하고 있다. 또한 우리 사회에 만연한 물질만능주의와 사행심, 입시중심의 학교교육이 안고 있는 문제점, 학생들의 탈선과 비행의 증가 등은 보다 전문적인 교육기능으로서 생활지도의 필요성을 강조하게 되었다. 이러한 필요성에 따라 생활지도가 학생들에게 도움을 줄 수 있는 직접적인 목표는 다음과 같다.

첫째, 학생들로 하여금 자신에 대한 올바른 이해를 할 수 있도록 돕는다. 학생들이 자신의 특성이나 문제를 정확하게 인식하지 못하면 전문적인 지도가 주어져도 성장의 경험이나 문제해결을 기대하기 어렵다. 따라서 생활지도는 먼저 학생들로 하여금 자신에 대해 보다 정확하고 객관적인 이해를 할 수 있도록 지원함으로써 자기성장의 기회를 가질 수 있도록 하는 데 그 목표가 있다.

둘째, 학생 개개인이 스스로의 노력으로 자신의 능력과 소질을 발견하여 그것을 최대한 발전시키게끔 한다. 생활지도는 학생들이 자신의 잠재능력을 발견하고 최대한 계발함으로써 성장·발전할 수 있는 경험을 제공하는 것이다.

셋째, 학생 개개인이 당면한 문제를 정확히 파악하여 스스로 해결할 수 있도록 돕는다. 자율적인 문제해결능력의 향상은 자신의 문제를 인식하고 그에 따른 결과에 대해 책임을 지는 것이다.

넷째, 학생 개개인이 다양한 생활환경 속에서 현명한 선택과 적응을 할 수 있게 한다. 즉 사회의 급속한 변화 가운데 학생들이 올바른 선택과 가치판단을 통해 주변환경에 잘 적응할 수 있도록 한다.

다섯째, 학생들로 하여금 현재의 생활과 함께 장래생활에 대하여 독자적으로 행동을 취하고 사회에 기여할 수 있는 인간으로 성장할 수 있는 기초를 마련하도록 한다. 타인의 권유나 지도에 의해서가 아니라 자율적이고 독립적인 판단과 선택, 책임감 있는 결정력을 개발하는 것이다.

여섯째, 학생들의 정신건강의 유지와 증진을 목표로 한다. 학생들은 일상생활에서 수많은 욕구좌절과 갈등, 압박으로 인하여 불안과 긴장감을 경험하게 되고 때로는 심각한 고민이나 장애를 경험하게 된다. 이러한 부정적 경험은 정신건강을 위협하므로 생활지도를 통하여 불안과 긴장의 해소를 경험하게 하여 정신건강을 유지, 증진할 수 있도록 한다.

일곱째, 학생들의 전인적 성장을 지원한다. 생활지도는 학생들이 신체적, 인지적, 정서적, 사회적으로 조화로운 발달을 이룰 수 있도록 조력함으로써 그들이 보다 만족스러운 생활과 삶을 영위할 수 있도록 한다.

생활지도는 학생들 개개인의 성장과 발달에 도움이 되는 직접적인 목표 외에 학교의 교사나 학교행정가에게 도움을 줄 수 있는 간접적인 목표를 가진다.

첫째, 교사들로 하여금 학생들을 보다 정확하게 이해할 수 있도록 돕는다

둘째, 교사들이 학생의 문제와 행동을 분석하고 이해하는 기술, 즉 생활지도에 임하는 바람직한 기술이나 태도를 갖게 한다.

셋째, 교사 자신이 다루기 어려운 학생들의 문제는 전문가에게 의뢰할 수 있도록 해준다.

넷째, 생활지도를 통해 나타나는 학생들의 문제를 기관과 논의하여 교육활동에 반영할 수 있다.

다섯째, 지역사회로부터 필요한 정보를 얻고 또한 학교의 정브를 지역사회에 제공함으로써 기관과 지역사회 간의 교량 역할을 할 수 있다.

여섯째, 생활지도 활동은 지역사회와 학생들의 다양한 요구에 대한 연구를 통해 그 결과를 학교의 교육과정, 학생지도 활동, 생활지도의 계획 등에 반영할 수 있다.

3) 생활지도의 영역

생활지도의 영역을 학생들이 경험하는 문제유형에 따라 구분할 수 있는데 교육지도, 인성지도, 진로지도, 사회성지도, 건강지도, 여가지도, 가정생활지도가 있다.

(1) 교육지도(educational guidance)

학생들의 학업과 학교생활의 효과적인 적응을 돕는 영역이다. 여기에는 학교생활 전반에 대한 안내, 교과목 및 특별활동 선택을 위한 지도, 효과적인 학습방법에 대한 지도, 학습부진아 및 특수아 지도와 그 외 상급학교 진학을 위한 지도 등이 포함된다.

(2) 인성지도(personality guidance)

인성지도는 학생 개개인의 심리정서적인 안정과 바람직한 품성을 형성하도록 돕는 영역이다. 여기에는 긴장, 불안, 욕구불만, 무기력, 과한 열등감과 우월감 등의 정서문제, 대인관계나 사회활동 등의 사회적 문제, 가족관계 문제, 가치관의 문제, 불건전한 습관과 태도 등에 대한 지도가 포함된다.

(3) 진로지도(vocational guidance)

학생들이 자신의 능력과 적성에 맞는 직업을 탐색하고 선택할 수 있는 기회를 제공함으로써 자신의 진로에 대한 올바른 의사결정을 할 수 있도록 돕는 것이다. 이를 위해 진학 및 직업상담, 다양한 직업세계에 대한 정보와 자료 수집 및 제공, 직업적성 발견, 직업준비교육, 직업적 능력의 발달 등에 대한 지도가 이루어진다.

(4) 사회성지도(sociality guidance)

학생들이 타인과 올바른 관계를 맺고 유지하는 데 필요한 바람직한 행동과 태도, 가치 등을 발달시킬 수 있도록 지도하는 영역이다. 사회규범, 도덕적 가치, 관용과 배려, 봉사와 협동, 합리적인 의사소통방식 등에 대한 지도가 포함된다.

(5) 건강지도(health guidance)

학생들의 신체적·정신적 건강에 필요한 습관과 태도 등에 대한 적절한 조건과 지도를 통해 건강을 유지하고 증진할 수 있도록 돕는 것이다. 신체적 건강을 위해 신체장애에 대한 상담, 질병예방 및 체질 개선, 보건 및 건강교육, 안전교육 및 지도가 있다. 정신적 건강은 불안, 신경증, 정신질환에 대한 이해 및 예방을 위한 정신위생 및 정신건강교육이 있다. 그 외 흡연, 음주, 약물 복용 등에 대한 지도도 포함된다.

(6) 여가지도(leisure-time guidance)

학생들이 여가시간을 효과적이고 생산적인 방법으로 활용할 수 있도록 돕는 것이다. 여가시간을 취미활동, 오락활동, 감상활동, 창작활동, 봉사활동 등으로 보냄으로써 다양한 경험과 폭넓은 교양을 쌓게 하고 학업 스트레스를 해소하여 신체적·정신적으로 새로운 활력을 얻을 수 있도록 지도하는 영역이다. 교사는 학생들이 자신에게 적합한 활동을 선택하고 그 활동에 보다 숙련될 수 있도록 필요한 도움을 제공하게 된다.

(7) 가정생활지도

학생들이 가족과 원만한 관계 속에서 만족스러운 가정생활을 할 수 있도록 지도하는 영역이다. 가족구성원들과의 가치관의 차이나 갈등, 불만족 등으로 인해 부적응 상태에 있는 학생들의 문제해결을 위한 상담과 지도가 포함된다.

4) 생활지도 활동

생활지도를 효과적으로 이끌기 위해 필요한 제반활동으로 학생조사활동, 정보제공활동, 상담활동, 정치활동, 추수활동 등이 있다.

(1) 학생조사활동(student inventory survice)

생활지도가 효과적으로 이루어지기 위해서는 학생들에 대한 이해는 필수적이다. 학생조사활동은 학생들의 개별성을 파악하고 그들을 이해하는 데 필요한 기초자료와 정보를 조사·수집하는 활동이다. 학교의 생활기록부, 가정환경조사서, 교우관계 조사 등과 함께 학생들의 학업성취도, 적성, 성격, 흥미, 자아개념 등을 측정하기 위한 심리검사가 이 영역의 활동이 된다. 수집된 정보는 객관적이고 신뢰할 수 있어야 하며, 문제해결에 필요한 사실과 요인이 포함되어 있어야 한다. 또한 학생 개개인의 정보는 기록, 보관되어 이후 학생들을 위한 지도와 상담에서 활용된다.

(2) 정보제공활동(information service)

학생들이 자신의 문제를 올바르게 판단하고 해결하기 위해서는 자신과 주변환경을 정확하게 이해하고, 관계되는 여러 조건을 정확하게 평가할 수 있어야 한다. 정보제공활동은 학생들에게 필요한 정보를 제공하여 문제해결을 위한 올바른 의사결정과 자기 자신과 주변 환경을 이해하는 데 도움을 주고자 하는 것이다.

학생들에게 제공되는 정보는 교육정보, 직업정보, 개인적·사회적 정보가 있다. 교육정보는 학습활동 수행과 관련된 정보로서 학교생활, 입학조건, 교육과정, 수강신청, 장학금 제도와 도서관 이용법 등에 대한 정보를 말한다. 직업정보는 직업과 관련된 일체의 정보로서 사회와 직업세계의 변화, 직업적성, 취업준비, 근로조건 및 미래전망 등에 대한 정보를 의미한다. 개인적·사회적 정보는 자신과 타인을 이해하는 데 도움이 되는 정보로서 자기이해, 대인관계, 여가활동, 행동규범, 성교육 등에 관한 정보를 말한다.

(3) 상담활동(counseling service)

상담은 생활지도에 있어 가장 핵심적인 영역이다. 대부분의 생활지도가 상담활동으로 이루어지고 있기 때문이다. 상담은 그 분야의 전문지식을 갖추고 있는 상담자와 도움을 필요로 하는 내담자 간의 직접적인 대면관계를 통하여 학생들의 자기이해와 문제해결력을 신장시키며, 자율성 향상과 적응을 돕는 활동이다. 상담활동은 상담자의 접근방식이나 내담자의 요구와 문제에 따라 그 진행절차와 방법이 다를 수 있다. 그러나 상담의 기본 목표는 내담자에게 영향을 주어, 문제가 되는 행동을 변화시킴으로써 보다 생산적이고 만족스러운 삶을 살아갈 수 있도록 하는 데 있다.

(4) 정치활동(placement service)

학생들에 관해 수집된 정보와 상담결과 등을 토대로 학생들이 올바른 의사결정과 선택을 할 수 있도록 돕고, 적절한 위치에 배치하는 활동을 말한다. 즉 학생들이 취업, 진학, 교육과정, 교과 및 특별활동 등의 선택에 있어 합리적이고 현실적인 의사결정을 하도록 돕고, 의사결정에 필요한 정보를 제공하고 조정하는 활동이다. 따라서 정치활동은 취업지도, 진학지도, 진급지도, 교과지도 등에서 학생들이 자신의 능력과 적성을 파악하여 그에 따라 적절한 선택을 할 수 있도록 돕는 것이다.

(5) 추수활동(follow-up service)

생활지도를 받은 학생들에 대한 사후관리를 통하여 학생들의 문제해결 및 적응의 정도와 학교생활 등을 파악해보고 필요한 도움을 제공하기 위한 활동이다. 또한 추수활동을 통해 나온 자료는 학교의 생활지도 프로그램의 평가와 개선을 위해 활용된다. 추수활동의 목적은 학생의 지속적인 성장을 돕고, 생활지도 프로그램의 개선점을 찾아 보다 효율적인 생활지도 활동이 되도록 하는 데 있다.

2 상담

1) 상담의 정의

상담(counseling)은 라틴어의 'consulere'에서 유래된 것으로 '고려하다, 반성하다, 숙고하다, 조언을 구하다' 등의 의미를 갖고 있다.

일반적으로 상담은 도움을 필요로 하는 내담자와 조력자로서 전문적 훈련을 받은 상담자가 직접적인 면접을 통해 문제를 해결한다는 의미로 사용된다. 또한 내담자의 행동을 바람직한 방향으로 변화시키기 위한 전문적인 조력과정, 내담자의 인간적인 성장을 위해 노력하는 학습과정으로 설명되고 있다.

교육학사전에서는 "상담이란 전문적 지식과 기술을 갖고 있는 상담자가 도움을 필요로 하는 내담자로 하여금 자신과 환경에 대한 이해를 증진시키고 합리적이고 현실적이며 효율적인 행동양식을 증진시키거나 의사결정을 내릴 수 있도록 원조하는 활동"으로 정의하고 있다. 박성수(1998)는 상담을 "내담자와 상담자 간에 수용적이고 구조화된 관계를 형성하고, 그 속에서 내담자가 자기 자신과 환경에 대해 의미 있는 이해를 증진하도록 함으로써 내담자 스스로 효율적인 의사결정을 하고 여러 심리적 특성을 긍정적인 방향으로 변화시키도록 도와 성장과 발전을 촉진하는 심리적 조력과정"으로 정의하고 있다(송인섭 외, 2013 재인용). 노만영(2005)도 상담은 "전문적 훈련을 받은 상담자와 조력을 필요로 하는 내담자가 상담활동의 공동주체로서 내담자의 자각확장을 통해 문제 예방, 발달과 성장, 문제해결을 달성함으로써 그의 삶의 질을 향상시키기 위해 함께 노력하는 조력과정"이라고 하였다(장성화 외, 2015 재인용).

상담에 대한 여러 정의들을 토대로 상담의 개념을 다음과 같이 요약할 수 있다.

첫째, 상담은 개인 대 개인관계, 즉 상담자와 내담자가 얼굴을 맞대고 대화하는 대면적 활동이다.

둘째, 상담은 언어적·비언어적 수단에 의한 역동적 상호작용이다.

셋째, 상담은 전문적 조력과정이다.

넷째, 상담은 내담자가 현명한 선택과 결정을 할 수 있도록 돕는 관계이다.

다섯째, 상담의 궁극적 목적은 내담자의 자기성장이다.

따라서 상담은 상담자와 내담자가 대면적 상호작용을 통해 내담자로 하여금 문제해결을 위한 올바른 선택과 의사결정을 하도록 하고 내담자의 성장과 발달을 촉진시키며 긍정적 변화를 가져오기 위한 전문적인 조력과정이라 할 수 있다.

2) 상담의 목표

(1) 행동변화의 조장

상담의 목표는 학생들의 일상생활과 대인관계 및 적응에 위협이 될 수 있는 문제행동을 개선시키는데 있다. 학생들이 학교생활의 적응과 인간관계 등에서 문제를 일으키는 자신의 행동특성을 파악하고, 그 행동을 감소 혹은 제거시킴으로써 문제가 해결될 수 있도록 돕는 것이다. 행동의 바람직한 변화는 학생들로 하여금 보다 생산적이고 만족스러운 생활을 누릴 수 있도록 하고 자기 가치감을 높일 수 있다.

(2) 문제의 해결

상담의 목표는 내담자가 안고 있는 문제를 해결하는 데 있다. 상담자는 내담자의 문제와 욕구를 정확하게 파악하고 그에 따라 적절한 상담기법을 활용하여 문제해결을 위한 적극적인 노력을 기울이게 된다. 이 과정에서 내담자 스스로 자신의 문제를 인식하고 문제해결을 위하여 노력할 수 있도록 돕고 상담자와 내담자간 협력적인 관계를 유지하는 것이 필요하다.

(3) 인간관계의 개선

학생들이 겪는 어려움은 인간관계적 문제에서 비롯되는 경우가 많다. 부모, 형제, 친구, 교사 등과의 관계에서 문제가 생길 때 학생들은 긴장하고 상처받고 고립감과 패배감 등을 경험하게 된다. 이때 심리적으로 위축되고 관계에 대해 지나치게 자기방어적이 될 때 원만한 인간관계를 형성하기가 어렵다. 개인의 삶의 질은 다른 사람들과의 관계의 질에 크게 좌우된다. 그러므로 상담을 통해 학생들이 인간관계에서 발생하는 문제를 지혜롭게 해결하고 바람직한 인간관계를 형성하고 유지할 수 있는 방법과 태도를 학습할 수 있도록 필요한 도움을 제공하게 된다.

(4) 의사결정의 촉진

상담의 목표는 학생들이 자신의 문제와 관련하여 올바른 선택과 결정을 내릴 수 있도록 하는 데 있다. 내담자의 자기이해와 더불어 선택과 결정에 영향을 주는 정서와 태도에 대해서도 이해할 수 있도록 하며, 자신이 처한 상황과 문제를 정확하게 파악하여 적절한 의사결정을 할 수 있도록 돕는 것이다. 따라서 상담에서는 선택과 결정의 필요를 내담자가 인식하여 이에 요구되는 정보를 수집하여 평가하고 선택하는 인식의 기능을 증진시키며, 이에 관련된 정서적인 태도를 함양할 것을 강조하게 된다. 결과적으로 현재의 선택과 결정뿐만 아니라 미래의 선택과 결정을 효율적으로 할 수 있도록 원조하는 것이 목표이다(정용부 외, 2006: 138).

(5) 잠재능력의 신장

누구나 자신의 잠재적인 능력이나 재능, 적성 등을 잘 이해하여 파악하고 또 개발하고자 노력하게 되는 것은 아니다. 상당수의 학생들이 자신의 적성이나 능력보다 부모의 기대나 사회적 기준에 맞춰 진로나 직업을 선택하는 경우가 있고 결과적으로 그 삶에 만족하지 못할 때가 있다. 상담의 목표는 내담자가 인식하지 못하는 자신의 잠재적인 능력을 발견할 수 있도록 돕고 최대한의 개발을 통해 스스로 자기를 실현할 수 있는 사람으로 성장할 수 있도록 하는 것이다.

(6) 건전한 가치관의 확립

상담은 내담자로 하여금 건전한 가치관을 확립하도록 돕는 활동이다. 개인의 가치체계는 그의 사고와 행동의 기준이 된다. 바람직한 가치관을 가진 사람은 개인적으로나 사회적으로 올바른 판단과 행동을 할 가능성이 있지만, 가치관이 명확하지 않거나 부정적일 때는 일관적이고 올바른 판단과 행동을 하기가 어렵다. 특히 청소년 시기는 가치관의 혼란과 갈등을 경험하는 시기이기 때문에 그들이 올바른 가치관을 형성할 수 있도록 하는 것은 상담의 중요한 목표가 된다.

3) 상담의 기본원리

비에스텍(F. Biestek)은 도움을 요청하는 모든 내담자들에게 공통적인 기본감정 및 태도의 유형이 존재하며, 이러한 기본적인 인간욕구를 충족시키고 원활한 문제해결을 위한 상담자와 내담자간 긍정적인 관계를 형성하기 위하여 다음과 같이 상담의 7가지 기본원리를 제안하였다(김홍규, 1984 재인용).

(1) 개별화

개별화는 내담자 개개인의 독특한 자질을 알고 이해함으로써 각 개인을 도와줌에 있어 상이한 원리나 방법을 활용하는 것이다. 즉 인간은 불특정한 한 인간으로서가 아니라 개별적인 차이를 지닌 특정한 인간으로 처우되어야 함을 말한다.

(2) 의도적 감정표현

이는 자기감정, 특히 부정적 감정을 자유로이 표현하려는 내담자의 욕구에 대한 인식에서 비롯된다. 상담자는 내담자의 표현을 적극적으로 경청하고, 그의 감정표현을 낙담시키거나 비난하지 말아야 하며, 치료 상 필요한 경우 자극을 주고 격려해주어야 한다. 내담자는 적극적인 감정표현을 통해 긴장이나 압박으로부터 벗어나 자신의 문제를 좀 더 객관적으로 명확하게 볼 수 있게 된다.

(3) 통제된 정서관여

내담자와의 면접은 주로 정서적인 면과 관련되기 때문에 상담자는 내담자의 감정에 호응하기 위해 정서적으로 관여하게 된다. 이 관여는 통제되어지는 것으로 사례의 목적에 따라, 내담자의 욕구 변화에 따라, 또는 상담자의 전문적인 판단에 따라 그 방향이 설정되어야 한다.

(4) 수용

수용이란 상담자가 내담자의 장점과 약점, 바람직한 성격과 그렇지 못한 성격, 긍정적 감정과 부정적 감정, 건설적 혹은 파괴적 태도나 행동을 포함해서 그의 그대로를 이해하고 다루어 나가는 하나의 행동상의 원칙이다. 즉 내담자의 존엄성과 그 인격의 가치에 대한 관념을 계속 유지해 나가야 한다. 그러나 수용은 정상적인 길에서 벗어난 태도나 행동을 시인한다는 것은 아니다. 수용의 대상은 선한 것(the good)이 아니라 참된 것(the real)이다.

(5) 비심판적 태도

문제나 욕구발생의 원인에 있어서 내담자의 잘못이나 책임여부를 배제하는 것을 말한다. 그러나 상담자는 내담자를 이해하기 위해 그의 태도나 행동에 대한 객관적인 판단(평가)을 하고 있어야 한다.

(6) 자기결정

상담과정에서 내담자의 자기선택과 결정을 내릴 수 있는 자유로운 권리와 욕구를 인식하는 것이다. 상담자는 내담자로 하여금 필요한 외적 자원을 활용할 수 있도록 돕고 내담자의 자기결정을 존중하며 그 잠재력을 자극하여 활용할 수 있도록 한다. 즉 자기결정은 내담자가 전 과정에 적극적으로 참여할 수 있도록 하고, 자기문제를 스스로 해결하는 과정을 통하여 잠재력을 개발하고 인격적 성장을 이룰 수 있도록 돕는 것이다.

(7) 비밀보장

비밀보장은 내담자의 기본욕구이므로 상담자는 이에 응할 책임이 있다. 그러나 내담자의 비밀보장 권리는 절대적인 것은 아니다. 때로 내담자의 비밀을 기관 내 다른 전문가들에게 밝혀야 할 경우가 있는데 이 경우 비밀보장의 의무는 다른 전문가들에게도 확대 적용된다.

4) 기본적인 상담기법

상담자가 내담자를 심리적으로 조력하고 효율적이고 성공적인 상담이 전개되기 위해 필수적으로 요구되는 상담기법이 있다.

(1) 수용

수용은 인간의 가치와 존엄성에 대한 인식에서 출발하며, 다음과 같은 의미가 있다.

첫째, 내담자는 발달하는 존재로서 그 자체만으로 존중받아야 한다.

둘째, 내담자의 여러 특성들(신체적, 성격적, 지적, 도덕적)을 있는 그대로 수용하는 것이다.

셋째, 내담자의 행동을 평가하기 이전에 그 행동을 과장하거나 왜곡시키지 않고 하나의 사실로서 받아들이는 것이다.

상담자가 내담자를 판단하고 평가하려는 태도는 내담자를 불안하게 만들며, 상담자의 수용적인 태도는 내담자로 하여금 평가에 대한 두려움 없이 솔직한 자세로 상담에 임하게 만든다.

(2) 적극적 경청

적극적 경청은 내담자의 이야기를 수동적으로 듣기만 하는 것이 아니라 내담자의 언어적 요소와 비언어적 요소(표정, 음성의 변화, 몸짓)에서 전달되는 모든 것에 관심을 집중하는 것이다. 상담자의 적극적 경청은 내담자로 하여금 자신의 생각과 감정을 적극적으로 표현할 수 있게 하고, 그 과정에서 자신에 대한 반성적 사고와 통찰의 기회를 얻게 된다. 또한 상담자는 경청하는 과정에서 내담자의 심리적 곤란과 갈등의 본질을 알게 되고 그 의미를 파악할 수 있게 된다.

(3) 명료화

명료화는 내담자가 표현한 내용의 실체를 요약해 주는 것이다. 즉 내담자가 막연하고 애매하게 표현한 것을 간결하고도 명확하게 말해줌으로써 내담자가 미처 자각하지 못하고 있던 생각과 감정을 이해할 수 있도록 하는 것이다. 이때 상담자는 내담자가 표현하는 바를 주의 깊게 경청하고 한편으론 객관적인 입장을 유지하는 것이 중요하다.

(4) 반영

반영은 내담자의 말과 행동에서 표현된 기본적인 감정, 생각 및 태도를 다른 참신한 말로 부언해주는 것이다. 이때 상담자는 내담자 내면의 감정을 파악하는 것이 중요하다. 적절한 반영은 내담자와의 의사소통을 촉진시키고, 내담자는 자기이해뿐만 아니라 상담자로부터 이해받고 있다는 느낌을 갖게 되며 상담관계의 형성을 촉진한다.

(5) 직면

직면은 내담자가 모르고 있거나 인정하기를 거부하는 생각과 느낌에 대해서 주목하도록 하는 상담자의 언급(지적)이다. 직면은 내담자 스스로 깨닫지 못하고 있지만 그의 말이나 행동에서 어떤 불일치가 발견될 때, 내담자로 하여금 자신의 욕구에 의해서만 상황을 바라볼 것이 아니라 상황을 있는 그대로 볼 수 있도록 할 때 그리고 상담에서 어떤 화제를 피하거나 다른 사람의 의견이나 생각 등을 받아들이려하지 않을 때 사용될 수 있다(김청자, 정진선, 2015: 119).

(6) 해석

해석이란 내담자가 지금까지 명확하게 의식하지 못하고 있는 어떤 사고, 감정 또는 행동에 대해 내담자에게 이것이 어떤 의미를 지니는지 상담자 나름대로의 가설이나 추리를 해주는 것을 말한다. 즉 내담자가 새로운 관점에서 자신의 문제를 보고 그 대안을 마련할 수 있도록 돕는 것이다.

해석은 내담자가 갈등의 원인과 부적응의 문제를 부분적으로라도 이해하고 있고, 자신의 참모습을 직면할 만큼 준비가 되어 있을 때 효과적으로 받아들이고 통찰과 이해를 증진시킨다. 또한 해석은 내담자와 라포형성이 되었을 때 신중하게 이루어져야 하며, 한 번에 여러 가지 해석을 하는 것도 효과적이지 않다.

3 상담이론

1) 정신분석 상담이론

(1) 개요

정신분석학자인 프로이트는 인간을 비합리적이고 결정론적 존재로 가정하며, 인간의 행동은 기본적으로 생물학적 충동과 본능을 만족시키려는 욕망에 의해 동기화된다고 본다. 또한 무의식 속에 억압된 과거의 경험이 인간 행동의 동기로서 작용하며, 특히 인간의 행동과 성격 발달에 있어 생후 5세까지의 심리성적 사건에 관한 경험이 결정적인 영향을 미친다고 주장하였다.

정신분석 상담이론에서는 인간의 부적응행동은 무의식적 동기나 갈등에 그 원인이 있으며, 무의식 속에 억압된 갈등이 해결되지 않으면 심리적 긴장을 야기시키고 심한 경우에는 여러 가지 외적 증상으로 나타난다고 본다. 따라서 내담자의 무의식 속에 억압된 과거의 경험을 의식차원으로 끌어올려 자각하도록 하여 자신의 행동을 이해하고 통찰함으로써 부적응의 문제를 해결하고 의식수준에서 행동할 수 있도록 돕는 것이 상담의 목표이다.

(2) 상담목표

정신분석 상담이론에서는 인간의 정서적 곤란과 부적응행동은 대부분 무의식적 갈등이나 억압에 원인이 있다고 본다. 그러므로 상담의 목표는 내담자로 하여금 부적응 행동의 원인이 되는 무의식적 갈등을 의식화시켜서 행동의 동기를 각성하고 통찰할 수 있게 하여 의식수준에서 행동할 수 있게 도우려는 것이다. 즉 강화된 자아의 힘으로 증상과 관련된 정신적인 원인을 해소함으로써 심리적 문제를 해결하는 것이다.

(3) 상담기법

정신분석적 상담에서 사용되는 기법은 주로 내담자의 문제행동과 부적응의 원인이 되는 무의식적 경험을 의식화하는데 초점을 둔다. 여기에는 자유연상법, 해석, 꿈의 분석, 전이의 분석이 있다.

① 자유연상

내담자로 하여금 어떠한 생각이나 감정도 억압하지 말고 마음속에 떠오르는 것이면 무엇이든 말하도록 하는 방법이다. 이를 통해 내담자는 억압된 과거의 경험을 회상하고 억압된 감정을 표출하게 되며 문제의 원인이 되는 단서를 찾아낼 수 있고, 상담자는 내담자의 무의식적 갈등을 이해하고 해석하는 데 활용할 수 있다.

② 해석

해석은 꿈이나 자유연상, 저항, 상담관계 등에서 나타난 내담자 행동의 의미를 상담자가 지적하고 설명하고 가르치는 것을 말한다. 즉 무의식적 경험이 의식수준으로 떠오르는 것을 방해하는 심리적 저항이 있을 때 그 저항을 이해하도록 하거나, 내담자의 문제가 내부적 정신작용과 관련되어 있음에도 이를 의식하지 못할 때 그 관련성을 설명해주는 것이다.

③ 꿈의 분석

프로이트는 현실적으로 이루어질 수 없는 무의식적 욕망이나 소망이 꿈속에서 나타난다고 하였다. 그러므로 꿈의 분석을 통해 내담자의 무의식적인 동기를 이해하고 문제에 대한 통찰을 얻을 수 있다고 본다. 상담자는 내담자가 자신의 꿈을 기억하도록 하고, 자유연상법을 통해 꿈이 가지고 있는 잠재적 의미를 찾아낼 수 있어야 한다.

④ 전이의 분석

전이는 내담자의 무의식 갈등과 관련된 경험에서 중요한 인물에 대한 생각이나 감정을 상담자에게 그대로 투사하는 것이다. 즉 의미 있는 타인들과의 관계에서 경험했던 억압된 감정을 상담자에게 재현하는 심리적 현상이며, 전이는 내담자의 무의식이 의식의 표면으로 올라오는 것으로 전이의 분석은 내담자로 하여금 과거의 영향이 어떻게 작용하는지를 통찰하게 해 준다.

2) 인간중심 상담이론

(1) 개요

인간중심 상담이론은 인본주의 심리학자인 로저스(C. Rogers)에 의해 확립된 이론이다. 로저스에 의하면 인간은 기본적으로 자유로우며 자신의 행동에 책임을 지고, 자신 속에 자신을 이해하고, 자아개념의 기본적인 것을 변형시킬 수 있는 방대한 자원을 가지며, 합리적이고 건설적인 방향으로 지속적으로 성장해 나가는 미래지향적인 존재이므로 이런 선천적인 잠재력을 발휘할 수 있는 조건들만 적절히 제공되면 무한한 성장과 발달이 가능하다고 하였다(김청자, 정진선, 2015: 140).

박형근 등(2016: 307-308)은 인간중심 상담이론의 인간관을 다음과 같이 요약하고 있다. 첫째, 인간은 저마다 독특한 주관적인 경험세계 속에서 존재한다. 둘째, 인간은 저마다 자기의 경험세계 속에서 자기가 지각한대로 반응한다. 셋째, 인간은 자아실현의 경향성을 타고 난다. 적절한 조건이 갖추어지면 그 성향은 능동적이고 자율적으로 타고난 가능성을 실현하는 방향으로 활성화된다. 넷째, 인간은 감정적 혹은 지성적으로만 행동할 때보다는 온전한 인간으로 존재할 때 효율적이고 생산적이다. 즉 감정과 생각이 조화를 이루어 행동으로 나타날 때 인간은 가장 능률적이다. 감정과 생각이 분리되어 있으면 갈등을 경험하거나 비효율적인 행동을 하게 되고, 자신의 일부를 억압하거나 왜곡하게 된다. 감정이 배제되면 목표지향적인 행동을 성공적으로 지속하기 어렵다.

인간중심 상담이론에서는 상담자의 태도와 인간적인 특성, 그리고 내담자와의 관계의 질을 강조한다. 특히 상담자가 상담과정에서 지켜야할 필수조건으로 무조건적 긍정적 존중, 공감적 이해, 진솔함을 강조한다. 내담자는 자신의 모든 것을 수용하여 존중해주며, 자신의 경험을 공감적으로 이해해주는 상담자와 진솔한 대화를 나눌 수 있을 때 왜곡하고 부인해 왔던 자신의 진정한 모습을 자각하고 수용하게 되고 자기개념과의 통합을 이루게 된다는 것이다. 상담자는 내담자가 자신의 특성과 경험을 열린 마음으로 탐색하여 자각하게 함으로써 있는 그대로의 자기 모습을 더 잘 수용하고 존중할 수 있도록 성장촉진적인 분위기를 제공하는 것이다.

(2) 상담의 목표

인간중심 상담이론의 목표는 내담자의 자기실현을 통해 '충분히 기능하는 사람(fully functioning person)'이 되도록 돕는 것이다. '충분히 기능하는 사람'은 자신의 경험을 부인하거나 왜곡하지 않고 그대로 인식하고 받아들인다. 실제 경험하는 것과 지각된 경험 간의 불일치 또는 자아개념과 경험 간의 불일치는 결과적으로 내적인 긴장과 혼란을 초래한다. 따라서 부적응행동은 개인의 자아가 왜곡된 결과이므로 내담자가 자신의 경험을 보다 잘 자각하고 인식하여 있는 그대로의 자기 모습을 수용하는 것이 중요하다.

로저스는 '충분히 기능하는 사람'은 최적의 심리적 적응과 최적의 심리적 성숙을 이루며 경험에 완전하게 개방된 사람이라고 하였으며 다음과 같은 특징을 갖는다고 하였다. 첫째, 경험에 개방적이다. 둘째, 실존적인 삶을 산다. 셋째, 자신을 신뢰한다. 넷째, 자유롭다. 다섯째, 창조적이다.

(3) 상담기법

인간중심 상담에서는 상담자와 내담자와의 상담관계 형성을 위해 상담자의 태도를 강조한다. 로저스는 상담자가 취해야할 태도로서 진실성, 무조건적 긍정적 존중, 공감적 이해를 들었다.

① 진솔성

진솔성은 일치성으로 상담자가 내담자와의 관계에서 나타내는 반응의 순간순간 그의 내적 경험과 합치되는 상태를 말한다. 즉 상담자는 상담과정에서 내담자와 관련되어 떠오르는 느낌이나 생각을 있는 그대로 솔직하고 충실하게 표현할 수 있어야 한다. 상담자의 진솔성은 내담자 자신의 경험에 대한 개방과 접촉을 촉진하게 된다.

② 무조건적 긍정적 수용

무조건적 긍정적 수용은 내담자를 진단하고 평가하기 이전에 있는 그대로 받아들이며 무조건적이고 긍정적으로 존중하는 것을 말한다. 내담자에 대한 전적인 신뢰와 수용은 내담자 자신의 자기이해와 긍정적인 변화의 가능성에 대한 통찰을 가져올 수 있다.

③ 공감적 이해

내담자의 감정과 경험을 내담자의 입장에서 민감하고 정확하게 공감하고 이해하는 것이다. 즉 내담자의 내면세계를 마치 자신의 내면세계인 것처럼 느끼는 것이다. 상담자의 내담자에 대한 공감적 이해는 내담자가 자연스럽게 그리고 깊이 그 자신을 생각하고 자신에 대한 이해를 증진시키도록 돕는다.

3) 행동주의 상담이론

(1) 개요

행동주의 상담이론은 행동주의 심리학의 학습원리를 심리치료에 응용한 것이다. 이 이론에서는 인간의 내면적 요소, 즉 내적 동기, 욕구, 충동 보다는 겉으로 드러나는 객관적이고 관찰 가능한 외현적 행동을 상담의 대상으로 삼는다. 또한 개인의 부적응 행동은 잘못된 학습의 결과이며, 과거의 경험보다 현재의 행동을 강조한다.

따라서 행동주의 상담이론은 인간의 부적응 행동이 어떤 환경적 요인에 의해 학습되고 강화되고 있는지에 초점을 맞춘다. 그리고 학습원리에 따라 바람직한 행동은 조성하고 바람직하지 못한 행동을 제거하거나 감소시킴으로써 내담자의 행동 개선과 적응을 돕는 것이 주된 목표가 된다.

행동주의 상담이론은 고전적 조건형성, 조작적 조건형성, 모델링 등을 비롯한 다양한 학습의 원리와 기법을 통해 이루어진다. 따라서 매우 구체적인 치료기법이 다양하게 제시되고, 각 치료기법은 문제행동의 특성에 따라 매우 체계적인 계획 하에 사용된다는 장점이 있다.

(2) 상담목표

행동주의 상담이론의 목표는 학습의 새로운 조건을 조성하는 것, 즉 부적절한 학습을 제거하고 적절한 행동의 학습경험을 제공함으로써 내담자의 바람직하지 못한 행동을 제거시키고 바람직한 행동을 새롭게 학습하도록 하는 것이다.

첫째, 내담자의 부적응 행동을 변화시킨다.

둘째, 내담자를 도와 효율적인 의사결정과정을 학습하게 한다.

셋째, 내담자가 요구하는 구체적인 행동상의 문제를 해결한다.

(3) 상담기법

행동주의 상담과정에서는 내담자로 하여금 자신의 행동을 분석하고 문제를 정의하며 목표를 선택하도록 돕는다. 또한 내담자와의 합의를 통해 상담목표와 절차를 결정하며 상담의 전 과정에서 내담자의 참여를 적극적으로 활용한다. 대표적인 기법을 소개하면 다음과 같다.

① 체계적 둔감법

고전적 조건화의 원리를 적용하여 주로 불안과 관련된 부적응행동 혹은 회피

반응을 치료하기 위해 사용된다. 먼저 불안을 일으키는 자극을 행동적으로 분석하고 불안상황의 위계를 구성한다. 그 다음 이완절차를 학습시키고 상상적인 장면을 짝 지운다. 불안을 가장 적게 느끼는 상황에서 가장 많이 느끼는 상황으로 한 단계씩 순서대로 제시한다. 불안자극과 불안반응간의 연결이 없어질 때까지 불안을 일으키는 자극들을 반복적으로 이완상태와 짝 지운다.

② 토큰경제

바람직한 행동을 구체적으로 정해놓고 그 행동을 할 때마다 그에 상응하는 토큰을 줌으로써 체계적으로 강화하는 것이다. 토큰은 가지고 있는 사람이 나중에 특권이나 가치있는 물건으로 교환할 수 있는 종이나 작은 상징물이다.

③ 행동조성

복잡하고 학습하기 어려운 행동을 세부 단위로 나누어 각 단위행동을 학습할 때마다 강화물을 제공하여 최종 목표행동을 학습할 수 있도록 하는 방법이다.

④ 모델링

내담자에게 적절한 행동의 시범을 보여주거나 영화, 비디오, 녹음테이프 등의 도구를 이용하여 학습을 유도하는 기법이다. 또한 집단구성원이 서로 역할모델을 제시하고 충분한 모델링 경험과 연습의 기회를 제공하기도 한다.

⑤ 자기주장훈련

사회적 기술훈련의 한 형태로서 대인관계에서 억제된 생각이나 감정을 적절한 방식으로 표현하도록 함으로써 부적절한 정서와 반응을 변화시키고 보다 적극적이고 생산적인 생활태도를 갖도록 하는 기법이다.

4) 인지·정서·행동적 상담이론

(1) 개요

인지·정서·행동적 상담이론(Rational Emotive Behavior Therapy : REBT)은 엘리스(A. Ellis)에 의해 창시되었다. 엘리스에 의하면 인간의 사고는 그들의 감정이나 행동에 중요한 영향을 미친다. 개인의 정서는 그가 경험하는 사실 그 자체보다 그 사실에 대하여 어떠한 생각을 가지고 있느냐에 따라 달라진다는 것이다. 인간의 정서적 혼란과 장애는 과거 사건이나 심리적 외상 그 자체가 아니라 그에 관한 인간의 해석, 즉 사고가 원인이 된다. 따라서 부적절한 정서를 낳는 비합리적인 사고를 합리적 사고로 대체할 수 있도록 하여 적절한 정서와 행동으로 바뀌도록 하는 것이 상담의 핵심이 된다.

엘리스에 의하면 인간은 합리적·이성적인 사고나 신념을 가질 수도 있고, 비합리적이며 왜곡된 사고나 신념을 가질 수도 있다. 즉 인간은 자기 가치를 지키며, 사고하고, 다른 사람과 관계를 형성하며, 자기 성장을 도모하고, 자아를 실현하려는 경향성을 가진다. 또한 인간은 정서적 혼란을 가져오는 왜곡된 신념을 갖기도 하며, 같은 실수를 반복하고, 지나치게 완벽을 추구하기도 하며, 스스로를 비난하고, 자신의 가능성을 파괴하기도 하는 존재이다. 따라서 인지·정서·행동적 상담의 목표는 내담자의 비합리적인 사고와 신념을 합리적으로 변화시킴으로써 인지, 정서 및 행동이 조화된 삶을 영위하도록 함에 있다.

(2) 상담목표

상담의 목표는 내담자의 부적응행동을 변화시키는데 초점을 맞추기보다 그 이면에 있는 자기 패배적인 신념과 비합리적인 사고를 극소화시키고 삶에 대해 보다 현실적이고 합리적인 가치관을 갖게 하는 것이다. 그 구체적인 목표는 다음과 같다.

첫째, 내담자의 비합리적이고 왜곡된 자기 수정을 통한 문제와 부적응을 해결한다.

둘째, 내담자의 자기 파괴적 생각을 최소화하고 삶에 있어 더욱 현실적이고 관대한 철학을 갖도록 한다.

셋째, 삶에 있어 바람직하지 못한 결과가 나왔을 경우 자기 자신이나 다른 사람에 대한 비난을 줄이도록 한다.

비합리적 사고의 예

- 알고 있는 모든 의미 있는 사람들로부터 인정받고 사랑받는 것이 필연적이라는 생각
- 자신이 가치 있는 사람이려면 모든 측면에서 철저하게 능력이 있고 성취적이어야 한다는 생각
- 인간의 불행은 외적 사건에서 비롯되었고, 사람들은 자신의 슬픔과 장애를 통제할 능력이 없다는 생각
- 일이 자기가 원하는 대로 되지 않을 때, 그것은 끔찍하고 파국적이라는 생각
- 어떤 사람은 나쁘고 사악해서 그런 사악함 때문에 가혹하게 비난받고 처벌받아야 한다는 생각
- 문제의 완전한 해결책은 항상 있으며, 만약 이러한 해결책을 찾지 못하면 파국이라는 생각

(3) 상담기법

① ABCDE 전략

엘리스의 REBT의 기본 절차는 'ABCDE 모형'으로 설명된다.

- A(Activating event): 정서적 혼란을 가져오게 하는 선행사건
- B(Belief): 선행사건에 대한 내담자의 신념체계
- C(Consequences): 선행사건 때문에 생겨났다고 생각하는 정서적·행동적 결과
- D(Dispute): 내담자의 비합리적 신념에 대한 상담자의 자극적인 논박
- E(Effect): 내담자의 비합리적 신념을 논박하여 얻은 결과

이 ABCDE모형에서 핵심은 내담자를 정서적으로 힘들게 하는 것(C)은 선행사건(A) 그 자체가 아니고 그에 대해 가지고 있는 내담자의 잘못된 신념(B) 때문이다. 따라서 내담자의 비합리적 신념에 대한 상담자의 논박(D)을 통해 내담자 자신의 신념의 합리성을 검토하고 새로운 통찰을 얻어 보다 합리적이고 현실적인 신념을 갖게 됨으로써 그에 따라 적절한 행동을 하도록 하는 것(E)이다.

② 인지적 기법

- 암시: 내담자는 종종 자신과 타인 혹은 세계에 대하여 자기패배적인 진술을 되뇌이고 있는 부정적 사고형일 수 있다. 상담자는 내담자에게 부정적 사고를 긍정적 사고로 대체시키는 방법을 보여줌으로써 내담자 역시 개선될 수 있음을 암시한다.
- 대안의 제시: 내담자가 생각하는 것보다 더 많은 선택가능성이 있는 경우가 많다. 상담자는 모든 가능한 대안들을 내담자가 볼 수 있도록 돕는다. 그리고 내담자 스스로 이러한 대안들을 찾아내도록 격려한다.
- 정확한 의미의 언어 사용하기: 인지 상담에서는 부정확한 언어 때문에 사고가 왜곡되며 또 왜곡된 사고로부터 부정확한 언어가 발생한다고 주장한다. 이 가정에 따라 내담자는 "해야만 한다, 당연히 해야 한다" 등의 절대적인 말들을 "그렇게 하면 더 낫다"라는 상대적인 말로 대체할 것을 배운다.
- 인지적 과제: 내담자의 내면화된 자기 메시지의 일부인 추상적인 '당위성들(should, must)'을 제거시키는 과제를 준다. 가령 "내가 실수하면 사람들은 나를 무시할 거야"를 "사람은 누구나 실수할 수도 있어"의 긍정적인 메시지로 바꾸는 것이다. 이러한 과제는 내담자로 하여금 비합리적 신념에 도전하여 결국 합리적 신념으로 바꾸도록 할 수 있다.

③ 정서적 기법

- 합리적·정서적 심상: 여기에는 긍정적 심상과 부정적 심상이 활용될 수 있다. 부정적 심상은 내담자에게 특정 상황에서 부적절한 정서를 경험하고 있는 자기 자신을 열심히 상상하도록 한 다음 후회하고 있는 행동을 변화시키려는 결심 같은 적절한 정서로 부적절한 정서를 대체시키고 있는 자신을 생생하게 떠올려보도록 하는 것이다. 긍정적 심상은 내담자에게 불쾌한 장면을 상상하게 하고 자기 감정의 기초가 된 신념들에 집중하게 한다. 그 다음 이러한 비합리적 신념을 포기하고 합리적 신념으로 대체했을 때 어떤 느낌이 드는지 상상하게 한다.

- 부끄러움 제거 연습: 엘리스는 정서장애의 중요한 핵심 중 하나는 부끄러움 혹은 자기비난이라고 주장한다. 이 기법은 내담자에게 그들이 창피하거나 부끄럽게 느끼는 방식으로 행동해 보도록 과제를 준다. 이 과제를 해봄으로써 내담자는 다른 비난에 대해 과도하게 영향을 받을 필요가 없음을 발견할 수 있다.
- 역할연기: 내담자에게 타인과 상호작용하고 있는 장면을 재연해보도록 함으로써 내담자의 정서를 일으킬 수 있고, 이 정서를 이용하여 기초가 되고 있는 비합리적 신념을 발견하고 논박하는 기법이다.

Educational Psychology

교/육/심/리/학

CHAPTER 12

교육평가

1. 교육평가의 개념
2. 교육평가의 유형
3. 문항의 제작과 분석
4. 우리나라 교육평가의 현황과 전망

1 교육평가의 개념

평가의 사전적 의미는 "어떤 것의 가치를 판단하는 것" 이다. 교육평가란 평가 받을 대상인 교육목적, 교육내용, 그리고 교육방법 등이 교수 학습을 통하여 어느 정도 달성되었는지를 판단하는 것을 말하는데, 교육의 과정 중에서 가장 마지막 단계에 실시하는 것과 동시에 모든 이전에 행했던 과정을 피드백 해주는 것으로 교육목표와 교육내용이 올바르게 설정되었는지, 이러한 교육목표와 내용을 통하여 교육계획과 과정이 적절했는지 그리고 궁극적으로는 목표했던 것이 성취가 잘 되었는지를 확인하는 과정이다.

1) 교육평가의 기능

교육평가의 기능을 몇 가지 알아보면 다음과 같다.

첫째, 학생들의 학업성취도를 평가하는 일이다. 이것은 학생들이 교수 학습을 통하여 설정해 놓은 교육목표를 어느 정도 성취하였는지를 알아보는 것이다. 교육평가를 통하여 학생들의 학습을 촉진하며 피드백 하는 기능을 하게 되어 학습을 극대화 하게 된다.

둘째, 교육과정이나 수업절차 및 학급조직 등 교육의 효과성을 평가하는 일이다. 교육평가는 분명한 교육목적 아래 학생들에게 교육활동을 실시한 것을 분석 평가하는 것으로 교육의 내용과 학급의 조직 및 프로그램 등의 질적 개선에 필요하다.

셋째, 진단의 과정으로 학생이나 학급 조직의 문제점을 파악하고 개선하기 위함이다. 아무리 완벽한 교육목적과 교육내용을 가지고 가르쳤다고 할지라도 학생들에게 학습에 대한 문제점이 발견될 수 있기 때문에 그것을 개선하기 위해서 필요하다.

넷째, 수업에 대한 결정과 진행을 하는데 있어 교사들에게 정보를 제공해준다. 교사의 경우 수업 진행 전에 진단평가를 통하여 학생들의 학력 수준을 평가하거나 학습에 피드백을 얻는데 필요하다. 형성평가는 학습 중간에 학생들의 학습을 피드백 하는데 효과적이다.

다섯째, 학생들의 성적을 평가하며, 자격의 판단과 같은 선발 기능을 한다. 교사는 교과가 끝나거나 학기말에 평가를 통하여 성적이 산출되면 학부모들에게 고지할 수 있다. 또한 취업이나 자격의 합격 여부나 상대적인 순위결정을 위하여 평가는 필요하다.

여섯째, 학습동기를 유발한다. 학생들은 평가를 통하여 더 열심히 공부를 하게 되고 이것을 통하여 학습동기를 극대화 시킨다.

일곱째, 교육정책을 수립하는데 기초자료로 사용할 수 있다. 단일 중학교 혹은 고등학교에서 실시한 평가에서 기초학력이 높거나 혹은 낮은 것으로 나왔을 경우에 기초학력을 낮추거나 혹은 높이는 방향으로 교육정책을 변경할 수 있다.

2) 교육평가의 영역

교육평가의 대상은 학생, 교사와 직원, 조직이나 기관, 교육환경, 교육정책 등 교육에 대한 모든 것을 포함하고 있다. 교육평가 영역의 종류들을 열거하면 다음과 같다.

(1) 학생평가

교육에 있어서 학생이란 교육의 대상이며 학생평가는 교육평가에 가장 중요한 것으로 여겨져 왔다. 학교에서는 전통적으로 평가라고 하면 주로 시험을 출제하여 학생을 평가하는 것과 동일시 해왔다. 그러나 학생평가가 단순히 시험으로 학생을 평가하는 것만은 아니다. 학생평가의 영역은 학생의 특성에 따라 인지적 평가, 정의적 평가, 심체적 평가로 구분할 수 있다.

첫째, 인지적 영역 평가는 학생이 가진 지식이나 인지능력 혹은 사고과정에 대한 평가를 말한다. 이것은 학교에서 주로 실시하는 성취도평가와 적성검사 혹은 지능검사 등과 같은 것이 해당된다.

둘째, 정의적 평가는 학생이 가지고 있는 가치관이나 흥미, 태도 등에 대한 평가를 말한다.

셋째, 심체적 평가는 학생의 신체 조작 능력인 체육부분 이나 악기 연주, 장치 조작과 같은 능력에 대한 평가이다.

(2) 교원평가

교사에 대한 지식적인 부분만 아니라 인격적인 면에서의 자질은 학생들에게 많은 영향을 끼친다. 교사의 전문적인 교육의 질과 더불어 학생들에게 밀접히 영향을 끼치는 교사의 태도, 그리고 근무실적과 수행능력을 알아보는 교원평가는 상당히 중요하다. 교원근무평정제는 일선 학교에서 교장이나 교감이 교사를 평가하게 됨으로 인하여 교사의 자질과 전문성 등을 공정하게 평가하기에는 문제점을 가지고 있다. 이러한 것을 보완하기 위하여 2007년부터 동료 교사에 의한 평가제도를 운영하였으나 이것도 여러 가지 보완점이 발견이 되었다. 이에 교원능력개발부는 2008년 새로운 형태의 교원평가제도를 법제화하기 위한 방안을 적극 검토하고 있다.

(3) 수업평가

수업평가는 교과내용과 수업의 질에 대한 평가이다. 이 평가는 수업시간 동안에 수업의 문제점 등을 보완하며, 수업 후에 수업의 효과나 질을 판단하는 것이다. 최근에는 학생이 수업평가의 가장 중요한 평가 주체로 간주되기도 한다. 대학에서는 수업의 질에 대해 학생들이 평가하는 제도를 택하고 있는데, 이러한 강의평가 영역은 수업준비, 수업의 목표와 명료성, 교재의 적절성, 평가의 공정성, 그리고 요즈음은 더 나아가 교수의 성차별 등도 평가의 영역이 되고 있다. 이러한 강의평가는 처음에는 여러 가지 문제점을 갖고 있었으나 현재는 잘 정착하고 있는 것으로 평가된다.

(4) 학교평가

학교는 교육이 실제로 일어나는 장소이기 때문에 학교의 역할에 따라 교육의 효율성이 달라질 수 있다. 따라서 교육의 질을 개선하기 위하여 학교평가는 필요하다. 학교평가는 1997년 초·중등법에 근거하여 실시되고 있다. 국가주도 교육평가는 한국교육교개발원에서 주관하고, 그 외에는 교육청이 주관하여 평가를 진행한다.

(5) 메타평가

평가를 실시하는 사람과 평가의 도구에 따라서 평가결과는 달라진다. 아무리 평가하는 사람이 세심히 그리고 공정하게 평가를 한다 하더라도 완벽한 평가는 불가능하다. 또한 부적절한 평가 도구를 사용하는 경우 적합하지 않은 결과가 나올 수 있다. 메타평가란 평가의 유용성, 실용성, 적합성 등의 정보를 수집 및 활용하는 것을 말하는데, 이러한 메타평가는 일반적인 교육평가의 단점을 보완하여 개선할 수 있는 장점이 있다.

2 교육평가의 유형

교육평가의 유형은 분류기준에 따라 여러 가지로 나눌 수 있는데, 평가의 유형 및 기능, 평가방법, 평가의 주체에 따라서 교육평가를 나눌 수 있다.

1) 평가 기능에 따른 분류

Scriven(1967)은 평가의 기능에 따라 형성평가와 총괄평과로 구분하였다. 그러나 학교에서 이 두 가지의 유형으로만 평가를 하면 진단평가의 기능이 부족하게 된다. 그렇기 때문에 진단평가를 더하여 세 가지 방법으로 평가를 하는 것이 적절하다.

(1) 진단평가

진단평가는 두 가지로 나눌 수 있는데 첫째는 교사가 어떤 교과를 시작할 때 학생들이 그 교과에 대해서 알고 있는지 아닌지 평가 해주는 출발점 행동(entry behavior)을 예견하는 것이며, 둘째는 수업 중간에 학생들의 학습 실패의 원인인 학습 결손이 무엇이었는지를 진단해 주는 것이다. 이 평가 방법은 교과에 대해서 학생들이 어느 정도 이해하고 있는지를 확인할 수 있다. 이러한 진단평가의 기능은 다음과 같다.

첫째, 학생들이 교과를 학습하고 수업목표를 달성하는데 선수지식을 가지고 있는가확인한다.

둘째, 수업을 하기 전 학생들이 교과에 대한 교육목표를 알고있는지 확인한다.

셋째, 학생들의 흥미나 경험, 적성 등이 무엇인지를 파악할 수 있게 한다.

넷째, 학생들의 학습실패의 외적요인인 인지적, 환경적, 정의적 요인들에 대해서 파악한다.

(2) 형성평가

형성평가는 학생이 수업을 받는 중에 이루어지는 것으로, 수업목표가 제대로 이루어졌는지를 확인하기 위하여 수시로 점거하며 교수-학습의 효율성을 극대화시키기 위하여 실시한다. 형성평가를 통하여 학생에게는 수업내용에 대해 개선을 해주며 교사에게는 수업방법에 대해서 개선할 수 있게 만든다. 이러한 형성평가의 기능을 몇 가지 알아보면 다음과 같다.

첫째, 학생들의 학습행동을 강화시킬 수 있다. 형성평가는 학생들이 학습하는 중에 자신이 학습을 한 것이 무엇이고 더 공부해야 할 것이 무엇인지를 알게 해주어 다음 학습을 용이하게 해준다.

둘째, 학습곤란의 진단과 교정을 위하여 필요하다. 형성평가는 학습 진전 상황 파악이 가능하며 학생들의 학습곤란이나 결손 상황을 파악하여 개선할 수 있다. 형성평가는 학습자 스스로 답안지를 채점해 보는 것이 좋으며 이것을 통하여 자신에게 부족한 부분과 원인을 파악할 수 있게 된다.

셋째, 학습속도를 조절할 수 있다. 형성평가를 통하여 학습결손 혹은 학습 곤란을 발견한 학생들에게 보충학습이나 혹은 교정학습 등을 통하여 학습 속도를 조절할 수 있다. 또한 단원이 끝날 때마다 형성평가를 하면 각 단원의 부족한 부분을 적절한 때에 채우게 되어 학습 속도 조절할 수 있다.

(3) 총합평가

총합평가는 중간고사나 혹은 기말고사와 같이 수업이 끝났을 때에 학생들의 학업성취도 평가를 위하여 시행하는 것이다. 총합평가는 형성평가와는 다르게 점수와 등급을 부여한다. 총합평가의 특징 및 기능을 몇 가지로 열거하면 다음과 같다.

첫째, 형성평가는 대개 학생의 학습 중간에 이루어지지만 총합평가는 학기말이나 학년말에 주로 이루어진다. 형성평가는 범위가 좁지만 총합평가는 그에 반해 범위가 넓다.

둘째, 형성평가는 학생의 학습 진도를 진단하고 학습 성과를 판단하는데 그 목적이 있으나, 총합평가는 교육과정이 끝난 후 학생의 성적을 부여하고 종합적 판단을 내리는 데 그 목적이 있다.

셋째, 평가는 학생들에 대한 학습 진단효과가 있다. 총합평가도 형성평가와 같이 한 집단에서 학생들을 평가하여 점수를 부여하고 그것을 학생들에게 알려줌으로써 학습결과에 대한 피드백 기능을 가지게 된다.

넷째, 자격이나 능력 및 지식을 확인하는 기능을 갖는다. 총합평가는 교육과정을 수료하거나 졸업 그리고 자격을 갖추는 시험 평가를 위하여 사용하게 된다.

〈표 12-1〉 **진단평가, 형성평가, 총합평가 특징비교**

	진단평가	형성평가	총합평가
평가목적	학습자 특성파악	교수-학습 개선	교육목표달성확인
실시시점	수업 전	수업 중, 수시	수업 후
측정내용	출발점파악, 학습장애 확인	수업목표달성 및 외부환경장애 확인	수업목표 표본
문항수준	쉬움	목표에 따라 다름	다양한 수준
기능	수업 출발점결정 / 배치	피드백 제공 / 교수방법 개선	성적평가 / 자격부여

2) 평가준거에 따른 분류

(1) 상대평가(규준지향평가)

상대평가는 한 집단에서 얻은 점수를 기준으로 규준을 정하고, 이러한 규준에 따라 학생들을 상대적으로 평가하는 방법이다. 이러한 기준은 평균성적이 되며 이 평균 성적에 따라서 학생의 성취수준이 높은지 혹은 낮은지를 결정한다. 즉 평가하고자 하는 집단 학급이나 학교 등의 성적을 평균에 비교하여 상대적으로 평가하는 것을 말하는데, 규준의 양호도는 다음의 세 가지 기준에 따라서 좌우된다.

첫째, 대표성이다. 평가를 하려고 하는 집단은 모집단을 대표할 수 있어야 한다.

둘째, 적합성이다. 만일 평가를 받는 집단이 대학능력시험을 보는 사람들이라면 규준집단은 당연히 학생들이 될 것이다.

셋째, 근대성이다. 평가를 하는 규준은 최근에 만들어지고 현실을 잘 반영한 것이 어야 한다.

이 평가는 다음과 같은 장점을 가지고 있다.

첫째, 이 평가방법은 집단의 규준을 기반으로 상대적 평가를 하기 때문에 개인적인 우열을 정확히 분별해 낼 수 있으며, 교사의 주관적인 편견을 배제할 수 있다. 또한 이 평가 방법은 학생선발 평가방법으로 적절하다.

둘째, 이 평가방법은 한 집단에서 학생들의 서열을 객관적으로 판정해주기 때문에 학생들로 하여금 경쟁심을 갖도록 하고, 순위로 인해 학습에 대한 강한 동기유발과 자극이 될 수 있다.

그러나 다음과 같은 단점도 존재한다.

첫째, 상대평가는 평균치 보다 낮은 점수를 받은 학생들로 하여금 실패라는 생각이 들게 한다. 교육의 궁극적인 목표는 교육목표의 달성이나, 이 평가방법은 학생들 개개인이 점수나 서열에 의존하게 되어 평가의 원래 목적인 학습개선과 같은 중요한 기능이 소홀이 될 수 있다.

둘째, 상대평가는 학생들이 학습목표를 달성하였는지 보다 점수와 상대적 서열에 보다 관심을 두기 때문에 점수에 의한 비교는 가능하지만 학생 개개인이 학습목표를 어느 정도 달성했는지에 대한 지표는 제공해주지 못한다.

셋째, 평가를 준비하고 받는 동안 경쟁의식을 조장하게 되므로 평가받는 학생들 상호간에 과도한 경쟁과 스트레스를 유발할 수 있다.

(2) 절대평가(준거지향평가)

준거평가는 미리 정해 놓은 목표에 대해서 학생의 달성정도를 판단하는 평가이다. 이것은 흔히 절대평가라고 불리며, 한 집단에서 다른 학생들이 받는 점수와는 상관없이 교육목표에 얼마나 도달하였는가를 알려주는 방법이다. 만일 성공적인 수업이 진행되었다면 모든 학생이 정해진 교육목표에 도달할 수 있으며, 교육목표에 대해서 얼마나 성취를 했느냐가 평가의 관심이 되는 것이다. 그렇기 때문에 준거기준평가 방법은 미리 설정한 교육목표의 달성 정도를 확인하거나 자격의 유무를 판단하기에 적합한 방법이다. 예를 들어서 자동차운전면허증이나 컴퓨터 프로그램 자격증 같은 평가는 상대적인 서열이 중요한 것이 아니라 60점이라는 합격 점수에 도달했는지가 중요하다. 이러한 평가방법이 필요한 경우에 대해서 알아보면 다음과 같다.

첫째, 기초학습과정 및 기본학습능력을 측정 할 때에 이 평가 방법이 바람직하다. 예를 들어 대한민국 국민으로 학습의 기초가 되는 읽고 쓰기 같은 기본적인 학력 도달을 평가하기 위하여 필요하다.

둘째, 교육내용의 구조가 뚜렷한 단계가 있는 경우 이 평가를 사용해야 한다. 예를 들어 컴퓨터 프로그래밍을 단계별로 배울 때 한 단원을 이해하고 있는지를 평가하여 다음 단계로 갈 수 있도록 할 때 이 평가 방법이 필요하다.

셋째, 국가 자격시험 등의 평가에 필요하다. 예를 들어서 한의사나 의사자격시험 등과 같은 평가에서 이 방법이 바람직하다.

그러나 이러한 준거기준평가 방법에도 단점이 존재한다.

첫째, 이 평가의 단점은 성취 수준의 설정이 정확하지 않다는 것이다. 이 평가를 받는 학생에게 교육목표 달성수준을 어떻게 결정하는지에 대해서 묻는다면 이 학생은 정확하게 대답하지 못하게 된다. 왜냐하면 목표 수준 달성에 대해서 정확한 기준이 없기 때문이다.

둘째, 성취수준의 설정에 주관적인 견해가 작용할 수 있다는 것이다. 즉 절대평가를 함으로 인하여 학업성적을 부풀릴 수 있는 가능성을 배제할 수 없다.

셋째, 평가에 대한 상대적인 정보를 줄 수 없다는 것이다. 학생들이 다른 학생과 비교하여 얼마나 성취를 했는지를 알 수 없으므로 상대적인 비교 정보가 불분명하다.

〈표 12-2〉 **상대기준평가와 준거기준평가의 비교**

구분	상대기준평가	준거기준평가
목적	상대적 우열확인 / 개인차	목표달성 / 자격유무확인
평가기준	상대적 기준	절대적 기준
핵심질문	누가 더 잘 하는가?	무엇을 얼마나 아는가?
결과활용	선발 혹은 배치	자격시험
문제점	목표달성 확인이 어려움 / 지나친 경쟁	상대적 우열 변별이 어려움 / 성적 부풀리기

3) 평가영역에 따른 분류

Bloom(1966)은 교육목표를 3가지로 분류했는데 학습의 행동차원을 기준으로 지적 영역 목표, 정의적 영역 목표, 심체적 영역 목표로 분류하였다.

(1) 지적 영역의 평가

이 평가에서 지식이란 학습을 통해 배운 교과에 대한 사실, 개념, 원리 등을 그대로 기억하여 재생할 수 있는 것을 말한다. 학생들은 학습을 통하여 배우는 교과의 용어나 개념 혹은 법칙 등을 기억하여 자신들의 사고력이나 문제해결에 사용하게 된다. 지식의 영역을 인지적 영역이라고 하는데, 이러한 지식 획득 없이는 다른 교육적인 능력이 발달할 수 없다. 그렇기에 지식영역을 평가하는 것은 필요하며 다음은 지식영역 평가의 종류들이다.

첫째, 이해력 평가이다. 이 평가는 교과시간에 배웠던 지식의 범주와 똑같지 않아도 된다. 오히려 비슷한 부분을 통하여 추론을 하거나 그것과의 개연성이 있는 부분을 제공함으로 교과에 대한 학생들의 이해력이 얼마큼 달성했는지를 볼 수 있다.

둘째, 적응력의 평가이다. 적응력(application)은 교과에서 학습했던 지식의 내용을 새로운 상황이나 문제에서 활용할 수 있는 능력을 말한다. 적응력의 개념은 새로운 상황이나 문제로 학생이 학습하는 지식 외에 새로운 다른 문제에 봉착한 것을 말한다. 다음은 지식에 대한 일반적이고 기본원리를 이해하고 있는지에 대한 것이다. 그리고 나아가서 학생은 이러한 일반적이고 기본적인 원리를 가지고 새로운 문제의 상황에서 그것을 해결할 수 있는 능력을 말한다. 만일 학생들이 교과시간에 배웠던 내용을 가지고 새로운 상황이나 문제에서 적응할 수 없다면 그 학생은 정확한 지식을 획득했다고 보기 어려운 것이다.

셋째, 분석력의 평가이다. 분석력(analysis)이란 어떤 자료를 구성요소나 부분으로 나누어 서로간의 관계 확인 및 조직 원리를 발견하는 능력을 말한다. 이러한 분석력이란 내용 속에 있는 요소의 분석이며, 상호관계성에 대한 분석, 이러한 내용을 통합하고 있는 조직의 원리를 분석하는 것이다. 이러한 분석력의 평가는 학생들이 기존에 교과에서 배웠던 내용을 평가하는 것이 아니라 새로운 문제나 상황을 주어 평가를 해야 한다.

넷째, 종합력의 평가이다. 종합력(synthesis)이란 어떤 내용의 부분들과 요소를 하나로 통합시키는 능력을 말한다. 이러한 통합력은 세 가지의 측면이 있는데, ① 독특한 의사전달 능력이다. 이것은 자신이 얻은 지식의 내용을 사용하여 타인에게 효과적으로 의사 전달하는 능력을 말한다. ② 어떠한 과제를 위한 계획과 구체적인 절차를 구성하는 능력을 말한다. ③ 어떤 주어진 내용에 대해서 그것과 연관된 추상적인 관계성을 찾아내는 능력을 말한다. 이러한 종합력은 학생이 배운 지식을 단순히 재생산하는 것을 넘어서 학생 스스로 독창적이며 창의적인 내용으로 종합해 나가는 능력을 말한다.

다섯째, 평가력의 평가이다. 평가력(evaluation)이란 어떤 준거에 비추어서 주어진 자료, 방법, 작품, 아이디어 등이 주어진 목적에 대해 얼마만큼 가치가 있는지를 판단하는 능력을 말한다. 이러한 평가력에 대한 특성을 몇 가지 언급하면 다음과 같다. ① 내적 정확성으로 문헌 혹은 작품의 정확도 혹은 정밀성 등을 말한다. ② 내적 일관성으로 문헌 등의 내용이나 조직의 일관성을 말한다. ③ 내적준거로 어떤 작품에 대해 판단을 했을 때 판단을 위해 사용된 가치나 견해 등을 말한다. ④ 외적준거로 어떤 작품을 명백한 기준을 통하여 판단을 내리는 것을 말한다.

(2) 정의적 영역의 평가

정의적 특성은 인간이 가지고 있는 일반적인 감정이나 정서 등을 표현하는 것으로 다른 사람들과 상호 관계나 혹은 심리적인 특성에 변하지만 그래도 전형적으로 드러내는 표현을 말한다. 정의적 영역은 다음과 같다.

첫째, 태도이다. 태도란 어떤 일이나 상황 등에 대하는 마음가짐을 말한다. 이러한 태도는 어떤 대상에 대해서 부정적일 수도 있으며 긍정적일 수도, 또한 호의적이거나 비호의적일 수 도 있다.

둘째, 흥미이다. 흥미란 어떤 대상에 대해서 계속적으로 그것에 주의하려고 하는 감정이나 혹은 경향을 말하며, 사람들에게 어떤 대상에 추구하려는 힘을 제공하게 한다.

셋째, 동기이다. 동기는 사람에게 행동을 일으키게 하는 내적인 요인으로 개인의 행동이나 강도를 결정하는 심리적인 과정을 말한다. 학습 동기는 학습하려는 목표와 내용에 대해서 의욕을 가지고 성취하려는 어떤 힘을 말한다.

넷째, 가치관이다. 이것은 인간이 옳은 것, 바람직한 것, 해야 할 것, 또는 하지 말아야 할 것 등에 관해 선택을 할 때 일관되게 작용하는 것이며 그리고 일반적인 선택을 하는 가치기준이나 신념 등을 말한다.

다섯째, 자아개념이다. 이것은 자기 자신의 능력, 태도, 느낌 등 주관적인 인식

개념을 말하며, 긍정이나 혹은 부정 양극으로 연결된 연속성의 성질을 말한다.

여섯째, 인성이다. 인성이란 단어는 상당히 포괄적이고 추상적인 개념을 가지고 있지만 대체로 사람의 성품, 사람의 성질로 볼 수 있으며 유사한 단어는 인품, 성품, 기질, 인간성, 사람 됨됨이, 인간의 본성, 생태적으로 타고난 심성 등으로 말할 수 있다.

사실 정의적인 요소는 사회관계속에서 상당히 중요하다. 그러나 정의적인 영역의 교육의 필요성과 중요성을 인식함에도 불구하고 학교에서 가르치는 교과가 지식교육에 편중이 되어 정의적인 영역의 교육을 소홀히 해왔음은 부인할 수 없는 사실이다. 이러한 소홀히 되었던 이유를 간단히 살펴보면 다음과 같다.

첫째, 정의적 영역에 대한 교육에 대해서 잘못된 인식 때문이다. 먼저는 정의적인 특성인 감정이나 태도 혹은 가치관 등은 학교가 가르칠 책임이 없다는 생각을 했던 것이다. 청소년들이 저지르는 비행들은 학교가 가르쳐야 할 영역이 아니라 가정이나 사회에서 가르쳐야 한다는 잘못된 인식을 가지고 있었다. 또한 학생들의 정의적 영역의 발달은 올바른 지식과 윤리 도덕을 지식적으로 잘 가르치면 학생들이 그들의 가치관이나 자아개념 등이 자연스럽게 생길 것으로 여겼던 것이다. 그러나 사실 학생들의 정의적 영역은 지식교육으로만 형성될 수 있는 것이 아니므로 학교는 이 영역에 대해서 교육과정을 만들어서 학습시켜야 한다.

둘째, 학교에서 정의적인 영역의 교육을 소홀히 한 이유는 정의적인 특성인 가치관이나 자아개념 및 인성 등은 상당히 개인적이며 사적인 영역의 부분들이기 때문에 학교에서 학생들의 사적인 영역을 다루게 되면 사생활 침해가 될 수 있기 때문이다. 만일 교사가 학생의 취미생활이나 개인적인 취향들에 대해서 관여를 하게 된다면 이것은 엄연히 사생활 침해가 되는 것이다. 이러한 이유 때문에 학교는 정의적인 영역의 교육을 소홀히 하였다.

셋째, 정의적인 영역은 교화적(indoctrination)이 될 수 있기 때문에 소홀히 하였다. 정치적인 예를 들어보면 교사가 보수적인 정당을 좋아하기 때문에 학생에게 보수적인 정당에 대한 좋은 점 들을 계속해서 주입시킨다면 그것은 교화가 될 수 있기 때문에 학교에서는 이러한 문제 때문에 정의적인 영역의 교육을 소홀히 하였다.

넷째, 정의적인 영역의 평가가 어렵다는 것이다. 일반적으로 지적인 교육을 통한 평가는 뚜렷하고 명확하지만 정의적 영역의 교육 평가는 사실 애매한 부분이 많다. 정의적 영역의 교육 목표 달성 정도를 측정하기도 어려울 뿐만 아니라 인간의 정의적 영역은 쉽게 바뀌지 않기 때문에 학교에서는 정의적 영역의 교육을 소홀히 해왔던 것이다.

이러한 정의의적 영역 평가의 중요한 의의를 열거하면 다음과 같다.

첫째, 교육은 어느 한 부분만의 발달과 성장을 목적으로 하는 것이 아니라 개인의 전인적인 발달을 도모하고 있기 때문에 학생들의 지식적인 발달뿐만 아니라 정의적인 부분의 성장 및 발달을 위해서도 학교가 관심을 기울여야 한다.

둘째, 교사는 정의적 특성을 통해 학생의 학습 장애 요인과 학업 성취의 중요한 성공과 실패 요인에 대해서 이해할 수 있으며 또한 이것을 통하여 학습의 개선효과를 기대할 수 있다.

셋째, 학생의 학습의 과정에 있어서 정의적 특성은 학습결과에 지대한 영향을 미치게 된다. 만일 학생이 교과목에 대해 부정적인 태도를 갖는다면 당연히 학습 효과는 크지 않을 것이다. 그렇기 때문에 정의적 영역의 평가는 학생 개인적인 학습효과 개선을 위해서 필요하다.

넷째, 국가 사회적인 차원에서 학생들의 지식적인 것뿐만 아니라 정의적인 영역에서 고른 발달이 필요하다.

(3) 심체적 영역의 평가

심체적 영역이란 우리의 신체인 손, 발, 다리, 어깨, 몸통을 이용하여 교과목표를 달성했는가에 대한 평가이다. 보통 예체능 과목에서 흔히 사용하는 방법이다. 노래 부르기, 그림 그리기, 축구, 수영 및 율동 등에서 평가를 주로하며, 기술이나 공업 등에서 기계를 다루는 신체적 능력 그리고 수학에서 자와 컴퍼

스 등을 이용하는 능력을 측정하는 경우가 이에 속한다.

3 문항의 제작과 분석

학교에서 평가는 보통 학생평가를 말한다. 학생평가는 국가적 혹은 지역적으로 실시하기도 하지만 각 학교마다 교사에 의해서 실시되는 것이 일반적이며 이러한 평가는 성적평가가 중심을 이루고 있으며, 이러한 성적평가는 주로 지필고사에 의해서 이루어지고 있다. 문항이란 평가를 하기 위한 최소의 단위로 검사에서 학생이 풀어야 하는 지문이나 문제를 말한다. 만일 이러한 문항에 문제가 있다고 한다면 마치 좋지 않은 벽돌과 건물 자재로 건물이 지어지게 되는 결과를 초래하게 되는 것과 같이 공정하고 바른 평가 결과를 얻을 수 없게 된다.

1) 문항의 성격

(1) 문항의 의미

문항이란 보통 학교에서 시험문제로 알려져 있다. 오스테린드(1989)는 문항(item)은 학업성취를 알아보기 위해 자료를 수집하기 위한 채점 단위라고 한다. 이러한 문항은 일반적인 질문과는 다른데 그 이유는 일반적인 질문 형이 없이 명령문이나 일반문장으로 된 경우도 있기 때문이다.

(2) 문항의 구조

일반적으로 문항의 구조는 다음의 3가지로 구성된다.

첫째, 지시문이다. 지시문은 만들어진 문항에 대해 어떻게 반응할 것인지를 보여주는 문장을 말한다. 지시문에는 공통지시문과 개별지시문으로 나뉘는데, 공통지시문이란 일련의 문항들에게 공통적으로 지문 등을 공유하고 있는 경우를 말하며, 개별지시문이란 개별적인 문항에 따라서 지시하는 경우를 말한다.

둘째, 문두(item-stem)이다. 문두는 질문과는 다르게 명령문이나 일반문장 등으로 구성되어 있는 경우가 있다. 또한 문두는 평가받는 학생들의 반응을 유발하기 위한 기능을 하고 있다.

셋째, 답지이다. 보통 답지를 선택지라고 부르기도 하는데 때에 따라서는 평가를 받는 학생들을 혼란스럽게 하는 기능이 있기 때문에 교란지 라고 불리기도 한다.

2) 문항의 제작

학교에서 실시하는 평가는 공정하고 정확하게 실시하여야 한다. 그런데 공정하고 좋은 평가가 되기 위해서는 평가를 하는 평가문항이 좋은 평가 문항 그리고 공정한 평가문항이 되어야 한다.

(1) 좋은 평가문항 제작자

평가문항을 만드는 사람이 아무리 좋은 지식과 방법을 알고 있다고 해도 좋은 문항을 만들 수 있는 것은 아니다. 문항 제작자는 문항에 대한 관련 지식을 잘 습득하고 그것과 함께 학교 현장에서 충분한 경험을 바탕으로 평가에 대한 지속적인 노력을 통하여 좋은 평가 문항 제작자가 될 수 있다. 훌륭한 문항 제작자의 요건을 나열하면 다음과 같다.

첫째, 평가 문항을 제작하려는 과목에 대해서 충분한 지식이 있어야 한다. 평가문항제작자는 문항에 관계된 교과의 교과과정이나 교사용 지도서 등을 정확히 알고 있어야 한다.

둘째, 평가 받는 대상을 잘 알고 있어야 한다. 평가를 받는 학생들의 집단의 나이분포, 학습 발달 수준, 어휘수준 등을 잘 알고 그에 맞추어 평가문항을 제작하여야 한다.

셋째, 문항제작에 대해서 풍부한 경험을 쌓아야 한다. 모든 분야에서 일하는 전문가들과 마찬가지로 좋은 평가 문항제작자는 평가 문항을 제작하는데 개인적인 능력과 더불어 충분한 경험을 가지고 있어야 한다.

넷째, 문항제작자는 좋은 언어 구사력과 문장력을 갖추고 있어야 한다. 특히 평가 받는 학생이 문항을 대하여 일반적인 문장임을 알고 이해할 수 있어야 하며, 더 나아가 전문적인 지식의 표현을 포함하는 단어와 문장을 구사하여야 한다.

(2) 좋은 문항의 조건

평가에 있어서 좋은 문항이라는 표준을 설정한다는 것은 그리 쉬운 일이 아니다. 다음의 조건들을 좋은 문항을 제작할 수 있는 몇 가지 조건들이다.

첫째, 평가하고자 하는 목표와 문항의 내용이 서로 맞아야 한다. 만일 평가를 위한 설정된 목표와 전혀 다른 문항을 만든다면 그것은 올바른 측정 방법이 될 수 없을 것이다. 그렇기 때문에 평가 목적에 맞게 구체적인 방법으로 문항을 제작해야 한다.

둘째, 새로운 문항을 소개하는 것이다. 지금까지 사용하였던 문항의 내용과 방법을 사용하여 문항을 제작한다면 진부한 문항이 되기 쉽다. 그렇기 때문에 문항제작자는 항상 새로운 내용과 방법을 위해 노력해야 한다.

셋째, 단순 문항을 만드는 것이 아니라 평가 받는 학생의 사고력을 증진시킬 수 있는 문항을 선택해야 한다. 만일 평가 받는 학생이 문항을 읽고 그 문항이 무엇을 묻는지 이해할 수 없다면 그것은 좋은 문항이라 볼 수 없다.

넷째, 문항이 학습자의 학습동기와 흥미를 촉진시킬 수 있어야 한다. 문항제작자는 문항을 선택함에 있어서 실생활과 연관이 있으며 평가 받는 학생의 흥미를 유발시키도록 제작해야한다.

3) 문항의 유형

교육평가에서 채택하고 있는 문항의 유형은 반응형식과 채점 방법에 따라서 몇 가지로 분류 될 수 있다.

(1) 반응형식을 기준으로 한 문항 분류

① 선택형 문항: 평가받는 학생들이 주어진 답지 중에서 선택을 하도록 하는 문항의 형태이다. 선택형 문항은 3가지로 나눌 수 있는데 첫째 진위형인데, 이것은 제시된 문항의 진위를 판단하는 문항이다. 둘째는 연결형인데, 이것은 제한된 전제와 답지를 보여주고서 관련이 있는 것끼리 연결을 짓게 하는 방법이다. 셋째 선다형인데, 여러 개의 답지에서 문항의 정답을 고르는 형태이다.

② 서답형 문항: 평가를 받는 항생이 문제를 보고서 직접 문장이나 단어 등을 적는 방법을 말한다. 이러한 서답형 문항은 세 개로 나눌 수 있는데, 첫째 단답형이 있다. 단답형은 짧은 문장을 이용하여 답안지에 써 넣는 것을 말한다. 둘째 완성형이 있는데, 이것은 문장이나 혹은 도표 같은 것에 빈곳을 채워 넣게 하는 평가 방법이다. 세 번째는 논술형으로 주어진 문하에 대해서 학생이 자유롭게 답을 써넣는 것을 말한다.

(2) 채점의 객관도를 기준으로 한 문항 분류

① 주관식 문항: 평가를 받는 사람이 답안지를 쓰는 방식이며 채점하는 사람이 자신의 주관적인 판단으로 점수를 부여하는 방식이다. 이 방식의 단점은 똑같은 답을 여러 번 채점하다 보면 서로 틀린 점수를 줄 수 있다는 것이다.

② 객관식 문항: 이 방식은 평가를 받는 학생이 답지를 선택하고 정답을 기준으로 채점하는 방식이다. 이 방식의 장점은 채점자의 주관이 개입될 소지가 전혀 없다는 것이다.

〈표 12-3〉 **선택형과 서답형 문항 선택의 비교**

선택형 문항	서답형 문항
• 검사받을 평가자의 수가 많다 • 좀 더 객관적인 평가를 원할 때 • 선택형 문항의 답지를 만드는 데 유리할 때	• 검사 받을 평가사의 수가 적다 • 글의 표현 능력을 평가할 때 • 문항보다 답안지를 비판적으로 읽는 데 자신이 있을 때

3) 평가제작

(1) 평가제작의 계획

평가문항을 제작하기 위하여 문항제작자는 다음의 몇 가지 사항에 주의를 기울여야 한다.

첫째, 평가의 목적이 무엇인가?

둘째, 어떠한 영역의 지식을 평가하고자 하는가?

셋째, 이원분류표를 만들었는가?

넷째, 검사의 길이와 난이도가 어느 정도인가?

다섯째, 어떤 문항형식을 사용할 것인가?

여섯째, 평가 점수를 어떻게 정리할 것인가?

일곱째, 평가 결과를 어떻게 사용할 것인가?

다음은 평가제작 절차의 단계이다.

① 평가목적의 확인

평가문항을 제작하기 위해서는 먼저 평가의 목적을 분명이 설정해 놓아야 한다. 문항의 특성은 평가의 목적에 의해서 달라지기 때문에 다음의 목적을 구체적으로 확인해야 한다.

- 진단평가와 같이 수업목표를 달성했는지를 확인하는 목적
- 형성평가와 같이 수업 중 학습 진도를 평가하려는 것인지 혹은 교사에게 피드백을 주기 위한 목적
- 총합평가와 같이 교과의 목표가 달성되었는지 확인을 위한 것인지 혹은 수업의 효과를 밝히기 위한 것 인지에 대한 목적.

② 문항형식 및 문항 수 결정

문항형식의 종류는 선다형, 단답형, 완성형, 진위형, 논문형 등이 있다. 이러한 평가의 종류 중에서 교과의 목적과 학생집단의 성질 등과 같은 요소를 반영하여 문항형식을 결정한다. 객관성과 공정성을 치중한다면 객관식 선다형 문항이 적당하고, 평가를 받는 학생의 문장력이나 사고력을 측정하기를 원할 때는 주관식 문항이 유리하다. 일단 문항형식이 결정되면 문항 수를 결정해야 한다. 문항수는 평가시간과 문항의 수준 학생들의 특성 등을 감안하여 적절하게 문항의 수를 정한다.

③ 이원분류표 작성

이원분류표란 정해놓은 수업목표를 내용과 행동을 기준으로 분류해 놓은 표를 말한다. 이원 분류표를 작성하는 이유는 교수-학습의 마지막 과정인 평가과정에 있어서 지침으로 사용할 수 있기 때문이다. 흔히 이원분류표를 건축의 설계도로 비유를 많이 한다. 만일 건축사가 어떤 건물을 지을 때 어떤 자재를 어느 곳에 얼마만큼 사용하여 지을 것인가를 잘 확인할 수가 없다. 또한 설계도가 없다면 우왕좌왕 하는 실수를 범하게 될 것이다. 이와 마찬가지로 이원분류표도 평가를 위하여 시행착오를 하는 과오를 범하지 않도록 도와준다.

④ 이원분류표의 작성 절차

교육내용과 학습 성과가 구체적인 행동 용어로 만들어지면, 이것을 바탕으로 이원분류표를 작성할 수 있다. 이 같은 표를 만드는 것은 평가문항의 균형 있는 표집이 될 수 있도록 하기 위해서 이다.

- 수업목표를 작성
- 이원분류표의 내용 분류 항목 결정
- 이원분류표의 행동 분류 항목 결정
- 이원분류표 형식완성

다음은 Bloom이 소개한 과학교과의 인지적 영역 분류체계를 통한 이원분류표이다.

〈표 12-4〉 Bloom의 수업목표 이원분류표

내용행동	지식	이해	적용	분석	종합	평가	전체
질량과 밀도	4	4	2	2	1	1	14
녹는점과 끓는점	2	2	2	1	1	1	9
용해도	3	3	3	1	2		12
기체성질	6	5	6	5	4	1	27
전체	15	14	13	9	8	3	62

⑤ 문항작성의 원칙

문항제작자는 좋은 문항을 만들기 위하여 평가를 받는 집단의 특성에 대해 세심히 알아야 하며 이원분류표에 나와 있는 것을 바탕으로 좋은 문항을 제작하여야 하는데, 여기에 몇 가지 문항작성을 위한 일반적인 원칙을 알아보면 다음과 같다.

첫째, 문항은 간결하고 명료하게 제시해야 한다.

둘째, 문항은 평가를 받는 학습자의 수준에 알맞게 만들어져야 한다.

셋째, 학생들이 문항을 읽고서 정답에 대해 추측할 수 없는 문항을 만들어야 한다.

넷째, 하나의 내용만 평가하도록 제작해야 한다.

다섯째, 객관적인 사실을 바탕으로 제작해야 한다.

여섯째, 학생이 답을 고를 수 있는 조건과 근거가 분명해야 한다.

일곱째, 학습 성과를 측정할 수 있게 만들어야 한다.

여덟째, 모호한 용어는 되도록 삼가야 한다.

아홉째, 문항을 최종적으로 확정하기 이전에 교정을 철저히 해야 한다.

⑥ 평가문항분석 및 수정

문항이 작성이 되면 적절하게 잘 작성이 되었는지 취약점과 결함을 수정하기 위하여 문항을 평가하는 작업을 해야 한다. 문항작성자는 다음과 같은 사항을 가지고 문항이 잘 작성이 되었는지 문항을 검토해야 한다.

- 문항의 표현이 정확하고 명료했는가?
- 문항이 학습 성과를 측정 하고 있는가?
- 문항이 답을 추측할 수 있는 단서가 포함되어 있었는가?
- 문항이 이원분류표와 부합되고 있는가?
- 문항 당 소요 시간은 적절한가?

4) 문항분석

문항분석이란 평가에 사용된 문항들이 원래 의도한 평가의 목적에 맞게 제작이 되었고, 그 기능을 제대로 수행을 했는지에 대해서 통계적으로 분석하는 일련의 작업을 말한다. 이러한 작업을 통하여 적절한 문항을 선정할 수 있으며 부족하거나 미비한 문항들은 제거할 수 있다. 문항의 타당성을 양호도 검사를 측정한 후에 좋지 않은 문항을 제거하고 보완하여 학생들에게 가장 좋은 문항을 선택해야 한다.

문항분석을 하는 방법에는 고전검사이론을 이용한 문항 분석과 문항반응이론에 의한 문항분석이 있다. 고전검사이론은 문항분석을 간단히 할 수 있기 때문에 쉽게 적용할 수 있다. 반면에 문항반응이론에 근거한 문항분석은 수리적인 계산절차가 복잡하기 때문에 여기에서는 소개하는 정도로 다룰 것이다.

(1) 문항분석의 준비

먼저, 수업목표에 맞는 문항을 만들어야 하는데, 문항분석을 통하여 적합지 않는 문항을 제거해야 하기 때문에 약 1.5배 정도 더 많은 문항을 작성해야 한다. 그 다음 문항분석을 위하여 표본이 필요한데, 표본은 평가를 받을 집단에서 추출해 내는 것이 보통이다. 문항분석을 위한 표본의 크기에 정한 기준은 없지만 대체로 통계적인 안정성을 위해서는 최소 200명 이상은 되어야 한다. 문항분석을 위해 자료를 수집하는 표본의 크기 결정을 위해 다음과 같은 사항에 주의해야 한다.

- 표본집단을 대표할 확률이 낮을수록 표본은 커야 한다.
- 문항을 통하여 정확한 정보를 얻어야 될수록 표본은 커야 한다.

문항분석의 절차는 대체로 다음과 같은 순서로 행한다.

- 평가된 결과물들을 점수가 높은 순서대로 배열한다.
- 일반적으로 상위 50% 하위 50%로 결과물을 나누는데, 사례수가 많은 경우는 최상위와 최하위가 약 30%가 되도록 한다.
- 상위집단과 하위집단의 문항에 반응한 빈도수를 기록한다.
- 문항변별도 및 문항 추측도 등을 계산한다.

(2) 고전이론검사

고전이론검사에 의한 문항분석은 학생들이 답한 문항을 채점한 후에 총점에 의하여 문항을 분석하는 방법이다. 이 방법은 검사집단의 특성과 학력의 고저에 따라 문항의 난이도가 다르게 측정이 된다. 고전이론검사에서도 검사의 목적이 규준참조 혹은 준거참조에 따라서 방법이 나누어지게 된다. 규준참조 방법으로의 문항분석은 문항의 난이도와 문항의 변별도로 측정한다.

(3) 문항반응이론검사

문항반응이론은 학생이 어떤 문항에 특정한 반응을 할 확률을 문항특성이나 혹은 능력의 함수로 나타내는 것이다. 이 검사는 고전이론검사에서 사용하는 채점을 근거로 검사를 하는 것이 아니라 직접적으로 보이지 않는 학생의 잠재적 특성을 대상으로 검사를 한다.

4 우리나라 교육평가의 현황과 전망

1) 교육과정평가의 의미

학생에게 가르치는 교육이란 교육의 목적과 내용 그리고 교육과정과 환경 다양한 요소들이 총체적으로 하나가 될 때 온전한 교육의 효과를 볼 수가 있다. 그렇기 때문에 단지 학생이 달성한 학업성취도를 통한 결과물로만 교육의 효과를 평가한다면 온전하다고 할 수 없다. 학생 개인과 사회의 유의미성, 적합성 등을 반영한 평가가 되어야 교육의 질을 향상시키고 개선시킬 수 있다.

2) 우리나라 교육과정 평가의 현황 및 전망

2000년까지 우리나라의 교육과정 평가는 상당히 미흡한 것으로 나타난다. 교육과정 평가의 내용과 방법 그리고 평가에 대한 기본요소와 평가이론 등이 정립 및 합의조차 되어있지 못하다. 그렇기 때문에 왜 교육과정평가가 필요한지 그 목적과 역할 등을 명확히 규명해 나가야 할 것이다.

우리나라의 교육과정 평가는 한국교육개발원에서 제4차 교육과정을 개정하면서 시작이 되었고, 분석틀을 살펴보면 평가내용과 평가활동으로 나누어 단순한 항목들을 평가하였다. 예를 들면 교육과정 적용완료단계에서 평가내용은 효과성을 평가하였고 평가활동은 교육과정 적용결과를 평가 했다. 이러한 부분은 현대의 분석이론들에 비추어 상당히 미흡하다고 볼 수 있다. 또한 국가수준에서 단위학교들에 대한 학교교육과정운영과 실태 등을 평가하는 부분은 아직 이루어지지 않고 있다. 그러나 7차 교육과정에서 "학교 교육과정에 대한 평가" 라는 개념을 도입시키면서 앞으로 이러한 평가가 확대되어 실시될 것으로 보인다.

참/고/문/헌

강병규(2002). **심리검사의 이론과 기법**. 서울: 동문사.

강승호(1996). **현대 교육평가의 이론과 실제**. 서울: 양서원.

강정구(2000). **현대학습심리학**. 서울: 문음사.

구강현·가영희·이규영(2013). **교육심리학**. 서울: 동문사.

구광현 외 다수(2010). **교육심리학**. 서울: 동문사.

구병두 외(2007). **교육과정 및 교육평가**. 고양: 공동체.

권대훈(2008). **교육평가**. 서울: 학지사.

권순달 외(2016). **교육평가**. 서울: 양서원.

김대현 외(2000). **교육과정 및 교육평가**. 서울: 동문사.

김동기 외 역(2000). **심리학개론**. 서울: 양서원.

김득란 외 다수(2002). 한국방송통신대학교출판부.

김병성(1996). **교육연구방법**. 서울: 학지사.

김석우(2015). **교육평가의 이해**. 서울: 학지사.

김성훈 외(2016). **수업중심 교육평가**. 서울: 학지사.

김아영 외(2007). **교육심리학**. 서울: 박학사.

김영봉 외(2012). **생활지도와 상담**. 서울 : 서현사.

김재춘 외(2010). **교육과정과 교육평가**. 서울: 교육과학사.

김제한(1994). **교육심리학**. 서울: 서원사.

김진규(2009). **교육심리학**. 서울: 도서출판 학이당.

김청자 외 다수(2008). **심리학의 이해**. 서울: 동문사.

김청자(2011). **교육심리학의 이해**. 서울: 동문사.

김충기(2004). **교육심리학**. 서울: 동문사.

김희수(2011). **교육심리학**. 서울: 신정.

노안영·강영신(2002). **성격심리학**. 서울: 학지사.

노희관 외(1997). **교육심리학 탐구**. 서울: 교육과학사.

문선모(2007). **학습이론, 교육적 적용**. 서울: 양서원.

문선모(2010). **교육심리학의 이해**. 양서원.

문은식·박선환·정미경(2007). **교육심리학**. 서울: 공동체.

문은식·박선환·정미경(2015). **교육심리학**. 서울: 공동체.

박도순 외(2007). **교육평가 -이해와적용-**. 서울: 교육과학사.

REFERENCE

박도순 외(2008). **교육과정과 교육평가**. 서울: 문음사.

박도순 외(2011). **교육평가**. 서울: 문음사.

박성수(1998). **생활지도**. 서울: 교육과학사.

박아청(2002). **교육심리학의 이해**. 서울: 교육과학사.

박형근 외(2016). **교육심리학**. 경기: 양서원.

배호순(1999). **프로그램 평가론**. 서울: 원미사.

백순근(2002). **수행평가: 이론적 측면**. 서울: 교육과학사.

변창진 외(1998). **교육평가**. 서울: 학지사.

서미옥(2014). **교육심리학의 이해와 적용**. 서울: 공동체.

서미옥(2015). **교육심리학의 이해와 적용**. 서울: 공동체.

성낙돈 외(2008). **교육심리학**. 서울: 학지사.

성태제(2009). **교육평가의 기초**. 서울: 학지사.

성태제(2014). **현대교육평가**. 서울: 학지사.

송명자(1995). **발달심리학**. 서울: 학지사.

송인섭·김혜숙(1999). 창의성개념 정립을 위한 탐색적 연구-암시적 창의성 이론을 중심으로. **교육심리연구**, 13(3), pp.93-117.

송인섭·정미경·김혜숙·최지은·박소연(2013). **교육심리학**. 경기: 양서원.

송인섭 외(2000). **교육심리학**. 경기: 양서원.

송인섭 외(2006). **교육심리학**. 서울: 학지사.

신명희·강소연·김은경 외(2014). **교육심리학**. 서울: 학지사.

신명희 외(2002). **교육심리학**. 서울: 학지사.

신명희 외(2002). **교육심리학**. 서울: 학지사.

신명희 외(2015). **교육심리학**. 서울 : 학지사.

안범희(1993). **학교학습심리학**. 서울: 하우.

안영진(2001). **교육심리학**. 서울: 창지사.

여광응(2003). **교육평가**. 파주: 한국학술정보(주).

유승구(2015). **교사를 위한 교육심리학**. 서울: 공동체.

윤정륜(2003). **학교교육심리학**. 서울: 형설출판사.

이성진·이찬교·정원식(1990). **교육과 심리**. 서울: 한국방송대학교 출판부.

이성진(1998). **교육심리학서설**. 서울: 교육과학사.

이신동 외(2011). **최신교육심리학**. 서울: 학지사.
이영애·이나경 공역(2006). **간단명료한 심리학**. 서울: 시그마프레스.
이장호(2005). **상담심리학 입문**. 서울 : 박영사.
이재창(1988). **생활지도: 성장과 적응을 위한 접근**. 서울: 문음사.
이정원(2004). **교육심리학**. 서울: 도서출판 학이당.
이종승(2005). **표준화 심리검사**. 서울: 교육과학사.
이종승(2009). **현대교육평가**. 파주: 교육과학사.
이종철(2012). **교육심리학개설**. 파주: 정민사.
이해명 외(2005). **교육심리학**. 파주: 양서원.
이현림 외(2005). **새롭게 보는 교육심리학**. 서울: 교육과학사.
이현청(2006). **대학평가론**. 서울: 문음사.
임규혁(2001). **교육심리학**. 서울: 학지사.
임규혁(2002). **학습효과를 위한 교육심리학**. 서울: 학지사.
임승권(2000). **교육심리학의 이해**. 서울: 학지사.
임인재 외(2004). **심리측정의 원리**. 서울: 학연사.
임정훈·한기순·이지연(2014). **교육심리학**. 경기: 양서원.
임정훈 외 다수(2009). **교육심리학**. 서울: 양서원.
임창재(1994). **수업심리학**. 서울: 동문사.
임창재(2005). **교육심리학**. 서울: 학지사.
장선철(2009). **교육심리학**. 서울: 태영출판사.
장성화 외(2013). **상담의 이론과 실제**. 서울 : 정민사
장성화 외(2015). **교육심리학**. 서울: 정민사.
장휘숙(2000). **인간발달 전 생애 발달심리학**. 서울: 박영사.
장휘숙(2013). **정생애 발달심리학**. 서울: 박영사.
전윤식·이영석(1990). **피아제와 유아교육**. 형설출판사.
정범모(1968). **교육과 교육학**. 서울: 배영사.
정범모(2009). **교육의 향방**. 서울: 교육출판사.
정옥분(2002). **발달의 이해**.
정옥분(2004). **전생애발달의 이론**. 서울: 학지사.
정용부 외(2006). **아동생활지도와 상담**. 서울 : 학지사.

REFERENCE

정종진(2002). **교육평가의 원리**. 서울: 교육출판사.

조수환(2009). **유아지도를 위한 교육심리학**. 서울: 정민사.

최경숙(2001). **발달심리학**. 서울: 교문사.

최순영(2006). **인간의 사회·성격발달심리**. 서울: 학지사.

탁진국(2001). **심리검사**. 서울: 학지사.

탁진국(2001). **심리검사**. 서울: 학지사.

한순민(1999). **비고츠키와 교육: 문화-역사적 접근**. 경기: 교육과학사.

허승희·이영만·김정섭(2015). **교육심리학**. 서울: 학지사.

홍후조(2002). **교육과정의 이해와 개발**. 서울: 문음사.

황응연 외(1992). **발달심리학**. 서울: 배영사.

황정규(2004). **학교학습과 교육평가**. 서울: 교육출판사.

황정규 외(2016). **교육평가의 이해**. 서울: 학지사.

Alloway, T. P., Banner, G. E., & Smith, P.(2010). Working memory and cognitive styles in adolescents' attainment. *British Journal of Educational Psychology, 80*(4), pp.567-581.

Allport, G. W.(1937). *Personality: A psychological interpretation.* New York: holt, Rinehart & Winston.

Amabile, T. M.(1979). Effects of external evaluation on artistic creativity. *Journal of personality and Social Psychology, 37*(2), pp.221-233.

Amabile, T. M.(1983). The social psychology of creativity: A componential conceptualization. *Journal of personality and social psychology, 45*(2), pp.357-376.

Amabile, T. M.(1996). *Creativity in context: Update to "the social psychology of creativity."* Westview press.

Amabile, T. M.(1997). Motivating creativity in organizations: On doing what you love and loving what you do. *California management review, 40*(1), pp.39-58.

Amabile, T. M.((2000). *Creatividad e innovación*(Vol. 11699). Deusto SA.

Ames, C.(1990). Motivation: What teachers need to know. *Teachers college record, 91*(3), pp.409-421.

Andersson, U., & Lyxell, B.(2007). Working memory deficit in children with mathematical difficulties: A general or specific deficit?. *Journal of experimental child psychology, 96*(3), pp.197-228.

Atkinson, R. C., & Shiffrin, R. M.(1968). Human memory: A proposed system and its control processes. *Psychology of learning and motivation, 2*, pp.89-195.

Ausubel, D. P.(1977). The facilitation of meaningful verbal learning in the classroom. *Educational Psychology, 12,* pp. 162-178.

Axtell, C. M., Holman, D. J., Unsworth, K. L., Wall, T. D., Waterson, P. E., & Harrington, E.(2000). Shopfloor innovation: Facilitating the suggestion and implementation of ideas. *Journal of occupational and organizational psychology, 73*(3), pp. 265-285.

Baas, M., De Dreu, C. K., & Nijstad, B. A.(2008). A meta-analysis of 25 years of mood-creativity research: Hedonic tone, activation, or regulatory focus?. *Psychological bulletin, 134*(6), pp.779-806.

Baddeley, A.(1992). Working memory: The interface between memory and cognition. *Journal of cognitive neuroscience, 4*(3), pp.281-288.

Baddeley, A.(1998). Recent developments in working memory. *Current opinion in neurobiology, 8*(2), pp.234-238.

Baddeley, A.(2001). Is working memory still working? *American Psychologist, 56*(11), pp.851-864.

Baer, J., Kaufman, J. C., & Gentile, C. A.(2004). Extension of the consensual assessment technique to nonparallel creative products. *Creativity research journal, 16*(1), pp. 113-117.

Baer, J., Kaufman, J. C., & Gentile, C. A.(2004). Extension of the consensual assessment technique to nonparallel creative products. *Creativity research journal, 16*(1), pp. 113-117.

Bandrowski, J. F.(1985). Orchestrating planning creativity. *Planning Review, 13*(5), 18-23.

Bandura, A(1977). Social learning theory, Englewood Cliffs, NJ:Prentice-Hall.

Barron, F.(1955). The disposition toward originality. *The Journal of Abnormal and Social Psychology, 51*(3), pp.478-485.

REFERENCE

Bartlett, F. C.(1932). *Remembering: An experimental and social study*. Cambridge: Cambridge University.

Basden, B. H., Basden, D. R., Devecchio, E., & Anders, J. A.(1991). A developmental comparison of the effectiveness of encoding tasks. *Genetic, social, and general psychology monographs.*

Batey, M., & Furnham, A.(2006). Creativity, intelligence, and personality: A critical review of the scattered literature. *Genetic, Social, and General Psychology Monographs, 132*(4), pp.355-429.

Bloom, B. S.(1956). *Taxonom of educational objective: Handbook Ⅰ*. New York: David McKay.

Bloom, B. S.(1966). *Peak learning experiences: Innovation for time to teach.* Washington, D.C.: Department of Classroom Teachers, Nationnal Education Association.

Bowlby(1973)

Bruner, J. S.(1978). *Toward a theory of instruction.* Cambridge, Massachusetts: Harvard University Press.

Calfee, R.(1981). Cognitive psychology and educational practice. *Review of research in education, 9*, pp.3-73.

Carroll, J. B.(1963). A model of school learning. *Teachers College Records*, *64*. 723-733.

Carson, S. H., Peterson, J. B., & Higgins, D. M.(2005). Reliability, validity, and factor structure of the creative achievement questionnaire. *Creativity Research Journal, 17*(1), pp.37-50.

Child, I. L.(1968). Personality in culture. In E. F. Borgatta & W. W. Lambert(Eds). *Handbook of personality theory and research.* Chicago: Rand McNally.

Clark, J. M., & Paivio, A.(1991). Dual coding theory and education. *Educational psychology review, 3*(3), pp.149-210.

Corey(1967)

Craft, A.(2002). *Continuing professional development: A practical guide for teachers and schools*. Routledge.

Craft, A., Jeffrey, B., & Leibling, M. (Eds.).(2001). *Creativity in education.* A&C Black.

Creasey, G. L., & Jarvis, P. A.(1994). Relationships between parenting stress and developmental functioning among 2-year-olds. *Infant Behavior and Development, 17*(4), pp.423 -429.

Cropley, A. J.(2000). Defining and measuring creativity: Are creativity tests worth using?. *Roeper Review, 23*(2), pp.72-79.

Dewey, J.(1933). *A restatement of the relation of reflective thinking to the educative process.* DC Heath.

Dunning, D., Meyerowitz, J. A., & Holzberg, A. D.(1989). Ambiguity and self-evaluation: The role of idiosyncratic trait definitions in self-serving assessments of ability. *Journal of personality and social psychology, 57*(6), pp.1082-1090.

Ebbinghaus, H.(1885). Uberdas gedachtnis. *Leipzig, Germany: K. Buehler.*

Eggen, P., & Kauchak, D.(2004). *Educational psychology: Windows on classrooms*(6th ed.). Upper Saddle River, NJ: Perason Prentice Hall.

Eisner, E. W.(1985). *The art of educational measurement.* NJ: Princeton-Hall.

Elliott, J. M.(1971). *Some methods for the statistical analysis of samples of benthic invertebrates*(Vol. 25). Ambleside^ eCumbria: Freshwater Biological Association.

Elsbach, K. D., & Kramer, R. M.(2003). Assessing creativity in Hollywood pitch meetings: Evidence for a dual-process model of creativity judgments. *Academy of Management journal, 46*(3), pp.283-301.

Erikson, E. H.(1980). *Identity and the life cycle.* N.Y: Norton.

Farnham-Diggory, S.(1992). *Cognitive processes in education.* Harpercollins College Division.

Farrell, P.(2010). School psychology: Learning lessons from history and moving forward. *School Psychology International, 31*(6), pp.581-598.

Feldhusen, J. F., & Goh, B. E.(1995). Assessing and accessing creativity: An integrative review of theory, research, and development. *Creativity Research Journal, 8*(3), pp.231-247.

Feldman, R., Eidelman, A. I., & Rotenberg, N.(2004). Parenting stress, infant emotion regulation, maternal sensitivity, and the cognitive development of triplets: A model for parent and child influences in a unique ecology. *Child development, 75*(6), pp.1774-1791.

REFERENCE

Fisher, R. J.(1993). Social desirability bias and the validity of indirect questioning. *Journal of consumer research, 20*(2), pp.303-315.

Förster, J., Friedman, R. S., & Liberman, N.(2004). Temporal construal effects on abstract and concrete thinking: consequences for insight and creative cognition. *Journal of personality and social psychology, 87*(2), pp.177-189.

Friedman, R. S., & Förster, J.(2001). The effects of promotion and prevention cues on creativity. *Journal of personality and social psychology, 81*(6), pp.1001-1013.

Furnham, A., & Brewin, C. R.(1990). Personality and happiness. *Personality and Individual Differences, 11*(10), pp.1093-1096.

Gagné, R. M.(1970). *The donditions of learning*. New York: Holt, Rinehart and Winston.

Galinsky, A. D., & Moskowitz, G. B.(2000). Perspective-taking: decreasing stereotype expression, stereotype accessibility, and in-group favoritism. *Journal of personality and social psychology, 78*(4), pp.708-724.

Gardner, H.(1993b). *Multiple Intelligence: The theory in practice.* A Division of Harper Collins Publishers, Inc.

Gardner, H.(1993b). *Multiple Intelligence: The theory in practice.* A Division of Harper Collins Publishers, Inc.

Gardner, P.(1994). Representations of the relationship between science and technology in the curriculum. *Studies in science education, 24*, pp.1-28.

George, J. M., & Zhou, J.(2002). Understanding when bad moods foster creativity and good ones don't: the role of context and clarity of feelings. *Journal of Applied Psychology, 87*(4), pp.687-697.

George, J. M., & Zhou, J.(2007). Dual tuning in a supportive context: Joint contributions of positive mood, negative mood, and supervisory behaviors to employee creativity. *Academy of Management Journal, 50*(3), pp.605-622.

Ghiselin, B.(1952). Introduction. In B. Ghiselin(Ed.), *The creative process: A symposium* (pp.11-31). New York: New American Library.

Gilligan, C.(1977). In a different voice: Women's conception of self and of morality. Harvard Educational Review. 47, pp.481-517.

Gilson, L. L., Mathieu, J. E., Shalley, C. E., & Ruddy, T. M.(2005). Creativity and standardization: complementary or conflicting drivers of team effectiveness?. *Academy of Management Journal, 48*(3), pp.521-531.

Glaser, R.(1962). Psychology and instructional technology, In R. Glaser, (Ed), *Training research and education*. University of Pittsburgh Press.

Goldenberg, J., Lehmann, D. R., & Mazursky, D.(2001). The idea itself and the circumstances of its emergence as predictors of new product success. *Management Science, 47*(1), pp.69-84.

Golemann, D.(1995). *Emotional Intelligence.* N.Y: Scientific American Inc.

Gough, I.(1979). *The political economy of the welfare state*. Palgrave Macmillan.

Guilford, J. P.(1954). System in the relationship of affective value to frequency and intensity of auditory stimuli. *The American journal of psychology, 67*(4), pp.691-695.

Guilford, J. P.(1959). Traits of creativity. *Creativity and its cultivation, 10*, pp.141-161.

Guilford, J. P.(1965). A psychometric approach to creativity. *Creativity in Childhood and Adolescence. Edited by H. Anderson. Palo Alto, California: Science and Behavior Books.*

Guilford, J. P.(1967). *The Nature of Human Intelligence.* New York: MaGraw-Hill.

Guilford, J. P.(1968). Creativity, intelligence, and their educational implications. *San Diego, CA: Robert Knapp.*

Gupta, P., & Cohen, N. J.(2002). Theoretical and computational analysis of skill learning, repetition priming, and procedural memory. *Psychological review, 109*(2), pp.401-448.

Harter, S.(1981) A new self-report scale of intrinsic versus extrinsic orientation in the classroom: motivation and informational components, *Developmental Psychology, 17,* pp.300-312

Headey, B., & Wearing, A.(1988). The sense of relative superiority: Central to well-being. *Social Indicators Research,* pp.497-516.

Heider, F.(1958). *The psychology of interpersonal relations*. New York: Wiley.

Heppenheimer, T. A.(2003). *First Flight: The Wright Brothers and the Invention of the Airplane.* Wiley.

REFERENCE

Hirt, E. R., Melton, R. J., McDonald, H. E., & Harackiewicz, J. M.(1996). Processing goals, task interest, and the mood - performance relationship: A mediational analysis. *Journal of personality and social psychology, 71*(2), pp.245-261.

Hmelo-Silver, C. E.(2004). Problem-based learning: What and how do students learn?. *Educational psychology review, 16*(3), pp.235-266.

Hocevar, D.(1981). Measurement of creativity: Review and critique. *Journal of Personality assessment, 45*(5), pp.450-464.

Imison, A. R.(2001). Anaesthesia and myotonia--an Australian experience. *Anaesthesia and intensive care, 29*(1), pp.34-37.

Isaksen, S. G., & Treffinger, D. J.(2004). Celebrating 50 years of reflective practice: Versions of creative problem solving. *Journal of Creative Behavior, 38,* pp.75-101.

Isen, A. M.(1999). On the relationship between affect and creative problem solving. *Affect, creative experience, and psychological adjustmen*t, pp.3-18.

Jeffrey, B.(2001a). Challenging prescription in Ideology and Practice: the case of Sunny First School. In J. Collins, K. Insley and J. Solar(eds). *Understanding Pedagogy.* Buckingham: Open University Press.

Jeffrey, B.(2001b). Primary Pupil's Perspectives and Creative Learning *Encyclopaideia (Italian Journal),* 9, (Spring) pp.133-152.

Jeffrey, B., & Woods, P.(2003) *The creative school: A framework for success, quality and effectiveness,* (London, Routledge/Falmer)

Jordanous, A., & Keller, B.(2016). Modelling Creativity: Identifying Key Components through a Corpus-Based Approach. *PloS one, 11*(10), pp.1-27.

Kaplan, B.(1984). *Development and growth.* Hillsdale, N.J: Princeton-Hall.

Kardash, C. A., Royer, J. M., & Greene, B. A.(1988). Effects of schemata on both encoding and retrieval of information from prose. *Journal of Educational Psychology, 80*(3), pp.324-329.

Katona, G.(1940). *Organizing and memorizing: studies in the psychology of learning and teaching,* New York, Columbia University Press.

Kaufman, J. C., & Baer, J.(2012). Beyond new and appropriate: Who decides what is creative?. *Creativity Research Journal, 24*(1), pp.83-91.

Kaufman, J. C., Baer, J., Cole, J. C., & Sexton*, J. D.(2008). A comparison of expert and nonexpert raters using the consensual assessment technique. *Creativity Research Journal, 20*(2), pp.171-178.

Kaufman, J. C., Plucker, J. A., & Baer, J.(2008). *Essentials of psychological assessment series.* Essentials of creativity assessment. Hoboken.

Kaufmann, G., & Vosburg, G. K.(1997). 'Paradoxical' Mood Effects on Creative Problem-solving. *Cognition & Emotion, 11*(2), pp.151-170.

Kershner, J. R., & Ledger, G.(1985). Effect of sex, intelligence, and style of thinking on creativity: A comparison of gifted and average IQ children. *Journal of Personality and Social Psychology, 48*(4), pp.1033-1040.

Koberg, D., & Bagnall, J.(1981). *The revised all new universal traveler.* Los Altos, CA: William Kaufman.

Koffka, K.(1922). Perception: An introduction to the Gestalt-theorie. *Psychological Bulletin, 19*(10), pp.531-585.

Koffka, K.(1926). *Bases de la evolución psíquica: Una introd. a la psicología infantil.* Revista de Occidente.

Kohlberg, I.(1981). *The philosophy of moral development.* San Francisco: Harper & Row.

Kohlberg, L.(1984). Essay on moral development: Vol. 2 The Psychology of moral development. New York: Harper.

Köhler, E.(1926). *Die Persönlichkeit des dreijährigen Kindes* (Annchen) (Vol. 2). S. Hirzel.

Kozulin, A., & Presseisen, B. Z.(1995). Mediated learning experience and psychological tools. *Educational Psychologist, 30*, pp.67-75.

Lamb, 1978; (**내용 확인해 주십시오.)

Landy, F. J., & Farr, J. L.(1980). Performance rating. *Psychological Bulletin, 87*(1), pp.72-107.

Leach, A. R.(2001). *Molecular modelling: principles and applications*. Pearson education.

MacKinnon, D. W.(1962). The nature and nurture of creative talent. *American psychologist, 17*(7), pp.484-495.

Maddux, W. W., & Galinsky, A. D.(2009). Cultural borders and mental barriers: the relationship between living abroad and creativity. *Journal of personality and social psychology, 96*(5), pp.1047-1061.

Mager, J.(1962). *Preparing Instruction Objectives.* Palo Alto, CA: Fearon.

Markman, K. D., Lindberg, M. J., Kray, L. J., & Galinsky, A. D.(2007). Implications of counterfactual structure for creative generation and analytical problem solving. *Personality and Social Psychology Bulletin, 33*(3), pp.312-324.

Matlin, M. E.(2009). *Cognitive Psychology.* International Student Version. Jhon Wiley and Sons.

Moneta, G. B., Amabile, T. M., Schatzel, E. A., & Kramer, S. J.(2010). Multirater assessment of creative contributions to team projects in organizations. European *Journal of Work and Organizational Psychology, 19*(2), pp.150-176.

Mumford, M. D., & Gustafson, S. B.(1988). Creativity syndrome: Integration, application, and innovation. *Psychological bulletin, 103*(1), pp.27-43.

Neisser, U.(1967). *Cognitive psychology.* New York: Appleton-Century-Crofts.

Nunnally, J. C.(1967). *Psychometric theory.* New York: MoGrow Hill.

Oldham, G. R., & Cummings, A.(1996). Employee creativity: Personal and contextual factors at work. *Academy of management journal, 39*(3), pp.607-634.

Organ, D. W., & Konovsky, M.(1989). Cognitive versus affective determinants of organizational citizenship behavior. *Journal of applied psychology, 74*(1), pp.157-164.

Ormrod, J. E.(2006). *Educational Psychology: Developing learners*(5th ed.). Pearson Prentice Hall.

Osborn, A. F.(1953). *Applied imagination.* New York: Scribner's.

Osgood, C. E., & Tannenbaum, P. H.(1955). The principle of congruity in the prediction of attitude change. *Psychological review, 62*(1), pp.42-55.

Osterlind, S. J.(1989). *Constructing test items.* Boston: Kluwer Academic Publisher.

Paivio, A.(1971). *Imagery and Verbal Processes,* New York: Holt, Rinehart, and Winston, Inc.

Parnes, S. J.(1992). *Source book for creative problem solving.* Creative Education Foundation Press. Buffalo. New York.

Pavlov, I. P.(1927). Conditioned reflexes (G.V. Anrep, Trans.). London. Oxford University Press.

Pavlov, I. P.(1928). *Lecture on conditioned reflexes: Twenty-five years of objective study of higher nervous activity*(behavior of animals) (Vol. 1, W.H. Ganti, Trans.). New York: International Publishers.

Perry-Smith, J. E.(2006). Social yet creative: The role of social relationships in facilitating individual creativity. *Academy of Management journal, 49*(1), pp.85-101.

Piaget Inhelder, B.(1963). *The child's conception of space*. London: Routledge and Paul.

Piaget(1952). *The origins of intelligence in children*. New York: International press.

Piaget, J.(1965). *The Moral Judgment of the Child.* NY: Free Press.

Piaget, J.(1974). *Understanding causality.* N.Y: Norton.

Plucker, J. A., & Makel, M. C.(2010). Assessment of creativity. In J. C. Kaufman & R. J. Sternberg (Eds.), *Cambridge handbook of creativity* (pp.48-73). New York: Cambridge University Press.

Plucker, J. A., & Renzulli, J. S.(1999). Psychometric approaches to the study of human creativity. *Handbook of creativity,* pp.35-61.

Plucker, J. A., & Runco, M. A.(1998). The death of creativity measurement has been greatly exaggerated: Current issues, recent advances, and future directions in creativity assessment. *Roeper Review, 21*(1), pp.36-39.

Podsakoff, P. M., & Organ, D. W.(1986). Self-reports in organizational research: Problems and prospects. *Journal of management, 12*(4), pp.531-544.

Podsakoff, P. M., MacKenzie, S. B., Lee, J. Y., & Podsakoff, N. P.(2003). Common method biases in behavioral research: a critical review of the literature and recommended remedies. *Journal of applied psychology, 88*(5), pp.879-903.

Popham, W. J.(1992). *Educational evaluation.* Boston: Ally & Bacon.

Postman, L., & Stark, K.(1969). Role of response availability in transfer and interference. *Journal of Experimental Psychology, 79*(1p1), pp.168-177.

Puccio, G. J., & Murdock, M. C. (Eds.).(1999). *Creativity assessment: Readings and resources.* Creative Education Foundation Press.

Reigeluth, C. M.(1983). Instuctional design: What is it and Why is it? In C. M.

REFERENCE

Reigeluth, C. M(Ed.), *Instructional design theories and models: An overview of their current status*(pp. 3-36). Hillsdale, NJ: Lavrence Erlbaum Associates.

Rogers, R. W.(1970). *Client-Centered Therapy*. Boston: Houghton Mifflin.

Rossman, J.(1931) *The Psychology of the Inventor.* Washington DC: Inventor's Publishing. (Back)

Rossman, J.(1933). *The Psychology of the Inventor.* New York.

Runco, M. A.(1986). Divergent thinking and creative performance in gifted and nongifted children. *Educational and Psychological Measurement, 46*(2), pp.375-384.

Runco, M. A.(2010). Divergent thinking, creativity, and ideation. *The Cambridge handbook of creativity,* pp.413-446.

Rundus, D.(1971). Analysis of rehearsal processes in free recall. *Journal of experimental psychology, 89*(1), pp.63-77.

Rundus, D., & Atkinson, R. C.(1970). Rehearsal processes in free recall: A procedure for direct observation. *Journal of Verbal Learning and Verbal Behavior, 9*(1), pp.99-105.

Scott, S. G., & Bruce, R. A.(1994). Determinants of innovative behavior: A path model of individual innovation in the workplace. *Academy of management journal, 37*(3), pp.580-607.

Scriven, M. S.(1967). *The methodology of educational evaluation.* Chicago: Rand McNally.

Selman, R. L.(1980). *The growth of interpersonal understading: Developmental and clinical analysis*. New York: Academic Press.

Shaffer, D. R.(1993). *Developmental psychology: Childhood and adolescence* (3rd ed.). Belmont. CA: Brooks/Cole.

Shuell, T. J.(1986). Cognitive conceptions of learning. *Review of educational research, 56*(4), pp.411-436.

Simonton, D. K.(2000). Creativity: Cognitive, personal, developmental, and social aspects. *American psychologist, 55*(1), pp.151-158.

Simonton, D. K.(2003). Scientific creativity as constrained stochastic behavior: the integration of product, person, and process perspectives. *Psychological bulletin, 129*(4), pp.475 -494.

Skinner, B. F.(1953). *Science and human behavior.* New York: Macmillan.

Skinner, B. F.(1966). What is the experiment analysis of behavior? *Journal of the Experimental Analysis of behavior, 9*, pp.213-218

Skinner, B. F.(1968). *The technology of teaching.* N.Y: Appleton Century Crofts.

Slavin, R. E.(2000). *educational psychology: Theory and practice* (6th ed.) Boslon: Alyn and Bacon.

Smith, S. M., Ward, T. B., & Finke, R. A.(1995). *The creative cognition approach.* MIT Press.

Snowman, Jack(1997). Educational Psychology: What Do We Teach, What Should We Teach?. *Educational Psychology, 9*, pp.151-169.

Spiro, R. J., & Jehng, J. C.(1990). Cognitive flexibility and hypertext: Theory and technology for the nonlinear and multidimensional traversal of complex subject matter. *Cognition, education, and multimedia: Exploring ideas in high technology, 205*, pp.163-205.

Sternberg, R. J.(1986). *The triachic mind: A new theory of human intelligence.* New York: Veking.

Sternberg, R. J.(1996). *Cognitive Psychology.* New York: Harcourt Brace College Publishers.

Sternberg, R. J.(1999). *Handbook of creativity.* Cambridge University Press.

Sternberg, S.(1969). The discovery of processing stages: Extensions of Donders' method. *Acta psychologica, 30*, pp.276-315.

Stipek, D.(1998) *Motivation to learn: from theory to practice* (3rd ed.) (Boston, MA, Allyn and Bacon).

Swanson, H. L., Howard, C. B., & Saez, L.(2006). Do different components of working memory underlie different subgroups of reading disabilities?. *Journal of learning disabilities, 39*(3), pp.252-269.

Tierney, P., Farmer, S. M., & Graen, G. B.(1999). An examination of leadership and employee creativity: The relevance of traits and relationships. *Personnel psychology, 52*(3), pp.591-620.

Torrance, E. P.(1995). *Why fly?.* Norwood, NJ: Ablex.

Torrance, E. P.(1974) The Torrance Tests of Creative Thinking: Technical-norms manual:

Bensenville, IL: Scholastic Testing Services

Tulving, E.(1972). Episodic and semantic memory 1. Organization of Memory. London: *Academic, 381*(4), pp.382-404.

Tulving, E.(1974). Cue-dependent forgetting: When we forget something we once knew, it does not necessarily mean that the memory trace has been lost; it may only be inaccessible. *American Scientist, 62*(1), pp.74-82.

Tulving, E.(1983). *Elements of episodic memory*. Oxford: Oxford Univ. Press.

Tyler, R. W.(1949). *Basic principles of curriculum and instruction.* Chicago: The University of Chicago Press.

Unsworth, N., & Engle, R. W.(2007). The nature of individual differences in working memory capacity: active maintenance in primary memory and controlled search from secondary memory. *Psychological review, 114*(1), pp.104-132.

Van Gog, T., & Rummel, N.(2010). Example-based learning: Integrating cognitive and social-cognitive research perspectives. *Educational Psychology Review, 22*(2), pp.155-174.

Vermunt, J. D., & Vermetten, Y. J.(2004). Patterns in student learning: Relationships between learning strategies, conceptions of learning, and learning orientations. *Educational psychology review, 16*(4), pp.359-384.

Vygotsky, L. S.(1962). Thought and language. Cambridge, MA:MIT Press.

Vygotsky, L. S.(1978). Mind and society: The developmnet of higher psychological processes. Cambridge, MA: Harvard University Press.

Wallace, D. B., & Gruber, H. E.(1992). *Creative people at work: Twelve cognitive case studies*. Oxford University Press on Demand.

Wallach, M. A., & Kogan, N.(1965). The roles of information, discussion, and consensus in group risk taking. *Journal of Experimental Social Psychology, 1*(1), pp.1-19.

Wallas, G.(1926). *The art of thought.* New York: Harcourt Brace

Weisberg, R. W.(1993). *Creativity: Beyond the myth of genius.* New York: WH Freeman.

Weisberg, R. W.(2013). On the "demystification" of insight: A critique of neuroimaging studies of insight. *Creativity Research Journal, 25*(1), pp.1-14.

Wise, R. A.(2002). Brain reward circuitry: insights from unsensed incentives. *Neuron,*

36(2), pp.229-240.

Woods, P., & Jeffrey, B.(1996). *Teachable moments: The art of creative teaching in primary schools*. Open University Press.

Woods, P., Jeffrey, B., Troman, G., & Boyle, M.(1997). *Restructuring schools, reconstructing teachers: Responding to change in the primary school*. Open University Press.

Wright, R. J.(2007). *Educational assessment: Tests and measurements in the age of accountability*. Newbury Park, CA: Sage Publications.

Youn, J. J., & Kim, K. E.(2012). Undergraduate student's extraversion, openness to experience, creativity and school adjustment: The mediating role of creativity. *Korean Journal of Community Living Science, 23*(2), pp.117-128.

Yun, E. S.(2011). The relationship between creativity and adaptation of middle school students. *Unpublished master's thesis, Sogang University, Seoul.*

- Arkinson
  https://en.wikipedia.org/wiki/John_William_Atkinson
- Bandura
  https://www.google.co.kr/search?tbm=isch&q=weiner+&hl=ko&#hl=ko&tbm=isch&q=bandura
- Binet
  https://www.google.co.kr/search?q=Gardner&tbnid=_sKMRRGn4s-A7M:&client=opera&bih=610&biw=1280&source=lnms&tbm=isch&sa=X&ved=0ahUKEwiuwsSI1b7RAhVFChoKHdxUCYcQ_AUICCgB&tbnh=0&tbnw=0#tbnid=_sKMRRGn4s-A7M:&tbm=isch&q=Binet&tbnh=0&tbnw=0
- Cattell
  https://www.google.co.kr/search?q=horn&tbnid=_sKMRRGn4s-A7M:&client=opera&bih=610&biw=1280&source=lnms&tbm=isch&sa=X&ved=0ahUKEwj-h4zazr7RAhUGVRoKHcY3Df4Q_AUIBigB&tbnh=0&tbnw=0#tbnid=_sKMRRGn4s-A7M:&tbm=isch&q=Cattell&tbnh=0&tbnw=0

REFERENCE

- Darwin

  https://www.google.co.kr/search?q=다윈&client=opera&biw=1280&bih=610&source=lnms&tbm=isch&sa=X&ved=0ahUKEwjb7J_i88DRAhUoD8AKHYJtC0sQ_AUIBigB
- DeCharms

  https://www.google.co.kr/search?q=gigge&client=opera&biw=1280&bih=610&source=lnms&tbm=isch&sa=X&ved=0ahUKEwiOlZ7kxsTRAhXDMBoKHQMtDz4Q_AUIBigB#tbm=isch&q=DeCharms
- Gardner

  https://www.google.co.kr/search?q=Gardner&tbnid=_sKMRRGn4s-A7M:&client=opera&bih=610&biw=1280&source=lnms&tbm=isch&sa=X&ved=0ahUKEwiuwsSI1b7RAhVFChoKHdxUCYcQ_AUICCgB&tbnh=0&tbnw=0
- Guilford

  https://www.google.co.kr/search?q=horn&tbnid=_sKMRRGn4s-A7M:&client=opera&bih=610&biw=1280&source=lnms&tbm=isch&sa=X&ved=0ahUKEwj-h4zazr7RAhUGVRoKHcY3Df4Q_AUIBigB&tbnh=0&tbnw=0#tbnid=_sKMRRGn4s-A7M:&tbm=isch&q=Guilford+&tbnh=0&tbnw=0
- Hull

  https://www.google.co.kr/search?q=다윈&client=opera&biw=1280&bih=610&source=lnms&tbm=isch&sa=X&ved=0ahUKEwjb7J_i88DRAhUoD8AKHYJtC0sQ_AUIBigB#tbm=isch&q=C.+Hull
- Hurlock

  https://www.google.co.kr/search?q=hurlock&client=opera&hs=6Zm&source=lnms&tbm=isch&sa=X&ved=0ahUKEwjGopaRlsTRAhWInRoKHbaBA_sQ_AUICCgB&biw=1012&bih=475#tbm=isch&q=E.+H.+hurlock
- Keller

  https://www.google.co.kr/search?q=gigge&client=opera&biw=1280&bih=610&source=lnms&tbm=isch&sa=X&ved=0ahUKEwiOlZ7kxsTRAhXDMBoKHQMtDz4Q_AUIBigB#tbm=isch&q=keller&imgrc=_

- Maslow 및 욕구위계이론

  https://www.google.co.kr/search?q=다윈&client=opera&biw=1280&bih=610&source=lnms&tbm=isch&sa=X&ved=0ahUKEwjb7J_i88DRAhUoD8AKHYJtC0sQ_AUIBigB#tbm=isch&q=Maslow
- Rogers

  https://www.google.co.kr/search?q=다윈&client=opera&biw=1280&bih=610&source=lnms&tbm=isch&sa=X&ved=0ahUKEwjb7J_i88DRAhUoD8AKHYJtC0sQ_AUIBigB#tbm=isch&q=c+rogers&imgrc=_
- Ryan & Deci

  https://www.google.co.kr/search?q=covington+동기이론&client=opera&hs=oW5&source=lnms&tbm=isch&sa=X&ved=0ahUKEwies5HC_cPRAhWE1BoKHYPuCUYQ_AUICCgB&biw=1069&bih=464#tbm=isch&q=ryan+deci
- Spearman

  https://www.google.co.kr/search?q=spearman&biw=1280&bih=573&source=lnms&tbm=isch&sa=X&ved=0ahUKEwjHr6qXq77RAhVJp5QKHZ8oBmIQ_AUIBigB
- Sternberg

  https://www.google.co.kr/search?q=horn&tbnid=_sKMRRGn4s-A7M:&client=opera&bih=610&biw=1280&source=lnms&tbm=isch&sa=X&ved=0ahUKEwj-h4zazr7RAhUGVRoKHcY3Df4Q_AUIBigB&tbnh=0&tbnw=0#tbnid=_sKMRRGn4s-A7M:&tbm=isch&q=Sternberg&tbnh=0&tbnw=0
- Thorndike

  https://www.google.co.kr/search?q=spearman&biw=1280&bih=573&source=lnms&tbm=isch&sa=X&ved=0ahUKEwjHr6qXq77RAhVJp5QKHZ8oBmIQ_AUIBigB#tbm=isch&q=Thorndike
- Thurstone

  https://www.google.co.kr/search?q=spearman&biw=1280&bih=573&source=lnms&tbm=isch&sa=X&ved=0ahUKEwjHr6qXq77RAhVJp5QKHZ8oBmIQ_AUIBigB#tbm=isch&q=Thurstone

REFERENCE

- 뇌간

  https://www.google.co.kr/search?q=horn&tbnid=_sKMRRGn4s-A7M:&client=opera&bih=610&biw=1280&source=lnms&tbm=isch&sa=X&ved=0ahUKEwj-h4zazr7RAhUGVRoKHcY3Df4Q_AUIBigB&tbnh=0&tbnw=0#tbnid=_sKMRRGn4s-A7M:&tbm=isch&q=%EB%87%8C%EA%B0%84&imgrc=vQ7M-HGTv6e-wM%3A&tbnh=0&tbnw=0
- 뉴런

  https://www.google.co.kr/search?q=horn&tbnid=_sKMRRGn4s-A7M:&client=opera&bih=610&biw=1280&source=lnms&tbm=isch&sa=X&ved=0ahUKEwj-h4zazr7RAhUGVRoKHcY3Df4Q_AUIBigB&tbnh=0&tbnw=0#tbnid=_sKMRRGn4s-A7M:&tbm=isch&q=%EB%89%B4%EB%9F%B0&tbnh=0&tbnw=0
- 변연계

  https://www.google.co.kr/search?q=horn&tbnid=_sKMRRGn4s-A7M:&client=opera&bih=610&biw=1280&source=lnms&tbm=isch&sa=X&ved=0ahUKEwj-h4zazr7RAhUGVRoKHcY3Df4Q_AUIBigB&tbnh=0&tbnw=0#tbnid=_sKMRRGn4s-A7M:&tbm=isch&q=%EB%B3%80%EC%97%B0%EC%B2%B4&tbnh=0&tbnw=0
- 신피질

  https://www.google.co.kr/search?q=horn&tbnid=_sKMRRGn4s-A7M:&client=opera&bih=610&biw=1280&source=lnms&tbm=isch&sa=X&ved=0ahUKEwj-h4zazr7RAhUGVRoKHcY3Df4Q_AUIBigB&tbnh=0&tbnw=0#tbnid=_sKMRRGn4s-A7M:&tbm=isch&q=%EC%8B%A0%ED%94%BC%EC%A7%88&tbnh=0&tbnw=0

저자소개

강인숙

동아대학교 교육학 박사
현 동주대학교 유아교육학과 교수

김영훈

고려대학교 교육학 박사
현 고려대학교 교육학과 외래교수

김정임

독일 함부르크대학교 교육학과(철학) 박사
현 울산과학대학교 유아교육과 교수

최지혜

숙명여자대학교 교육학 박사
현 을지대학교 유아교육학과 교수

교육심리학

초판 1쇄 발행 / 2017년 2월 25일
초판 2쇄 발행 / 2018년 8월 30일
초판 3쇄 발행 / 2019년 8월 30일
초판 4쇄 발행 / 2021년 1월 30일
초판 5쇄 발행 / 2022년 2월 15일

•

공저자 / 강인숙 · 김영훈 · 김정임 · 최지혜
발행인 / 이 중 수
발행처 / **동 문 사**

•

서울특별시 서대문구 홍제원 1길 12
(홍제동 137-8)
Tel : 02)736-3718(대), 736-3710, 3720
Fax : 02)736-3719
등록번호 : 1974.04.27 제9-17호
가격 : 17,000원

•

ISBN : 978-89-8251-896-6(93370)
E-mail : dong736@naver.com
www.dongmunsa.com